权威·前沿·原创

皮书系列为
"十二五""十三五"国家重点图书出版规划项目

"数字创意产业蓝皮书"
学术专家委员会

主　任

喻国明　北京师范大学新闻传播学院执行院长、中国传媒经济与管理研究委员会会长

专家委员会成员

陈少峰　北京大学文化产业研究院副院长

魏鹏举　中央财经大学文化与传媒学院院长、文化经济研究院院长

莫林虎　中央财经大学文化与传媒学院党委书记

丁茂战　中央党校（国家行政学院）报刊社总编辑

王琪延　中国人民大学中国休闲产业促进会会长、中国休闲经济研究中心主任

陆　地　北京大学新闻与传播学院视听传播研究中心主任、中国教育学会广播电视学分会副会长

吴承忠　对外经济贸易大学文化与休闲产业研究中心主任

丁和根　南京大学媒介经济与管理研究所所长、中国新闻史学会符号传播学研究会副会长

程景民　山西医科大学管理学院院长

金　巍　中国文化金融50人论坛秘书长、国家金融与发展实验室文化金融研究中心副主任

刘德良　新元智库创始人

刘生全　北京市文化创意产业促进中心原副主任兼产业发展部部长，现

图书在版编目（CIP）数据

中国数字创意产业发展报告. 2019 / 陈端主编. --
北京：社会科学文献出版社，2019.5
（数字创意产业蓝皮书）
ISBN 978 - 7 - 5201 - 4727 - 9

Ⅰ.①中…　Ⅱ.①陈…　Ⅲ.①数字技术 - 应用 - 文化
产业 - 产业发展 - 研究报告 - 中国 - 2019　Ⅳ.
①G124 - 39

中国版本图书馆 CIP 数据核字（2019）第 074902 号

数字创意产业蓝皮书
中国数字创意产业发展报告（2019）

主　　编／陈　端
副 主 编／赵胜国　王　露

出 版 人／谢寿光
责任编辑／高　雁　颜林柯　王楠楠

出　　版／社会科学文献出版社·经济与管理分社（010）59367226
　　　　　地址：北京市北三环中路甲 29 号院华龙大厦　邮编：100029
　　　　　网址：www.ssap.com.cn
发　　行／市场营销中心（010）59367081　59367083
印　　装／天津千鹤文化传播有限公司

规　　格／开　本：787mm×1092mm　1/16
　　　　　印　张：19　字　数：285 千字
版　　次／2019 年 5 月第 1 版　2019 年 5 月第 1 次印刷
书　　号／ISBN 978 - 7 - 5201 - 4727 - 9
定　　价／148.00 元

本书如有印装质量问题，请与读者服务中心（010 - 59367028）联系

数字创意产业蓝皮书

BLUE BOOK OF
DIGITAL CREATIVE INDUSTRY

中国数字创意产业发展报告
（2019）

ANNUAL REPORT ON DIGITAL CREATIVE INDUSTRY
DEVELOPMENT IN CHINA (2019)

主　编／陈　端
副主编／赵胜国　王　露

社会科学文献出版社
SOCIAL SCIENCES ACADEMIC PRESS (CHINA)

编委成员简介

陈志强　江苏溧阳人，中国共产党党员。1984 年毕业于复旦大学新闻系，就职于经济日报社。1999～2001 年任中宣部新闻协调小组专职成员，2001 年任经济日报社新闻发展中心副主任，2004 年任经济日报社广告部主任，2005 年任经济日报社发行部主任，2006 年 8 月起任《经济》杂志社社长，2011 年 7 月起兼任《经济》杂志社总编辑。

陈　端　中央财经大学国家文化创新研究中心研究员，中经数字经济研究中心执行主任，C&G 新经济新动能研究院院长，人社部大学生创业创新导师兼中国创翼大赛评委，商务部数字商务专家，北京市文化艺术基金评审专家，中国商业经济学会理事，中国软件行业协会区块链分会传媒部主任。博士毕业于中国人民大学新闻传播学院，现任教于中央财经大学文化传媒学院，副教授。主要从事网络新媒体产业、数字创意产业研究。公开发表文章近百篇，多次参与中宣部、文化部、商务部、人社部决策咨询课题研究，连续四年承担《中国传媒投资发展报告》总报告撰写工作。关于中国文化传媒投融资方向与趋势的研究观点被《人民日报》、人民网、新华网、光明网等多家媒体转载。

赵胜国　跨界资深媒体人，先后任职湖北电视台、中央电视台、北京电视台，多次获得国家级、省市级新闻评论与经济评论奖项。现任国家一级协会中国老年保健协会专职副秘书长，《养生大世界》杂志总编辑，兼任中关村精准医学基金会副理事长、心肺复苏公益基金秘书长。主要研究方向为大健康产业、新媒体及大健康等。

王　露　中国行政体制改革研究会常务副秘书长，中山大学兼职教授，研究领域为国家治理、大数据、军民融合。曾在高校任教，在财政部、中央金融工委、银监会、中央政法委等部门任职。在《人民日报》《求是》《学习时报》《光明日报》等报刊上发表多篇文章，主编《大数据领导干部读本》《军民融合发展探论》等多部著作，主持国家社科基金特别委托课题"大数据治国战略研究"和"军民融合发展战略研究"等多个重大课题。

序一
强化文化创新的价值引领，助力
高质量发展新引擎打造

——"数字创意产业蓝皮书"的初心与使命

2018 年 11 月 26 日，国家统计局官网发布《战略性新兴产业分类
(2018)》，数字创意产业作为九大门类之一在范围和适用领域方面做了较大
规模的调整，其中动漫、游戏数字内容服务更是首次上榜。国家统计局的分
类目录历来具有标杆导向意义，分类中规定的战略性新兴产业是以重大技术
突破和重大发展需求为基础，对经济社会全局和长远发展具有重大引领带动
作用，知识技术密集、物质资源消耗少、成长潜力大、综合效益好的产业，
其发展规模、结构和速度对我国加快新旧动能转换、建设现代化经济体系、
推动高质量发展具有决定性作用。可以预见，未来几年围绕数字创意产业的
政策利好将持续不断。

事实上，国家战略层面对数字创意产业发展的鼓励支持早在几年前就已
开始。2016 年《政府工作报告》首提"数字创意产业"。2016 年国务院印
发《"十三五"国家战略性新兴产业发展规划》，提出目标为到 2020 年，战
略性新兴产业规模持续壮大，成为经济社会发展的新动力。战略性新兴产业
增加值占国内生产总值比重达到 15%，形成新一代包括数字创意在内的 5
个产值规模 10 万亿元级的新支柱，并在更广领域形成大批跨界融合的新增
长点，平均每年带动新增就业 100 万人以上。2017 年 3 月，数字创意与相
关产业融合应用服务又被纳入《战略性新兴产业重点产品和服务指导目录》
(2016 版)。2017 年 5 月，文化部出台《推动数字文化产业创新发展的指导

意见》，进一步确定了数字创意产业的发展方向和路径。2017 年 8 月，国务院印发《关于进一步扩大和升级信息消费 持续释放内需潜力的指导意见》，再度提出大力发展数字创意产业，并透露将制定相关政策，促进数字创意产业的进一步发展。

从供给侧来看，信息化、网络化、智能化给传统文化产品形态、产业业态、商业模式带来了极大冲击，与传统文化创意产业以实体载体为依托进行艺术创作不同，数字创意产业借力现代数字技术进行团队化、规模化、集群化的产品生产和网络化、交互化、体验化的产品传播，其个性化定制、智能化匹配、精准化分发、沉浸式体验等特点为文化产业发展开拓了新的维度，相关行业产值规模不断提升；而其与实体经济在各种维度上深度融合，赋予经济发展以创意活力和文化附加值，也将有力拉动经济整体转型升级，成为下一阶段经济高质量发展的新引擎。

从需求侧来看，文化消费的迭代升级本身就体现了人民日益增长的美好生活需要，尤其是在当前"90 后""00 后"等"数码原住民"登上文化消费主流舞台，其文化消费的趣味、偏好与习惯都与过往呈现出极大不同的情况下，如何顺应时代发展、有效满足新生代人群的文化消费需求，如何把握时代之魂、关注时代之需、聚焦时代之变、引领时代之风，以新的要素、新的形态、新的手段在新时代、新征程中实现对新生代文化消费人群的价值引领，传承好民族文化基因、延续好千年历史文脉、筑牢我们的精神家园？这些都是事关国家民族长远发展的重要命题。

习近平总书记一直高度重视我国优秀传统文化的创造性转化与创新性发展，而数字创意产业的发展不仅为文化创新提供了试验田，也给我国传统文化资源活化开发带来新的动力，同时也为中华文化以更富时代感与感染力的姿态"走出去"，彰显大国形象，增强文化自信提供了丰富的想象空间。在此过程中，把握好创新与传承的关系，做好创新中的价值引领与舆论引导至关重要，这是宣传思想战线和精神文明建设系统工作者的使命与担当。

同时也必须清醒认识到，数字创意产业作为技术驱动型的新兴产业和新兴领域，目前理论研究远远滞后于产业发展，扶植、监管、规范的手段与模式仍处于持续探索与优化进程之中，推进数字创意生态体系建设，建立涵盖法律法规、行政手段、技术标准的数字创意知识产权保护体系等任重道远。

"数字创意产业蓝皮书"作为《经济》杂志社统筹指导下由中经数字经济研究中心与社会科学文献出版社合作推出的一个智库研究型产品，正是直面上述挑战和机遇的产物。蓝皮书今后将以年度为单位持续生产发布，融合学界权威专家智力资源和业界一线人士实践探索经验，动态追踪数字创意产业前沿发展状况，及时梳理总结国内外相关经验，并结合论坛峰会等线下活动围绕数字创意产业发展的重大、主流、瓶颈问题深入探讨，凝聚发展共识，汇聚产业资源，提供后端智库服务，作为《经济》杂志社打造智库型媒体的一种模式探索。期待与学界和业界同仁共同为推动产业健康可持续发展贡献绵薄之力！

《经济》杂志社社长兼总编辑
"数字创意产业蓝皮书"编委会主任

序二
"数字技术＋创意"为文化传媒
企业升级蜕变带来曙光

近两年来，以云计算、大数据、人工智能、区块链等为代表的一系列新的技术创新整合汇流并向社会生产生活各个领域深度渗透，形成推动社会结构性变革和要素重组、组织再造的底层动力机制，也对文化传媒领域的格局重构产生了深刻影响。按照麦克卢汉的观点，"媒介即信息"，任何一种媒介本身就是影响社会的巨大力量，而传媒的任何革命性的改变，也必然会反向引发社会连接、社会资源分配以及社会构造等方面的巨大变革，上述两种变革力量交互作用，给当前文化传媒企业的生存发展带来了全新挑战。

中国文化传媒业发展进程中基础性的影响维度有三：政府规制、市场不同发展阶段的窗口期所呈现出的产业机会和技术变革，而在这三者中，技术变革所带来的力量是原生性的。判断一项技术、一种传播形态是否具有巨大的社会发展前景所应持有的三大价值准则：第一是看这种创新的传播技术、传播形态和传播制度，有没有提高人的社会连接的丰富性，有没有提升人和人之间信息的流动性；第二是看这种传播技术、传播形态或传播政策是否能够提升人的社会行动的自由度。如果我们能够借助某些新的传播技术和传播形态看得更远、听得更远，促使我们的实践半径更加宽阔和深远，即扩大了人的自由度，那么，这些传播技术的发展和传播形态的创新就具有巨大的发展价值；第三是看一种传播技术或传播形态能否化繁为简，有效提升人在混乱复杂的社会里的某种控制感。符合这一要求的传播技术和传播形态，也就是那种能够提升人的主体性的技术形态，能够代表未来的方向。

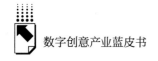

在技术变革一日千里、产业格局持续重构、来自新物种的挑战层出不穷的当下，文化传媒企业必须具备识别表层变革下底层支配逻辑和支配力量的洞见力，唯其如此，方能以产业前瞻与预见性未雨绸缪、提前布局，成为新一轮变革红利的斩获者。

在互联网上半场，以 BAT（百度、阿里巴巴、腾讯）为代表的网络生态巨头借助中国消费"人口红利"以规模化流量圈地和变现模式崛起，互联网通过连接为个人进行了关系赋权和赋能，一种超越行政赋权和市场赋权的新型赋权形式得以形成；而今无论从网民规模、用户市场抑或在线内容供给量而言都到了一个发展饱和的临界点，简单的流量聚合与运营模式逐渐失灵，产业运行的底层逻辑在深刻嬗变之中，粗线条的泛在连接模式也不足以支撑下一阶段的发展，需要更多专业、垂直的细分服务机构在原有连接的基础上提供加宽、加细、加密、加厚的社会生活价值和功能。

在新的创新周期，数字技术为行业发展赋能的作用日益彰显，数据成为内容和产品服务的标准配置，通过大数据和智能化技术把过去无法满足的高场景度、低频度需要、体验型需要以及小众化、个性化的需求集腋成裘，在需求端实现高效率、高适配的价值匹配、关系再造与功能整合，从而较为充分而有效地满足这些以往无法开发的利基市场、长尾市场，这是满足新阶段社会需求的整体趋势，也必然要求文化传媒企业在经营理念上相应做出升维，打破过去"一亩三分地"的属地思维模式，通过广泛联结外部资源延展产业边际，打造更为周密的综合服务生态体系。

2019 年 1 月 10 日，工信部宣布发放 5G 临时牌照，拉开了中国 5G 商用建网的大幕，也成为牵引新一轮技术和社会整体变革的重要促动力量。众所周知，迄今为止，移动通信技术已经经历了从 1G 到 4G 共 4 个时期。从移动通信的角度看，2G 实现从 1G 模拟时代走向数字时代，3G 实现从 2G 语音时代走向数据时代，4G 实现 IP 化，数据速率大幅提升。那么 5G 的来临意味着什么呢？

首先，5G 意味着网络的超级连接能力有了巨大的突破——网络连接不再是选择性的（有的连接，有的不连接）、分离式的（各个网络之间互不联通）、粗线条式的（指仅仅进行了基础性的连接，远未达到细密的、无所不在的连接），无时不有、无处不在、万物互联将成为现实。换言之，5G 将现实世界以数字世界的方式带入每个人、每个家庭、每个组织，构建出了万物互联的智能世界。

其次，5G 将使终端用户的体验发生本质变化，令用户进入"无限网络容量"的体验时代，即让终端用户感觉就像移动网络有无限的容量一样。它的直接结果有两个：一是基于 VR（虚拟现实）技术的产品和服务将成为未来网络发展中的一个"爆品"；二是流量不限的 MBB 模式将成为移动运营商下一个增长的驱动力。换言之，上网免费将成为网络生活中的常态。

再次，5G 的低时延将催生和创造出更多的生产与生活场景应用，如无人驾驶汽车、工业 4.0 智慧工厂、车联网、远程医疗等，都因为 5G 的超低时延而成为现实。在 5G 定义的未来发展中，场景将成为一个关键词，而场景构建将成为未来发展中价值创新的巨大"风口"。

最后，5G 网络将能容纳更多设备连接，同时维持低功耗的续航能力，使万物互联能够在更高的水平上实现，建立在大数据和人工智能基础上的智能化连接将成为普遍的无时不在、无处不有的社会现实，构建出端到端的生态系统，进而打造出一个全移动和全连接的社会。也就是说，5G 网络是原生的海量连接平台，随着 5G 技术可用性的成熟和升级，万物互联和万物在线化（即万物默认在线）将加速实现。

5G 的开启对于传统媒体的转型发展是一个巨大的机会。在互联网上半场，以 BAT 为代表的互联网公司因其技术的先进、资本市场的强大支持以及市场洞察深入与操作灵活等因素先胜一筹，形成了内容网络、人际网络以及物联网的基础性连接，也借此占据了经济、社会、文化及政治影响力的高地，仅以传播领域而言，基于社交的关系链传播和基于 AI 的算法型内容推送已经占据社会性传播的半壁江山以上。而大部分传统媒体因体制的约束、规模的有限、技术的落后以及市场运营能力的迟滞，在这一轮的流量（用户）之争中明显落伍，无论是市场份额还是影响力都大大"缩水"。这就是人们所看到的传统媒体出现"渠道失灵"、用户流失以及影响力衰退的

现象。

5G 的到来开启了互联网发展的"下半场"。一方面，5G 时代极大地促进社会的"线下"生活向"线上"转移，因此，需要更具专业分工的"在地性"资源与力量的协同和参与，仅依靠互联网公司的"连接力"已经难以承担"线上"社会生活"加宽""加细""加厚"的任务和要求。在这一新的发展阶段，BAT 公司构造自身价值的重点已然不是规模化地将自身做大，而是促成社会的、商业的、文化的及个人的资源与能量在已有的粗放型连接平台上生根发芽、开花结果。换言之，帮助更多的人、更多的企业、更多的机构在自己的平台上获得成功，这是 5G 时代 BAT 企业未来发展的方向所在。

对于传统媒体而言，在互联网发展"上半场"所遭遇的问题大多数已经不成为问题，流量资源不再稀缺，仅依靠互联网公司的"技术逻辑"来进行社会政治、文化与生活的建构已经远远无法满足时代发展的实际要求，它要求用"以人为本"的总逻辑来开展未来社会的"线上"构建活动。在此情势下，社会与文明发展的价值逻辑与技术逻辑的整合互动乃至对技术逻辑的正确运用，便成为新发展阶段的突出要求。传统媒介在文明传承和社会逻辑的洞察方面所具有的优势会成为这一发展阶段不可或缺的推动力量，甚至是一种"稀缺资源"。这便是传统媒体在 5G 时代的机会之所在。

在新的发展阶段，传统媒体要做的主要有以下两点。

首先，把握机会，做好对用户的精准化管理工作。要知道自己的用户在哪里，他们想要什么，以及在什么时候、什么场景下需要何种内容服务，对用户的精准管理成为未来发展的重中之重。在这其中，既要解决数据库管理中的用户精准洞察与把握（包含其社会特征、生活形态、价值观念、社群交往、行为结构等）的问题，同时还要解决自身的内容与服务在同用户连接时的一系列问题。

其次，要寻找价值创造的"节点"与维度。这里面包含两层含义：第一，明确自身在内容（或服务）发生价值的三个"时点"上的站位。一是在接触之前，主要依靠一个媒体、机构或偶像的知名度、美誉度所引发的关注、好奇与信赖构建起来的广告的载体价值；二是在接触之中，这基于付费知识服务或人工智能技术的搜索服务所创造的价值；三是在接触之后，具有趋势洞察能力、决策操作指导能力以及先行先试能力的时代引领者对人们的唤起与鼓动价值。其中的关键是为人们的新生活、新实践提供相关资源和场景的有效连接。任何一个媒体都可以在其中的某一个环节或全部环节中找到自己的定位，以创造属于自己的价值。

第二，要洞悉时代发展的节点，把握自己在"人文—科技赋能"时代的站位。在互联网发展的"上半场"，即由 BAT 企业主导的互联网发展的"上半场"，流量即权力，谁拥有用户，谁就是互联网世界的王者；而在互联网发展的"上半场"与"下半场"交接之际，以 TMD（今日头条、美团、滴滴）为代表的互联网企业通过场景的构建和利用主导"线下"世界向"线上"世界的转型，在这一"中场"发展阶段，场景及权力已体现为谁构建了"人—内容—物"之间基于场景的连接，谁就是价值变现的创造者，谁就有可能成为改变世界的推动者；在互联网发展的"下半场"，"人文—科技赋能"已经成为市场和社会发展的主旋律。在以人为本、以科技为生产力的互联网发展新阶段，要连接、整合广域世界多维复杂的诸多资源，形成极为复杂的社会连接与资源重组，其关键技术是 5G、大数据、云计算、区块链以及人工智能等，而在这些技术的社会化融合与渗透的过程中，人本逻辑是其发展的"压舱石"或"定盘星"。

爱因斯坦曾说过，"想象力比知识更重要，因为知识是有限的，而想象力概括着世界上的一切，推动着进步，并且是知识进化的源泉"。未来是一个充满机遇的时代，也是一个挑战我们创新力和想象力的大时代，需要我们运用人类作为万物灵长特有的创意思维能力跨越既有知识之间的藩篱，打破传统思想的禁锢，在人本逻辑之下寻找技术逻辑、商业逻辑、资本逻辑和社会逻辑的最优结合，以人类的智识和努力推动社会走向更加和谐美好的未来。

"数字创意产业蓝皮书"正是在这样的大背景下应时而生。即使是在全球范围内，数字创意产业诞生的历史也并不长，但近年来其发展势头迅猛，

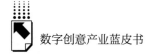

赢得了各国政府的高度重视，作为国际竞争的新赛道成为各国政府重点支持的战略性新兴领域，中、美、日、韩等国政府纷纷出台相关政策加以扶植。但由于技术变化过于迅猛，传统人文社科领域的研究者对这一新兴领域进行解读研究时往往面临对技术底层逻辑及技术演进态势的认知"屏障"，这一领域的研究目前更多是产业驱动型，系统性、理论性的建构型研究亟待跟进。同时，这一领域的研究因其研究本体对象所具有的跨界性和产业边界的开放性，也必须汇聚产、学、研各界众智，形成更具通约性的研究基础框架和话语共识。

　　"数字创意产业蓝皮书"的编撰和发布及后续配套的峰会、研讨等线下活动为业界人士和有兴趣深入这一领域研究的学者们提供了一个聚焦前沿深度跨界交流的话语平台，也为相关研讨成果梳理成型、服务政府主管部门决策提供了一个内容渠道。期待在未来与更多产、学、研界人士就相关话题进行开放式研讨，共同推动这一新兴领域研究的深化与完善！

教育部长江学者特聘教授
北京师范大学新闻传播学院执行院长
中国传媒经济与管理研究委员会会长
"数字创意产业蓝皮书"专家委员会主任

摘　要

　　第三次工业革命以来，科技与文化的互动融合达到前所未有的高度，数字创意产业是其中最集中的体现。数字创意产业的发展史是一部科学、技术与文化协同发展的演进史。21 世纪以来，移动互联网与数字技术的快速发展驱动数字创意产业爆发式增长，大数据、云计算、虚拟现实、物联网、区块链等新一代科技革命不断将数字创意产业推升至全新的高度。一方面，数字文化行业快速崛起，出现了一批爆发力极强的发展热点，从 2012 年到 2017 年数字音乐、网络文学、动漫、游戏、直播行业的年均增长速度超过 20％。另一方面，消费需求升级和创新发展驱动数字创意装备和创意设计产业实现高速增长，智能可穿戴设备、智能家居、虚拟现实等产品种类不断丰富。与此同时，数字创意产业逐渐与相关产业相互渗透、深度融合，当数字技术和文化创意元素注入传统的生产力与生产关系，新产品和新业态被不断缔造。

　　技术上，虚拟现实、增强现实、全息成像、裸眼 3D、文化资源数字化处理等核心技术加速创新发展，促进大数据、物联网、AI、区块链等技术在数字文化创意创作领域的应用，未来或将形成"平台/场景＋内容""IP＋技术"的基本商业模式。在创新链和产业链衔接发展的过程中，有望诞生一批优质数字创意企业，形成新的产业格局和生态。资本追逐的目标也将由渠道逐渐向内容创意领域倾斜。

　　版权上，国际上已意识到版权保护在数字内容产业价值链利益分配中的重要地位，各国正不断加强数字内容版权保护。构建科学化和系统化的版权保护体系，成为数字创意产业长期的议程。在中国，区块链技术在网络版权保护领域已初显身手。可以畅想，由于区块链技术的赋能，数字作品作者、

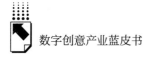

内容和时间将可实现绑定，"实现创作即确权，交易即授权，发现即维权"。

人才上，全国各大城市不断推动人才引进计划，打造数字创意产业园。一方面，复合型数字创意人才未来市场需求将会增加，该类型人才也将成为高校培养的重要方向。另一方面，数字创意产业园集群优势一旦形成，将吸引更多资金、技术、人才等资源流入。

政策上，《"十三五"国家战略性新兴产业发展规划》提出，2020年我国数字创意产业相关行业产值规模将达到8万亿元。此后，促进数字创意产业发展的政策频频出台。毋庸置疑，中国数字创意产业正处于政策与市场双重利好的黄金发展阶段。

在此时代背景下，《中国数字创意产业发展报告（2019）》应运而生。本报告分为总报告、技术篇、产业篇和专题篇四个部分，在分析数字创意产业发展脉络、政策环境、投融资状况及存在问题的基础上，集中探讨了以5G、云计算、区块链为代表的数字技术给我国创意产业带来的想象空间和巨大变革，并结合具体案例透视中国数字创意产业的创新策略和发展路径。

关键词：数字创意产业　数字技术　文化创意

目　录

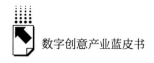

Ⅲ 产业篇

Ⅳ 专题篇

皮书数据库阅读 **使用指南**

总 报 告

General Report

B.1
中国数字创意产业发展回顾
与未来趋势分析

陈 端 张 涵 聂玥煜

摘　要： 本报告在对数字创意产业概念、分类和发展脉络进行系统介绍的基础上，着重梳理了英、美、日等发达国家在数字创意产业领域的政策导向和发展成就，并基于国际、国内对比，对中国数字创意产业发展的产业环境、政策体系、投融资状况和存在问题进行了层层深入的系统剖析，最后对我国数字创意产业未来发展态势进行了预测与研判。

关键词： 数字创意　技术红利　文化消费　投融资

第三次工业革命以来，科学、技术与文化的融合互动达到人类历史上前

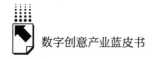

所未有的高度，数字创意产业是其中最为集中的体现。数字创意产业的发展史，是一部科学、技术与文化协同发展的演进史。数字创意产业诞生的技术源头可以追溯到1946～1958年第一代电子管数字计算机的发明以及1969年阿帕网的开创性组建。这些技术发明以数学、计算科学、信息科学、工程学、密码学、语言学、逻辑学和图形学等一系列科学发展为基础。20世纪70年代，科学、技术与文化的互动融合进入产业化阶段。进入20世纪90年代，随着互联网技术、数字技术、移动技术的爆发式应用普及，数字出版、影视动漫、互动娱乐等一系列数字内容业态如雨后春笋般呈现在大众面前。1996年出版的《数字化生存》一书中，美国计算机科学家尼葛洛庞帝（Nicholas Negroponte）预测性地指出，数字科技是一种具有强大吸引力的自然动力，这种自然动力将把人类吸引到更加和谐的新世界。在科学技术的加持下，人类的文化生活和生存方式已经超越了地球所赋予的"有限"物理空间，进入一个可以无限扩展、充满无限可能的数字化新世界。21世纪以来，现代信息科技、大众传播科技，特别是2010年以来移动互联网、大数据等新兴科技的产业化、商业化应用，促使数字创意产业爆发式发展，成为人们日常生活娱乐和工作学习离不开的基础产业。

近年来，以大数据、云计算、3D打印、虚拟现实、物联网、区块链、人工智能、量子信息等为代表的新一代科技革命浪潮风起云涌，正不断将数字创意产业推升至新的高度。与此同时，科学、技术与文化协同基础上的数字创意产业正在广泛地与农业、工业、服务业等各行各业深度融合，将数字技术、文化创意注入传统的生产力与生产关系网络，不断缔造新的产品、新的业态、新的社会。

一 数字创意产业的概念、分类与发展环境

（一）数字创意产业的内涵与范畴

数字创意产业是现代信息技术与文化创意产业逐渐融合而产生的一种新经

济形态，与传统文化创意产业以实体为载体进行艺术创作不同，数字创意产业以 CG（Computer Graphics）等现代数字技术为主要工具，强调由团队或个人通过技术，以创意和产业化的方式进行整体设计、开发和服务，强调产品与用户之间、用户与用户之间的互动联结与价值创造。数字创意产业的特点决定了它与技术、文化等诸多领域密切相关。"数字创意"作为一个新概念，如何对其做出定义目前国际上尚无统一标准，各国对创意产业的划定范围也不尽相同。

国家金融与发展实验室与原文化部（现文化和旅游部）曾分别提出过对数字创意产业的理解。国家金融与发展实验室从两方面指出数字创意产业的特征：数字技术与数字内容；原文化部认为数字创意产业是一种融合性产业（见图 1）。

图 1　两部门对数字创意产业的理解

资料来源：作者根据公开资料整理。

2018 年 11 月，国家统计局发布《战略性新兴产业分类（2018）》，战略性新兴产业由 2012 年的 7 个增至 9 个，数字创意产业首次被纳入战略性新兴产业。分类显示，数字创意产业包括四大部分：数字创意技术设备制造、数字文化创意活动、设计服务，以及数字创意与融合服务（见表 1）。

表1　《战略性新兴产业分类（2018）》之数字创意产业

数字创意产业	数字创意产业细分行业	对应国民经济行业名称
数字创意技术设备制造	数字创意技术设备制造	电影机械制造、广播电视节目制作及发射设备制造、广播电视接收设备制造、专业音响设备制造、应用电视设备及其他广播电视设备制造、电视机制造、音响设备制造、其他智能消费设备制造
数字文化创意活动	数字文化创意软件开发	应用软件开发
	数字文化创意内容制作服务	动漫、游戏数字内容服务、其他数字内容服务
	新型媒体服务	互联网其他信息服务、其他数字内容服务、数字出版
	数字文化创意广播电视服务	有线广播电视传输服务、无线广播电视传输服务
	其他数字文化创意活动	其他电信服务，互联网游戏服务，地理遥感信息服务，其他数字内容服务，其他技术推广服务，广播、电视、影视节目制作，广播电视集成播控，电影放映、录音制作，文艺创作与表演
设计服务	数字设计服务	工程设计活动、规划设计管理、工业设计服务、专业设计服务
数字创意与融合服务	数字创意与融合服务	互联网广告服务、其他广告服务、科技会展服务、旅游会展服务、体育会展服务、文化会展服务、旅行社及相关服务、电子出版物出版、图书馆、博物馆

资料来源：国家统计局：《战略性新兴产业分类（2018）》，2018年。

与其他产业相比，数字创意产业将数字技术与数字内容充分结合，输出产品不仅包括各类软硬件等实体，也包括文化内容和创意服务，具有商业和文化双重效益。产品实体和内容软体两类输出反映了数字创意产业的两条发展主线，第一条为网络化背景下的数字技术产业的发展线，数字技术的价值在于为创意内容的生产和传播提供技术支撑；第二条是以影视、数字出版、动漫游戏等为代表的文化创意产业的发展线，创意是整个产业的核心生产力，创意元素贯穿整个产业链。

（二）全球数字创意产业发展现状

全球数字创意产业处在美、亚、欧三足鼎立的格局。[①] 一份研究显示，世界500强企业中，数字创意企业主要分布在美、亚、欧三个地区。中国在数字创意企业数量上虽位列第二，并且在移动游戏和网络媒体等细分领域取得了一定成绩，但在内容创意、技术研发及分发渠道三个环节仍缺乏核心竞争力。

数字创意产业作为数字技术与创意产业结合的一种新兴业态，在数字技术演进和创意产业发展两条脉络上不断深化。在创意产业这条线上，创意产业作为一个独立门类而存在，整体发展历程并不长。以下将对英国（欧洲）、美国（北美洲）和日本（亚洲）的创意产业发展情况进行分析。

1. 英国：创意产业数字化转型发展

英国被公认为世界上最早确立"创意产业"这一概念并将创意产业作为国家经济发展主要产业的国家。英国创意产业特别工作小组在1998年和2001年两次发布的《英国文化创意产业路径文件》，将创意产业界定为源自个别创意、技术和才干，通过对知识产权的开发和利用，用个人潜力创造财富和就业机会的活动，并明确了13个行业为创意产业。英国创意产业特别工作小组在2003年就指出，从产出与就业两个角度衡量，伦敦的创意产业对经济发展而言重要程度已经超过金融业。如今，经过20多年在创意生产、融资、人才引进等方面的探索，创意产业在英国已经成为仅次于金融服务业的第二大产业，成为国民经济增长的支柱产业。

英国统计局数据显示，自创意产业概念被提出以来，英国创意产业一直呈快速发展态势。1997～2014年，创意产业增加值总额（GVA）[②] 年均增速

---

① 臧志彭：《数字创意产业全球价值链：世界格局审视与中国重构策略》，《中国科技论坛》2017年第7期。

② 增加值总额（GVA）为估计国内生产总值（GDP）的重要指标，GVA－生产税收－生产补贴＝GDP。

达到 6.0%，而这期间英国经济年均增速仅为 4.3%。1997 年英国创意产业增加值占其国内生产总值的比重为 3.9%，到 2014 年增至 5.2%。多年来，英国创意产业一直保持着较高增速，尤其是 2009~2014 年，创意产业增加值增长了 45.9%，而英国经济整体增长了 20.3%（见图 2）。2014 年，英国创意产业增加值已经达到 841 亿英镑（约 7443 亿元人民币），创造了 190 万个工作岗位。

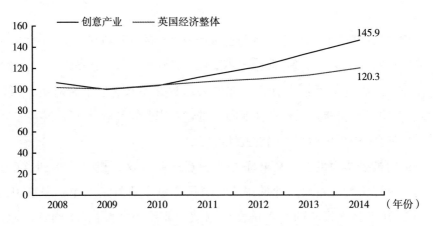

图 2　2008~2014 年英国创意产业 GVA 指数变化（2009 年 = 100）

资料来源：Department for Digital, Culture, Media & Sport, "Creative Industries Economic Estimates", January 2016, https：//assets. publishing. service. gov. uk/government/uploads/ system/uploads/attachment_ data/file/523024/Creative_ Industries_ Economic_ Estimates_ January_ 2016_ Updated_ 201605. pdf.

虽然英国政府把创意产业分为 13 个行业，但对外通常按 9 个大类公布数据，英国统计局近年公布数据的 9 个领域分别是：（1）广告和营销；（2）建筑；（3）工艺品；（4）时尚设计；（5）电影、电视、视频、音频和摄影；（6）IT、软件和计算机服务；（7）出版；（8）博物馆、画廊和图书馆；（9）音乐、表演和视觉艺术。其中，第 5 项电影、电视、视频、音频和摄影以及第 6 项 IT、软件和计算机服务在整个创意产业中的占比最大，两项占比合计超过 50%（见表 2）。

值得关注的是，从 2017 年开始，英国统计局不再单独发布创意产业的经济数据，而将其合并至 DCMS 部门（数字、文化、媒体和体育部）的统

表2　2013～2017年英国创意产业细分领域增加值总额（GVA）

单位：百万英镑

领域	2013年	2014年	2015年	2016年	2017年
广告和营销	9253	10775	11814	12570	13302
建筑	3006	3534	3962	3839	3898
工艺品	198	405	364	288	298
时尚设计	2706	2636	3239	3666	3949
电影、电视、视频、音频和摄影	13760	14635	15291	15345	16709
IT、软件和计算机服务	30855	33240	34899	37248	40620
出版	10366	10361	10765	11473	11751
博物馆、画廊和图书馆	1296	1394	1553	1482	1451
音乐、表演和视觉艺术	7581	7441	8399	8898	9547
创意产业整体	79021	84419	90286	94809	101526

资料来源：Department for Digital, Culture, Media & Sport, "DCMS Subsectors Economic Estimates-Regional Gross Value Added (GVA)", February 2019, http：//www. culture. gov. uk/.

计数据中。这一举措充分反映了数字化趋势下，创意产业与数字技术、文化和媒体行业的联系越发密切，创意产业与数字技术的融合发展已成数字时代新趋势。从DCMS部门于2019年公布的最新数据（更新至2017年）来看，DCMS部门增加值在英国经济总体增加值中的占比接近10%（见表3）。

表3　2013～2017年DCMS部门增加值（以现价表示）

单位：百万英镑

领域	2013	2014	2015	2016	2017
创意产业	79021	84419	90286	94809	101526
文化领域	23968	25321	27012	27506	29481
数字领域	111377	113078	114956	121536	130462
博彩	9969	10389	10290	10096	9267
体育	7455	7762	8721	9321	9816
电信	28077	30010	30373	31433	32560
总计	152966	158224	164251	172334	182465
在总GVA中占比	9.7	9.6	9.7	9.8	9.9

资料来源：Department for Digital, Culture, Media & Sport, "DCMS Sectors Economic Estimates-Regional Gross Value Added (GVA)", February 2019, http：//www. culture. gov. uk/.

从英国创意产业的发展历程与经验来看，其产业发展具有以下几个特点。其一，创意产业的各管理部门职责明确。从既有资料上来看，英国创意产业的管理部门主要包括中央政府部门、地方政府和非政府部门三大主体。数字、文化、媒体和体育部（DCMS）是管理和指导创意产业的核心部门，同时非政府公共文化机构和地方政府部门发挥相应作用；中央政府纵向管理，地方政府与非政府部门横向管理。① 政府对创意产业的管理秉持着管理有度、严松兼备、适当分权的原则②，通过制订各类规划、公布各类数据等措施引导创意产业发展。英国政府于 1998 年出版的 *Exports：Our Hidden Potentials* 对本国创意产业的出口政策与做法进行了分析研究；1999 年 *The Next 10 Years* 从教育培训、扶持个人创业及提倡创意生活三方面对如何培养人们的创意生活意识、让人们享受创意生活等方面进行研究；政府发布的 *Creative Industrials Economics Estimates* 统计数据公布了本国创意产业产出、出口等相关统计数据，并介绍了创意产业发展的现状和未来方向。

其二，注重发挥个体的主动性。英国政府通过政策推动创意产业发展，并不直接参与产业发展，即"不办文化，只管文化"。③ 政府通过"三三制"的方式来筹措创意产业发展资金，第一个 1/3 来自政府部门；第二个 1/3 来自社会，如社会捐助和彩票收入资助，1994 年英国政府将国家彩票总收入的 28% 用于资助电影等创意项目；第三个 1/3 来自产业自身商业收入，如门票和场地租用费等。这一制度在给各创意产业主体留下发展空间的同时也施加了一定压力。

其三，突出"大文化"概念。英国政府顺势调整文化管理机构，合并管理职能，逐步走向综合管理。对于这一特点，我们可以从数字、文化、媒体和体育部的发展历史中得以窥见。1992 年，梅杰政府将分散于艺术部等 6个部门的文化职能集中一处，成立了文化遗产部，该部统一管理全国的文化、传媒、体育和旅游等事业。1997 年，布莱尔政府将文化遗产部更名为

---

① 熊澄宇：《英国创意产业发展的启示》，《求是》2012 年第 7 期。
② 鲍枫：《中国文化创意产业集群发展研究》，吉林大学博士学位论文，2013。
③ 熊澄宇：《英国创意产业发展的启示》，《求是》2012 年第 7 期。

文化、媒体和体育部，使其成为管理创意产业的核心部门。长期以来，该部门承担的数字化工作越来越多，甚至一半以上均为数字化工作。该部门在2017年3月发布了"英国数字战略"这一重要国家战略，7月便更名为"数字、文化、媒体和体育部"（Department for Digital, Culture, Media & Sport），下设数字经济理事会，主要负责整体推动"英国数字战略"。以上变动显示了英国创意产业的数字化转型趋势。

英国创意产业概念的提出与推广，对世界各地如新加坡、韩国、澳大利亚、新西兰等国以及我国香港和台湾地区等在制定产业政策、发展创意产业方面产生了积极的影响。2003年，中国香港地区政府制定了发展创意产业的政策。香港地区政府认为创意产业属于知识经济范畴，人们的知识智能、创新思维、创业精神和灵活求变的能力，是发展创意产业的基础。因此，香港地区在创意产业政策中尤其注重人才的培养和对知识产权的立法保护。

2. 美国：数字技术与创意内容协同发展

美国采用以"版权产业"为主的分类方法来阐述创意产业，将其分为核心版权产业、交叉版权产业、部分版权产业和边缘版权产业四部分（见表4）。① 2017年美国版权产业各部分增加值占比情况见图3。

表4　美国版权产业分类

分类	核心版权产业	交叉版权产业	部分版权产业	边缘版权产业
内容	出版与文学,音乐、剧场制作、歌剧,电影与录像,电视广播,摄影,软件与数据库,视觉艺术与绘画艺术,广告	电视机的制造与批发零售、收音机的制造与批发零售、录像机的制造与批发零售、CD机的制造与批发零售、DVD机的制造与批发零售、录音机的制造与批发零售、电子游戏设备及其他相关设备的制造与批发零售	服装、纺织品与鞋类,珠宝与钱币,其他工艺品,家具,家用物品、瓷器及玻璃,墙纸与地毯,玩具与游戏,建筑、工程、测量,室内设计,博物馆	为发行版权产品的一般批发与零售,大众运输服务,电信与网络服务

① 刘杨、顾海兵:《文化创意产业统计：国际镜鉴与引申》,《改革》2017年第6期。

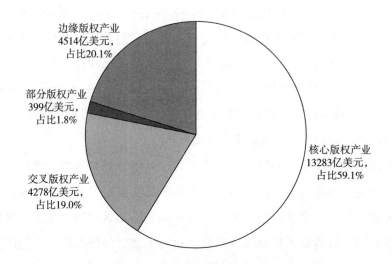

图3　2017年美国版权产业各部分增加值占比

资料来源: International Intellectual Property Alliance, "Copyright Industries in the U. S. Economy", December 6, 2018, https: //iipa. org/reports/copyright - industries - us - economy/.

在发展创意产业上, 美国政府重视版权保护, 并采取一系列措施规范版权市场。机构设置上, 设版权办公室、科技局、商务部国际贸易局以及版权税审查庭等, 以加强版权保护。法律上, 多年来美国政府颁布一系列法律法规, 如《版权法》《跨世纪数字版权法》《电子盗版禁止法》等。资金上, 鼓励多样化主体投资, 不仅政府直接扶持, 而且企业、基金会以及个人捐助都是产业发展的资金来源。美国在推动创意产业发展的过程中, 其一大特点就是充分发挥市场的作用, 政府主要负责为产业发展打造良好的社会环境、制度环境与市场环境。与英国不同, 美国创意产业相关权威统计数据由美国国际知识产权联盟 (IIPA) 发布, 作为一个非政府机构, 美国国际知识产权联盟旗下的协会成员几乎代表了所有美国文化创意重要领域。

1990年以来, 该联盟几乎每年都会发布《美国版权产业报告》(Copyright Industries in the U. S. Economy)。报告数据显示, 近20年来, 美国版权产业整体对GDP增长的贡献率均超过11%, 版权产业一直为美国经济发展的支柱性产业 (见表5)。

表5 2008～2017年美国版权产业对GDP贡献情况

单位：%

	2008年	2009年	2010年	2011年	2012年	2013年	2014年	2015年	2016年	2017年
核心版权产业	6.36	6.62	6.61	6.63	6.72	6.71	6.57	6.78	6.87	6.85
版权产业整体	11.09	11.38	11.42	11.39	11.34	11.44	11.32	11.55	11.61	11.59

相关数据显示，2014～2017年美国核心版权产业年均增速为5.23%，版权产业整体年均增速为4.26%，高于美国GDP年均增速2.21%（见表6）。此外，版权产业发展与经济增长均总体呈放缓趋势（见图4）。2017年，美国版权产业增加值超2.2万亿美元，为美国经济增长贡献11.59%，其中核心版权产业增加值超1.3万亿美元，在版权产业中处于绝对主导地位。2017年，版权行业雇用了超过1160万名工人，占美国雇员总数的7.87%，其中核心版权行业提供了近570万个工作岗位。

表6 2014～2017年美国版权产业与GDP增长情况

单位：%

增速	2015年	2016年	2017年	2014～2017年（年均）
核心版权产业增速	7.20	4.51	4.00	5.23
版权产业整体增速	5.37	3.64	3.78	4.26
美国GDP增速	2.86	1.49	2.27	2.21

作为科学技术与创意产业不断融合趋势的引领者，美国无论在内容环节还是在技术环节都有一大批企业占据着创意产业链的高地。在内容创意环节，有华特迪士尼、21世纪福克斯、康卡斯特及时代华纳（AT&T收购）等世界500强企业；在产业技术环节，谷歌、微软、苹果、高通等世界500强企业也引领着全球数字技术的发展方向。

3. 日本：政府主导文化创意产业发展

根据1999年日本通产省报告，创意产业分为三大板块：内容产业、休闲产业和时尚产业，日本著名的动漫产业便归属内容产业这一大类。

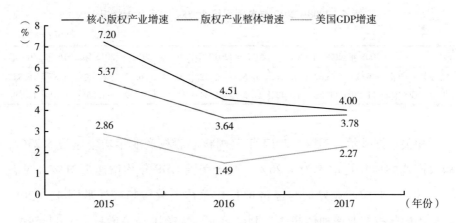

图 4　2015～2017 年美国版权产业与 GDP 增长情况

资料来源：International Intellectual Property Alliance，"Copyright Industries in the U. S. Economy"，December 6, 2018，https：//iipa. org/reports/copyright - industries - us - economy/.

1996 年，日本出台《21 世纪文化立国方案》，意味着文化立国战略成为日本发展转型的重要指向，从"经济立国"转向"文化立国"。2002 年，美国记者 Mc Gray Douglas 在《日本国民生产总值》一文中表示，日本正在重塑其超级力量，虽然日本在政治、经济上表现不佳，但其文化在全球范围的影响力悄然上升。

"产学官"模式是日本发展文化创意产业的一大特色。经济产业省管辖的企业属于"产"，文部科学省管理的各科研机构与大学属于"学"，政府部门和半官方的中介机构属于"官"，三方协同发展。在业界、学界和政府的相互联动中，政府起着主导作用，具有制定政策和引导市场的重要功能，政府利用税收优惠和投资补贴等方式支持企业发展。

英国、美国与日本对创意产业的划分各不相同，其发展模式也有所区别。英国创意产业由其深厚的文化底蕴驱动发展，政府突出"大文化"综合管理理念，能较快适应创意与数字等要素的融合发展趋势；美国则在市场机制主导下，由资本和技术双轮驱动创意产业发展，数字内容与技术得到协同发展；日本创意产业发展属于政府主导型，在国家战略下，政府通过政策引导产业发展。

二 中国数字创意产业发展现状

（一）国内对数字创意产业的研究

国内学者在数字创意产业的研究方面起步相对较晚，且研究主要停留在讨论数字创意产业范围的层面上，缺乏对数字创意产业链、产业发展等问题的深入讨论。张海涛等（2006）在早期的研究中指出，创意产业作为知识经济的标志性产业，在世界范围的兴起体现了全球产业发展的新趋势，以及经济增长方式和国家资源整合方式的转变。夏光富等（2010）认为，网络文化服务业、游戏业、影视业、数字出版业、动漫业等构成数字创意产业的核心部门，核心部门与其他产业的融合和延伸也属于数字创意产业。中国工程科技发展战略研究院将数字创意产业分为数字技术领域、核心领域、融合发展领域。数字技术领域包括虚拟现实技术、新一代数字媒体技术、创意大数据技术；核心领域包括设计服务、动漫与游戏、影视与传媒等；融合发展领域包括旅游、体育与健康、智能家居。其在核心领域与融合发展领域上的划分与夏光富等（2010）的观点相近。

根据中国知网（CNKI）收录数据，学界对数字创意产业的研究与文化创意产业、创意产业、数字艺术、人才培养、数字媒体、动漫游戏、传统手工艺等主题词相关（见图5）。某种程度上，文化创意产业或创意产业构成了数字创意产业数字内容板块，所以对数字创意产业的研究可回溯到创意产业。国内关于创意产业的发展现状、发展特征、产业园区等方面的研究文献已较为充分。总而言之，一方面，数字内容板块的研究已有一定沉淀，且目前仍为研究热点；另一方面，数字内容与数字技术融合的研究仍显不足。

（二）数字创意产业的发展环境

1. 政策环境：政策红利频出，产业利好释放

从2016年"数字创意产业"被提出以来，政策红利频出，从中央到地

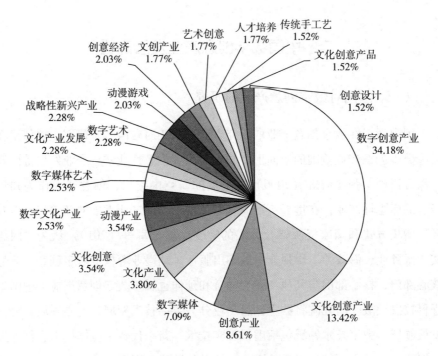

图 5　"数字创意产业"相关研究的 20 个主题词

资料来源：中国知网，由作者整理。

方，从综合到细分，各类政策相继被推出，数字内容与数字技术市场呈现空前繁荣。

　　数字创意产业的战略性新兴产业地位自 2009 年开始逐步确立。回顾历年政策可见，各类文化产业发展政策自 2009 年开始围绕"数字"主题展开讨论。2009 年 7 月，我国第一部文化产业专项规划《文化产业振兴规划》由国务院常务会议审议通过，标志着文化产业上升为国家战略性产业，文化创意、数字内容等被列为重点推进的文化产业。2010 年《国务院关于加快培育和发展战略性新兴产业的决定》指出"大力发展数字虚拟等技术，促进文化创意产业发展"。2014 年《国务院关于推进文化创意和设计服务与相关产业融合发展的若干意见》将加快数字内容产业发展列为第二项重点任务，强调数字与文化的双向融合，该意见更清晰地勾勒了发展数字内容的细节。2016 年 3 月，"数字创意产业"首现于《政府工作报告》中，"数字创意产业"作为一个正式概念纳入《政府工作报告》。同月，全国人大通过《中华人民共和国国民经济和社会发展第十三个五年规划纲要》，在"十三五"规划纲要指导下，2016 年底，国务院发布了《"十三五"国家战略性新兴产业发展规划》，其中明确了数字创意产业等五个新兴产业的国家战略定位，确定了数字创意产业发展目标：到 2020 年，数字创意产业相关行业产值达到 8 万亿元。这也意味着数字创意产业作为一片蓝海，将有更多的资金涌入、更多的人才流入。

在"十三五"规划纲要指导下，各部门配合发布各类政策以落实规划。2016 年 4 月，文化部与财政部决定在全国开展引导城乡居民扩大文化消费试点，联合发布《关于开展引导城乡居民扩大文化消费试点工作的通知》，提出将通过中央财政补助地方公共文化服务体系建设专项资金。2017 年 4 月，《文化部"十三五"时期文化产业发展规划》以 8 个专栏列出 22 项重大工程和项目，增强了可操作性。2017 年 5 月，《文化部"十三五"时期文化科技创新规划》提出了文化科技创新体系建设的基本思路。同月，国务院办公厅印发的《国家"十三五"时期文化发展改革规划纲要》从 8 个方面确立了文化发展改革的主要目标，加大供给侧改革，提升公共文化消费供给水平。据文化和旅游部公布数据，截至 2017 年底，45 个国家文化消费试点城市被确立，拉动文化消费规模超过 900 亿元。[①]

此外，2017 年还出台了一系列促进文化创意产业发展的文件。2017 年 3 月，《国务院办公厅关于进一步激发社会领域投资活力的意见》首次明确提出推进文化等领域"投贷联动"。4 月，文化部《关于推动数字文化产业创新发展的指导意见》成为国家层面首个针对数字文化产业的宏观性、指导性政策文件。8 月，国务院颁布《关于进一步扩大和升级信息消费持续释放内需潜力的指导意见》，再度提出大力发展数字创意产业；同时，国家发

---

① 中华人民共和国文化和旅游部：《2017 年文化发展统计公报》，2018 年 5 月，http：//zwgk. mct. gov. cn/auto255/201805/W020180531619385990505. pdf。

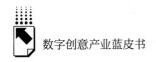

展改革委办公厅印发《社会领域产业专项债券发行指引》，推出文化产业专项债券。①

2018年政策利好继续释放。3月，中央网信办与中国证监会联合印发《关于推动资本市场服务网络强国建设的指导意见》，加大对新兴产业的扶持，发挥资本市场服务实体经济的功能。11月，国家统计局公布《战略性新兴产业分类（2018）》，其中新增数字创意产业，数字创意产业划分进一步明晰。

在综合性政策陆续推出的同时，各细分领域政策也同时推进。如2017年5月，国家新闻出版广电总局印发《关于深化新闻出版业数字化转型升级工作的通知》，推动新闻出版业数字化转型。2018年4月，财政部与国家税务总局发布《关于延续动漫产业增值税政策的通知》，继续动漫产业税收优惠、动漫软件出口免征增值税。地方政府高度关注数字创意产业，从2017年上半年开始地方配套政策密集推出，四川、北京、上海、天津、广东、浙江等地鼓励数字创意产业发展，出台包括税收减免、加大扶持力度等政策。

2.产业环境：技术红利持续涌现，文化消费不断激活

（1）技术红利持续涌现

以移动互联网、人工智能、云计算、大数据及虚拟现实等为代表的数字技术不断颠覆文化创意市场发展规则。与传统文化产业不同，数字技术催生的新文化创意领域增速远远超过传统文化产业，如以谷歌为代表的搜索引擎，以Facebook为代表的社交网络等。随着可穿戴设备、交互娱乐引擎等新产品的不断加入，数字创意产业的产业链将不断延伸，使国际和国内市场更加活跃。

人工智能技术。清华大学中国科技政策研究中心发布的《中国人工智能发展报告（2018）》指出，中国成为全球人工智能专利布局最多的国家，

---

① 中华人民共和国文化和旅游部：《2017年文化发展统计公报》，2018年5月，http：//zwgk.
mct. gov. cn/auto255/201805/W020180531619385990505. pdf。

且人工智能产出总量第一。2017 年，我国人工智能市场规模达到 237.4 亿元，相较于 2016 年增长 67%。人工智能企业融资总额占全球融资总额的 70%，融资笔数占比达 31%。截至 2018 年 6 月，我国人工智能企业总数超过 1000 家。2019 年，我国人工智能核心产业规模预计达到 960 亿元，增长 40%；人工智能股权投资规模预计达到 652 亿元，增速达 45%。① 2017 年、2018 年连续两年，"人工智能"被写入《政府工作报告》，2019 年的《政府工作报告》再次提及"人工智能"。相比 2017 年、2018 年的"加快人工智能等技术研发和转化""加强新一代人工智能研发应用"，2019 年报告的表述为"深化大数据、人工智能等研发应用"。从"加快—加强—深化"用词的改变可以看出，我国人工智能已经从初步发展期步入深化发展阶段。

云计算技术。作为技术经济发展的先导力量，云计算技术已经发展得较为成熟。中国信息通信研究院数据显示，2017 年国内云计算市场规模接近 700 亿元，其中私有云市场规模约 427 亿元，公有云市场规模约 264 亿元。② 过去几年，中国经历了企业上云的大发展，云计算服务深入个人、企业、政府部门的活动中，但业界普遍认为，我国云计算市场规模与国际市场相比，尚存在 3~5 年差距。云计算在创建智慧城市、发展文化创意产业园区等方面将继续发挥基础性作用。

虚拟现实（VR）技术。2018 年，虚拟现实领域的政策不断完善，产业形态初步形成，应用场景持续拓展。2018 年 12 月，工信部出台的《关于加快推进虚拟现实产业发展的指导意见》指出，2020 年要建成基本健全的产业链。北京、青岛、成都等地均出台专项产业政策，推出专项补助计划，推动虚拟现实技术发展。国家统计局公布的《战略性新兴产业分类（2018）》对数字创意产业进行了分类，VR 技术与多个重点产品与服务相关，如个人

---

① 钟源：《我国人工智能产业将达 960 亿元》，2019 年 3 月，http：//www. jjckb. cn/2019 - 03/29/c_ 137931907. htm。

② 中国信息通信研究院：《云计算发展白皮书（2018）》，2018 年 8 月，http：//www. caict. ac. cn/kxyj/qwfb/bps/201808/P020180813540725575770. pdf，2018 - 08 - 13/2019 - 04 - 01。

穿戴虚拟现实设备、VR 制播放装备、数字博物馆等，VR 技术成为数字创意产业发展不可或缺的力量。

区块链技术。2016 年"区块链"被列入《"十三五"国家信息化规划》后，我国区块链产业一直处于高速发展阶段，创业者和资本不断涌入，企业数量也在不断增加。工信部数据显示，截至 2018 年 3 月底，我国以区块链业务为主营业务的公司已达 456 家。其中，2015 年新增公司数为 44 家，2016 年新增 136 家，2017 年新增 178 家。涉及区块链公司股权投资事件数量为 249 起，其中 2017 年占到 100 起，区块链产业已初步形成规模。[①] 截至 2018 年 5 月底，北京、上海、广东、河北（雄安）、江苏、山东、贵州、甘肃、海南等 24 个省市或地区发布了区块链政策及指导意见，多地将区块链列入本地"十三五"战略发展规划。[②] 区块链技术直指数字创意产业的核心问题：知识产权。行业高速发展背景下，区块链在保护版权和打造数字创意产业生态圈方面将有无限可能。

德勤咨询在《2019 年技术趋势报告——超越数字前沿》中提到，过去的 10 年中，云技术、分析技术和数字体验技术在不断颠覆市场。虽然这些已被熟知的力量不能再被称为"趋势"，但其仍在继续演变发展。最近，区块链、认知技术和数字现实（增强现实、虚拟现实、物联网等）三种新技术已经进入"颠覆者"的行列。它们正蓄势待发，均有望成为独特的力量。未来 5 年中，数字现实、区块链和认知技术的重要性，可能会与今天的数字体验、分析技术和云技术不相上下。

（2）文化消费不断被激活

在庞大的网络用户基础上，我国居民的数字文化消费被新政策、新业态持续激活。随着"90 后"与"00 后"两代数码原住民登上数字文化消费的舞台，以及老年用户的上网普及率不断提高，我国互联网用户规模持续扩大，为数字创意产业发展奠定了消费基础。

---

① 工业和信息化部信息中心：《2018 年中国区块链产业白皮书》，2018 年 5 月。
② 中国信息通信研究院：《云计算发展白皮书（2018）》，2018 年 8 月，http：//www. caict. ac. cn/kxyj/qwfb/bps/201808/P020180813540725575770. pdf，2018 – 08 – 13/2019 – 04 – 01。

中国互联网络信息中心（CNNIC）2019 年发布的《中国互联网络发展状况统计报告》显示，2018 年我国新增网民 5653 万，网民总数达到 8.29 亿，人均周上网时长为 27.6 小时，较 2017 年底提高 0.6 个小时。① 截至 2018 年 12 月，中国网络游戏用户达到 4.84 亿，占整体网民的 58.4%；网络文学用户规模达到 4.32 亿，占整体网民的 52.1%；网络视频用户规模达到 6.12 亿，占整体网民的 73.9%；网络音乐用户规模达到 5.76 亿，占整体网民的 69.5%；网络直播用户共 3.97 亿，占整体网民的 47.9%；网络新闻用户达 6.75 亿，网民使用比例为 81.4%；短视频用户为 6.48 亿，网民使用比例为 78.2%。②

政策引导推动城乡居民文化消费。十九大报告指出，我国社会主要矛盾已经转化为人民日益增长的美好生活需要和不平衡不充分的发展之间的矛盾。由此可见，发展文化产业刺激国民消费升级已成必须。国务院于 2017 年颁布的《关于进一步扩大和升级信息消费持续释放内需潜力的指导意见》也倡导数字文化消费，计划到 2020 年，信息消费规模达到 6 万亿元，年均增长 11% 以上。此外，文化部与财政部联合开展引导城乡居民扩大文化消费的试点工作，2017 年累计参与文化消费试点达 3 亿人次。

新型业态层出激发了消费者的文化体验感与消费热情。2019 年春节期间，国产科幻电影《流浪地球》在全国爆红，综艺节目《上新了·故宫》播出、故宫原创彩妆发布与故宫夜场开放等持续推动了"故宫热"浪潮，由此可见文化消费一片繁荣。我国新型文化业态主要基于两种模式产生。第一种模式是，由新兴技术推动形成，如 VR、人工智能、云计算、物联网等技术在文化创意领域的应用，据易观预测，到 2019 年，我国 VR 消费者规模将达到 1877 万人，潜在消费者为 2.5 亿人。③ 第二种模式是，由文化产业

---

① 中国互联网络信息中心：《中国互联网络发展状况统计报告》，2019 年 2 月，http：//www. cnnic. net. cn/hlwfzyj/hlwxzbg/hlwtjbg/201902/P020190318523029756345. pdf。

② 中国互联网络信息中心：《中国互联网络发展状况统计报告》，2019 年 2 月，http：//www. cnnic. net. cn/hlwfzyj/hlwxzbg/hlwtjbg/201902/P020190318523029756345. pdf。

③ 郑雷、郑立波、江苏佳：《新型文化业态的现状分析及发展趋势——以 VR、微拍、众筹为例》，《传媒》2017 年第 24 期。

与其他产业或其他元素融合形成，如文化产业与金融产业结合而成的影视众筹、传统文化IP"故宫"与彩妆产业的结合等。

3. 市场环境："一带一路"促数字文化创意产业出海

在"一带一路"倡议背景下，如何将中国优质的数字创意产业内容分享给"一带一路"沿线国家，成为整个产业关注的焦点。"一带一路"倡议涉及60多个国家和地区、44亿人口以及超过20万亿美元的经济体量。其中大多数国家处于经济增长期，涉及人口占全球人口规模的一半以上，蕴含着不可忽视的消费潜力。据2015年的安永（EY）研究报告，2013年全球数字文化产品销售额达到660亿美元，其中，北美地区占30.6%，亚太地区占16.1%，欧洲占15.4%。[①] 而培养"一带一路"沿线国家和地区人群的数字文化消费习惯将成为影响未来世界经济格局的重要因素。

把握青年消费市场，把握经济增长的未来。从世界文化创意产业潜力的角度上看，"一带一路"沿线的国家和地区，汇聚了全球规模最大的年轻人群，他们代表了全球青年一代人的文化生产和消费需求，将深刻影响未来世界数字创意产业的趋势。从世界文化创意产业集聚趋势来看，2015年"一带一路"沿线有44个国家处于城市化进程的加速阶段[②]，亚洲和非洲地区城市化发展最为迅速。城市作为文化消费的重要市场，及文化产业发展的重要载体，将会为数字创意产业发展提供大量的资本、服务、消费人群以及技术等资源。在"一带一路"倡议下，原文化部发布的《文化部"一带一路"文化发展行动计划（2016~2020）》为我国数字创意产业发展提供了良好的政策环境，重点推进了动漫游戏产业、文博产业的发展。

---

① 花建:《"一带一路"战略与提升中国文化产业国际竞争力研究》,《同济大学学报》(社会科学版) 2016年第27期。
② 刘海猛、方创琳、苗毅、马海涛、张蔷、周强:《1950~2050年"一带一路"沿线国家人口与城市化发展的时空演变研究（英文）》, *Journal of Geographical Sciences*, 28, 2018。

（三）数字创意产业整体发展情况

1. 总体规模情况

目前，国内尚缺乏权威统计数据反映数字创意产业整体经济规模，但我们可以从文化及相关产业、数字经济的发展中了解数字创意产业总体情况。近五年，文化及相关产业增加值与数字经济总体规模都呈上升趋势，其中文化及相关产业增加值增速平稳，数字经济则高速发展（见图6）。

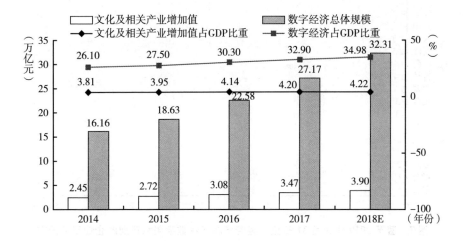

图6 我国文化及相关产业与数字经济发展规模

资料来源：前瞻产业研究院：《2018年中国产业园区综合竞争力榜单》，2019年2月，https：//bg. qianzhan. com/report/yuanqubang。

2. 企业数量增长情况

截至2019年3月31日，天眼查平台数据显示，经营范围为数字创意产业的非注销企业有478家。从空间分布上看，广东地区数量达213家，远高于其他地区，其次为北京36家、湖南28家（见图7）。从时间分布上看，成立于2015年之前的企业数量为111家，2015～2018年，企业如雨后春笋般涌现，由151家增长至478家，2017～2018年增长率达到50%（见表7）。

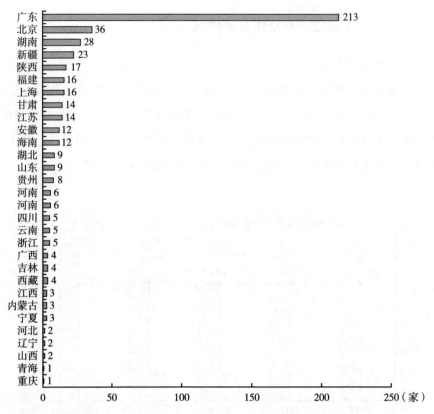

图 7 截至 2019 年 3 月 31 日全国经营范围包括数字创意产业的企业空间分布

资料来源：天眼查，作者整理。

表 7 经营范围包括数字创意企业成立时间分布

单位：家，%

成立时间	增加企业数	企业总数	增长率
2015 年之前	111	111	—
2015 年	40	151	36.0
2016 年	54	205	35.8
2017 年	83	288	40.5
2018 年	144	432	50.0
2019 第一季度	46	478	—

资料来源：天眼查，作者整理。

3. 细分行业情况

中国工程科技发展战略研究院发布的《2019 中国战略性新兴产业发展报告》显示，"十三五"以来战略性新兴产业发展速度快于总体经济增速水平，移动互联网与数字技术的快速发展驱动数字创意产业爆发式增长。数字技术方面，消费需求升级和创新发展驱动数字创意装备和创意设计产业高速增长。智能手机、智能电视市场渗透率超过 80%，可穿戴设备、智能家居产品、虚拟现实（VR）设备等产品种类不断丰富。2017 年，国内智能可穿戴设备规模达 264.2 亿元，年均增长 56.5%；VR 产业市场规模达 160 亿元，约为"十二五"末的 10 倍。

数字内容方面，以数字音乐、网络文学、动漫、影视、游戏、直播等为代表的一大批行业快速崛起，出现了一批极具爆发力的产业发展热点，2012 ~ 2017 年行业年均增长速度超过 20%。2017 年，数字音乐市场规模达到 180 亿元，年均增长 32.3%；国内游戏市场规模达到 2036.1 亿元，年均增长 20.3%；直播市场整体营收规模达 304.5 亿元，年均增长 83.9%。2018 年，我国网络游戏业务收入达 1948 亿元，同比增长 17.8%；网络广告市场规模达 3717 亿元，同比增长 25.7%。[①] 从需求市场来看，2018 年，除网络直播用户数量有所减少以外，其余行业用户数量均有增加，其中在线教育、网络文学用户增长率分别达 29.7%、14.4%。网络新闻、短视频和网络视频用户数量庞大（见图 8）。

（四）数字创意产业园区发展报告

产业集群化是产业发展的重要趋势，集群企业可因为降低交易成本、获取集群内部信息、降低资产专用性以节约公共资源、取得政策优惠等动机进入一个集群，以积累社会资源、文化资源和产业资本。在我国，产业园区的发展多与政府规划和引导相关。

---

① 中国互联网络信息中心：《中国互联网络发展状况统计报告》，2019 年 2 月，http：//www.cnnic. net. cn/hlwfzyj/hlwxzbg/hlwtjbg/201902/P020190318523029756345. pdf。

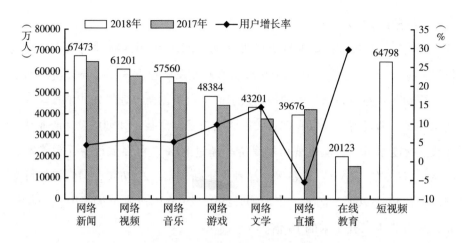

图8　部分数字创意行业用户数量

资料来源：中国互联网络信息中心：《中国互联网络发展状况统计报告》，2019年2月，http：//www. cnnic. net. cn/hlwfzyj/hlwxzbg/hlwtjbg/201902/P020190318523029756345. pdf。

当前以园区为依托形成的产业集群，成为我国数字创意产业发展的一项重要特征。国家统计局发布的《战略性新兴产业分类（2018）》将数字创意产业划分为数字创意技术设备制造、数字文化创意活动、设计服务、数字创意与融合服务四大部分。前瞻产业研究院据此统计出全国主要地区的数字创意产业园，截至2018年底共75个（见表8）。这75个园区来源于北京、上海、江苏（苏州）、浙江（杭州）、广东（广州、深圳、东莞）等省市。此外，据前瞻研究院构建的"综合发展指数体系"指标，中关村软件园（北京）、中广国际广告创意产业园（上海）、上海张江文化创意产业园（上海）为数字创意产业园综合竞争力前三名。

表8　全国主要地区75个数字创意产业园区一览

序号	数字创意产业园区	序号	数字创意产业园区
1	上海张江文化创意产业园区	5	长宁德必易园
2	国家对外文化贸易基地（上海）	6	M50艺术产业园
3	8号桥	7	中广国际广告创意产业园
4	800秀创意产业集聚区	8	上海天地软件园

续表

序号	数字创意产业园区	序号	数字创意产业园区
9	创智天地	43	中关村东升科技园
10	越界创意园	44	768 创意产业园
11	嘉诚胡同创意工厂	45	中关村软件园
12	中关村雍和航星科技园	46	星光影视园
13	北京德必天坛 WE 国际文化创意中心	47	北京大兴新媒体产业基地
14	77 文创园	48	北京城乡文化科技园
15	中国北京出版创意产业园	49	弘祥 1979 文化创意园
16	"新华 1949" 文化金融与创新产业园	50	数码庄园文化创意产业园
17	西什库 31 号	51	南京鼓楼环南艺文化创意产业功能区
18	北京天桥演艺区	52	苏州南太湖文化产业示范园区
19	西海四十八文化创意产业园区	53	宜兴陶瓷文化创意产业园
20	北京 DRC 工艺设计创意产业基地	54	常州市创意产业基地
21	天宁 1 号文化科技创新园	55	扬州 486 非物质文化遗产集聚区
22	北京文化创新工场车公庄核心示范区	56	徐州淮海文博园
23	莱锦文创园	57	连云港杰瑞科技创意园
24	郎园 vintage 文化创意产业园	58	盐城东方 1 号创意产业园
25	东亿国际传媒产业园	59	广州星力动漫游戏产业园
26	751D · PARK 北京时尚设计广场	60	南通 1895 文化创意产业园
27	恒通国际创新园	61	苏州工业园区文化创意产业园
28	北京电影学院影视文化产业创新园	62	田面创意设计产业园
29	平房园区	63	徐州创意 68 文化产业园
30	北京懋隆文化产业创意园区	64	江苏泰州文化创意产业园
31	羊城创意产业园区	65	凤凰御元艺术基地
32	荔湾文化产业创意基地	66	运河天地文化创意产业园
33	深圳怡景动漫画产业基地	67	杭州运河（国家）广告产业园
34	腾讯众创空间（北京）文化创意产业园	68	杭州数字娱乐产业园
35	无锡灵山文化旅游创意产业园	69	西溪创意产业园
36	东莞运河创意公社产业园	70	之江文化创意园
37	铜牛电影产业园	71	聚落 5 号创意产业园
38	798 艺术区	72	白马湖生态创意城
39	北京塞隆国际文化创意园	73	盛达电子信息产业园
40	尚 8 国际广告园	74	UTCP 大学城创意园聚集区
41	清华科技园	75	中国深圳新媒体广告产业园
42	中关村数字电视产业园		

资料来源：前瞻产业研究院：《2018 年中国产业园区综合竞争力榜单》，2019 年 2 月，https：//bg. qianzhan. com/report/yuanqubang。

综合分析可以发现，我国数字创意产业园区近两年虽呈现各地开花之景，但整体格局仍呈三极分布：以北京为中心的环渤海集群、以上海为辐射中心的长三角集群、以广深为中心的珠三角集群。以上三大集群在75个数字创意产业园区中对应的数量分别为35个、31个和9个。其中，分布在北京地区的数量达35个（见图9），作为全国政治与文化中心，北京拥有更多的文化资源、人才资源和科技优势，其创意产业园区的发展与科技结合的态势明显，以中关村地区科技园为代表的园区，形成"科技园区+文化"模式的数字创意产业园。

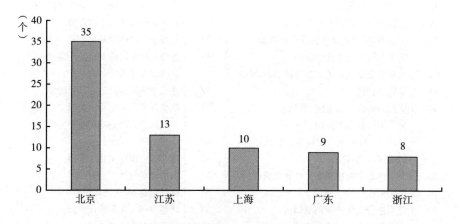

图9 75个数字创意产业园区地区分布

资料来源：前瞻产业研究院：《2018年中国产业园区综合竞争力榜单》，2019年2月，https：//bg. qianzhan. com/report/yuanqubang。

上海市数字创意产业园区的建设与发展，多受政府工业改造与创意产业规划的影响。作为中国重要的工业发源地，上海具有众多工业遗产转型创意产业园区，过去30多年历经多次调整后，大批旧仓库、老厂房等工业遗产区域转变为创意产业基地，成为艺术家聚集地，进而发展为"旧建筑改造+文化"模式的数字创意产业园，如8号桥、800秀创意产业集聚区、创智天地、M50艺术产业园等。而另一部分是以上海张江文化创意产业园区为代表的政府主导建设的园区，这类园区更强调技术与创新发展。值得一提的是，将老旧建筑改造为创意产业园区并非上海独有现象，北京、广州也存在此类数字创意产业园，如北京798艺术区、羊城创意产业园区，"旧建筑改造＋文化"的模式已经成为全国多地发展创意产业园区的一大特色。

回顾我国文化创意产业园区发展历程可见，我国文化创意产业园区早在1990年便开始萌芽，从1990年的19个增至2015年2634个（见图10）。从空间分布上看，2015年我国北部沿海与东部沿海综合经济区的文化创意产业园区数量占到全国一半以上（见图11），其中北京、上海、山东、广东、浙江、江苏及福建均有超过100个产业园区。自2016年数字创意产业被纳入国家战略性新兴产业以来，数字创意产业园在数量上迅速增长。

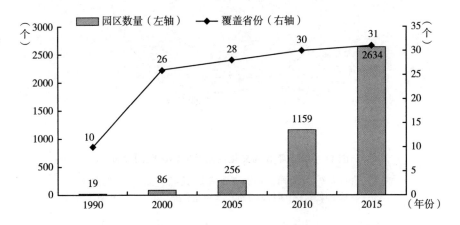

图10　1990～2015年我国文化创意产业园区数量及分布变化

资料来源：褚岚翔、黄丽：《我国文化创意产业园区的时空分布——基于探索性空间数据分析》，《企业经济》2018年第6期。

三　数字创意产业投融资情况

（一）整体融资情况：环境趋紧，融资回落，不改爆炸增长态势

数字创意产业于2016年被列入国家战略性新兴产业，在政策、技术等多重驱动力的推动下，数字创意产业发展迅猛；在资本层面，数字创意领域投融资活跃。据国家信息中心统计，2016年至2017年上半年，数字创意产

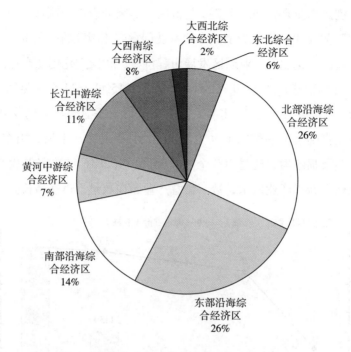

图 11　2015 年我国文化创意产业园区空间分布

资料来源：褚岚翔、黄丽：《我国文化创意产业园区的时空分布——基于探索性空间数据分析》，《企业经济》2018 年第 6 期。

业共发生投资事件 859 笔，投资金额 659.3 亿元。[①] 然而，受到监管政策、市场环境趋紧等因素影响，数字创意产业股权融资规模有所回落。《2019 中国战略性新兴产业发展报告》显示，2017 年数字创意领域融资规模从 2016 年的 812.1 亿元下降为 254.4 亿元，同比下滑 68.7%，在五大战略性新兴产业中融资占比为 5.5%（见图 12）。[②]

　　数字创意产业主要分为数字创意技术和装备、内容制作、创意设计服务、外围融合发展四个环节。从子领域来看，内容制作融资规模最大，2017 年融资额为 181.5 亿元，占比达 71.3%，分布在直播、影视等领域。2017

---

① 《〈数字创意产业投资热点报告〉揭示最新产业格局，新兴支柱产业将如何发力？》，凤凰文创洞察，2017 年 9 月 21 日，https://www.sohu.com/a/193497968_697770。

② 《2019 中国战略性新兴产业发展报告》，科学出版社，2018。

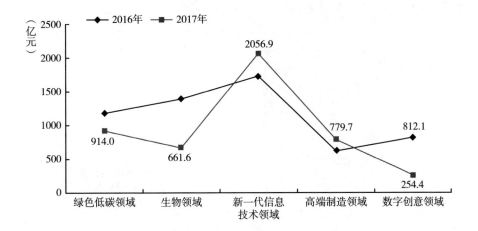

图 12 2016～2017 年战略新兴产业融资规模

资料来源:《2019 中国战略性新兴产业发展报告》。

年,创意设计服务融资 67.1 亿元,占比为 26.4%;而在数字创意产业融资整体回落的同时,设计服务业在数字技术广泛应用和企业需求日益迫切等因素推动下,实现 122.3% 的同比增长。此外,数字创意技术和装备以及外围融合发展融资规模相对较小,融资额分别为 3.6 亿元和 2.2 亿元,总共占比2.3%(见图 13)。①

从股权融资模式来看,2017 年数字创意产业的股权融资以增发融资为主,募资额 140.2 亿元,占比达 55.1%;其次是 IPO 融资,募资额 114.2 亿元,占比为 44.9%(见图 14)。专家李彬分析,由于战略性新兴产业各行业需求特点的不同,其融资模式会有差异。数字创意产业存在资金投入大、投资回报周期长、承担风险能力弱、价值评估难等特点,需要通过与资产评估公司和律师事务所合作,对拥有版权等知识产权的数字创意企业进行评估,以知识产权质押、投贷联动等模式给予融资。②

---

① 《2019 中国战略性新兴产业发展报告》,科学出版社,2018。
② 李彬:《战略性新兴产业成长期需要根据行业特点给予融资支持》,《中国战略新兴产业》2019 年 1 月 18 日期。

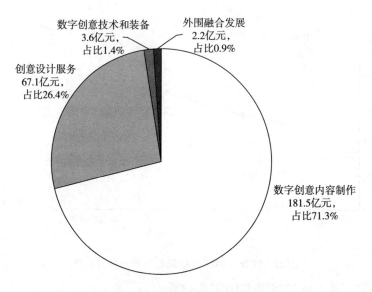

图13 2017年数字创意子领域融资规模

资料来源：《2019中国战略性新兴产业发展报告》。

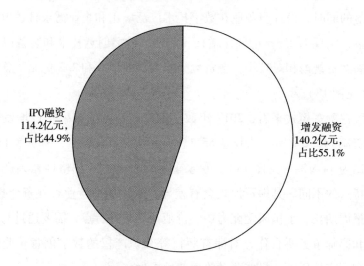

图14 2017年数字创意领域股权融资模式

资料来源：《2019中国战略性新兴产业发展报告》。

由于资本寒冬加政策严控，2018年文化产业迎来退潮期，也是过渡期。《2018文化企业金融生态报告》中，"估值缩水""融资难""资产变卖"

"IPO 终止""并购受阻"等年度关键词都描述着 2018 年文化金融发展的困境。[①] 尽管如此，从行业发展、投资风口、地区发展、政策扶持力度等多角度来看，数字创意领域依旧繁荣。2018 年前三季度数字创意产业固定资产净值增速为 10.6%。[②] 区域发展以江苏省为例，2018 年上半年数字创意产业产值呈现 73.2% 的高速增长。[③]

（二）巨头投资盘点：腾讯投资数量占优，阿里巴巴和百度大幅增长

一直以来，巨头们的投资布局具有强烈的示范引领作用。在中国数字创意产业发展过程中，企业形成的新组织形式发挥了巨大的作用。现阶段，企业是数字创意产业创新的主体，也是各类研究报告发布的主体。在缺乏权威的国家统计数据的情况下，本报告将巨头们的投资布局作为重要窗口，以此透视 2018 年以来国内数字创意产业的投融资动态。

尽管国内市场整体遇冷，但 IT 桔子统计数据表明，2018 年百度、阿里巴巴、腾讯（简称 BAT）在新经济领域的投资上并未放慢脚步，其中阿里巴巴和百度更是稍显激进，投资数量较往年大幅增长（见图 15）。[④] 从投资领域来看，泛文娱仍然是腾讯重点布局的领域，其在短视频、动漫、影视、直播、在线教育、游戏等细分领域上不断加码。阿里巴巴在电商和文娱行业与腾讯展开竞争，同时立足大文娱战略在影视等领域深化布局。相较于腾讯和阿里巴巴在数字创意产业的"大手笔"，百度也是围绕"搜索"和"智能"加紧了投资步伐。2018 年，BAT 的投资布局见图 16、图17、图 18。

---

① 《文化金融报告：去年融资案例增至近千起 整体规模同比减少 4.47%》，未来网，2018 年 10 月 16 日，http：//news. k618. cn/dj/201810/t20181016_ 16868933. html。

② 李睿昕、钟晨、张振翼：《2018 三季度：生物及新一代信息技术保持较快增长态势｜行业分析》，《中国战略新兴产业》，2019 年 2 月 1 日。

③ 江苏省发展改革委：《江苏：数字创意等产业产值超高速增长》，《中国战略新兴产业》2018 年 11 月 1 日。

④ 周伊雪：《2018 年，BAT 都重注投资了哪些赛道？》，《界面》2019 年 3 月 4 日，https：//www. jiemian. com/article/2915607. html。

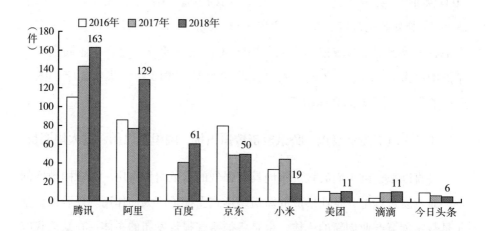

图15 2016～2018年新经济领域知名CVC投资事件数量

资料来源：IT桔子《中国新经济创业投资分析盘点》。

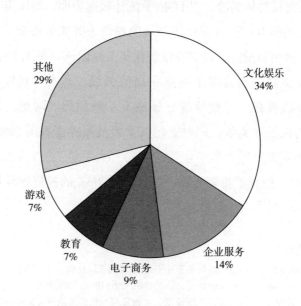

图16 2018年腾讯投资布局

资料来源：IT桔子《中国新经济创业投资分析盘点》。

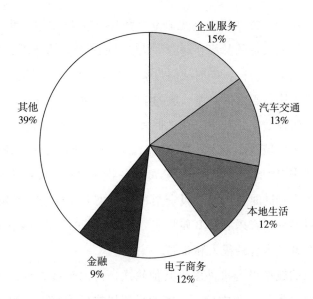

图17 2018 年阿里巴巴投资布局

资料来源：IT 桔子《中国新经济创业投资分析盘点》。

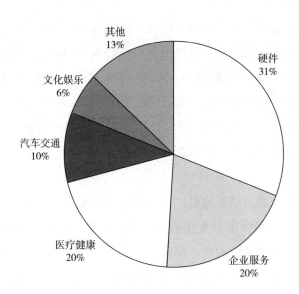

图18 2018 年百度投资布局

资料来源：IT 桔子《中国新经济创业投资分析盘点》。

从三家公司的投资项目表（见表9、表10、表11）中，我们可以继续窥探数字创意领域投资的脉络和趋势。从统计的投资轮次来看，百度1/3的投资事件发生在早期阶段，同时战略投资了新潮传媒、蝴蝶互动等公司。新潮传媒作为继梯影传媒之后百度入股的第二家电梯媒体公司，对百度建设智能营销和线下媒体数字化新生态意义重大。另外，围绕内容生态建设，百度在视频、音乐等领域持续投入。视频方面，除继续加码百度视频外，控股视频平台爱奇艺2018年IPO上市，会员业务收入占总营收的43%，首次超过广告业务收入；同时百度通过投资梨视频、快手等打造短视频内容生态。此外，百度对网易云音乐展开B轮投资，加上旗下的蜻蜓FM、太合音乐集团，扩充其在音频内容的投入和布局。

阿里巴巴的战略投资事件多于其他轮次，占比超过27%；同时，阿里巴巴的投资多聚焦于企业中后期，实业投资风格较为突出。2018年，投资今日头条和分众传媒的阿里巴巴被媒体称为"线上线下营销手段齐抓"，而2019年对趣头条1.71亿美元的定向增发，更彰显了阿里巴巴对下沉市场流量的决心。此外，阿里巴巴偏重在影视方面的投资，如投资万达电影、阿里影业、哔哩哔哩等，以加强自身在相关领域的实力和地位。值得注意的是，阿里巴巴与中国广电、中信集团于2019年3月形成战略联盟，有望推动"全国一网"融合的加速实现。至今，成立两年多的阿里大文娱初步建立了"3＋X"产品矩阵：在大优酷、大UC以及淘票票等垂直业务群的基础上，不断丰富优酷、阿里音乐、阿里影业、阿里文学、阿里游戏等众多生态内容建设。

从投资轮次来看，腾讯超过27%的投资事件发生在早期（天使轮、Pre-A、A轮），19%的投资事件发生在发展期（B轮、C轮）和D轮及以后，22%的投资事件属于战略融资。可见，腾讯以投资为主、并购为辅，多轮投资均有涉及；同时，对外布局与内部孵化相辅相成，以IP为核心打通产业链。在短视频领域，除了内部孵化微视等产品外，腾讯投资了快手、梨视频、罐头视频、人民视频等。在影视领域，腾讯联合阅文拿下新丽传媒，还投资了华人文化、柠萌影业、灵龙文化等影视制作和传媒娱乐公司，加速

IP 的影视化落地。对风鱼动漫、幕星社等项目的投资保证了腾讯在动漫领域的持续供血。此外，2018 年以来，腾讯在音频、在线教育、游戏直播等领域也有亮眼表现。整体来看，腾讯在数字创意领域的投资布局清晰有效，优势明显。

表9　2018 年至 2019 年 3 月百度数字创意领域投资项目

序号	项目名称	领域	投资轮次	投资时间	投资金额
1	蝴蝶互动	小游戏	战略融资	2019 年 2 月 20 日	未披露
2	新潮传媒	广告服务	战略融资	2018 年 11 月 14 日	21 亿元人民币
3	网易云音乐	音乐	B 轮	2018 年 11 月 12 日	超 6 亿美元
4	译马网	在线翻译	A + 轮	2018 年 9 月 7 日	数千万元人民币
5	百度视频	视频平台	B 轮	2018 年 9 月 5 日	1 亿美元
6	720 云	科技文创	Pre – A 轮	2018 年 4 月 19 日	1500 万元人民币
7	梨视频	资讯短视频	A 轮	2018 年 4 月 16 日	6. 17 亿元人民币
8	酷开	智能电视	战略融资	2018 年 3 月 16 日	10. 10 亿元人民币
9	Broadlink	智能家居	D 轮	2018 年 2 月 5 日	3. 43 亿元人民币

资料来源：天眼查（不完全统计），作者整理。

表10　2018 年至 2019 年 3 月阿里巴巴数字创意领域投资项目

序号	项目名称	领域	投资轮次	投资时间	投资金额
1	趣头条	内容资讯 APP	定向增发	2019 年 3 月 28 日	1. 71 亿美元
2	Infinity AR	虚拟图像	并购	2019 年 3 月 25 日	超 1000 万美元
3	哔哩哔哩	弹幕视频	战略融资	2019 年 2 月 15 日	未披露
4	Vidooly	视频分析	B 轮	2019 年 2 月 9 日	210 万美元
5	andbox VR	VR 体验	A 轮	2019 年 1 月 29 日	6800 万美元
6	KKTV 电视	智能电视	A 轮	2018 年 12 月 27 日	未披露
7	阿里影业	互联网影视	定向增发	2018 年 12 月 11 日	11 亿元人民币
8	坚果投影	智能投影设备	D 轮	2018 年 10 月 19 日	6 亿元人民币
9	NewTV	短视频	战略融资	2018 年 8 月 7 日	10 亿美元
10	今日头条	手机资讯	Pre-IPO	2018 年 10 月 20 日	40 亿美元
11	灿星文化	娱乐节目制作	战略融资	2018 年 7 月 31 日	3. 6 亿元人民币
12	分众传媒	数字化媒体	战略融资	2018 年 7 月 18 日	150 亿元人民币
13	神居动漫	动漫 IP	战略融资	2018 年 7 月 5 日	未披露

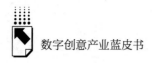

续表

序号	项目名称	领域	投资轮次	投资时间	投资金额
14	华人文化集团	文化集团	A轮	2018年7月3日	100亿元人民币
15	Video ++	AI＋视频营销	C轮	2018年4月10日	3.49亿人民币
16	万达电影	电影	股权转让	2018年4月2日	46.8亿元人民币
17	万达电影	电影	股权转让	2018年2月5日	78亿元人民币
18	阿里文娱	文娱服务	种子轮	2018年1月1日	未披露

资料来源：天眼查（不完全统计），作者整理。

表11　2018年至2019年3月腾讯数字创意领域投资项目

序号	项目名称	领域	投资轮次	投资时间	投资金额
1	Byju's	在线教育	战略融资	2019年3月12日	1140万美元
2	Reddit	社交新闻	D轮	2019年2月8日	3亿美元
3	风鱼动漫	动漫制作	A轮	2019年2月3日	数千万元人民币
4	军武次位面	网络视频	B轮	2019年1月25日	5000万元人民币
5	NEXON	网络游戏	并购	2019年1月21日	89亿美元
6	Fatshark	游戏开发	并购	2019年1月10日	5630万美元
7	猿辅导	在线教育	E＋轮	2018年12月25日	3亿美元
8	Discord	手游语音	D轮	2018年12月24日	1.5亿美元
9	自娱自乐	营销策划	A轮	2018年12月21日	未披露
10	Versa	图片视频	A轮	2018年12月19日	数千万美元
11	青藤文化	原创视频	定向增发	2018年11月30日	3166.6万元人民币
12	人民视频	直播短视频	天使轮	2018年11月8日	未披露
13	VIP陪练	在线音乐教育	C轮	2018年11月2日	1.5亿美元
14	看鉴	短视频	A轮	2018年10月24日	数千万元人民币
15	哔哩哔哩	弹幕视频	战略融资	2018年10月3日	3.176亿美元
16	考虫	在线培训	D轮	2018年9月5日	5500万美元
17	喜马拉雅	音频	E轮	2018年8月13日	4.6亿美元
18	快手	短视频	E＋轮	2018年7月23日	10亿美元
19	知乎	网络问答社区	E轮	2018年7月19日	2.7亿美元
20	华人文化集团	文化集团	A轮	2018年7月3日	100亿元人民币
21	VSPN	电竞赛事	战略融资	2018年5月7日	未披露
22	乐融致新	智能电视	战略融资	2018年4月19日	27.4亿元人民币
23	小象互娱	网络直播	Pre－A轮	2018年4月17日	3000万元人民币

序号	项目名称	领域	投资轮次	投资时间	投资金额
24	罐头视频	移动视频	战略融资	2018 年 4 月 17 日	未披露
25	梨视频	资讯短视频	A 轮	2018 年 4 月 16 日	6.17 亿元人民币
26	趣头条	内容资讯 APP	B 轮	2018 年 3 月 15 日	超 2 亿美元
27	新丽传媒	影视制作	股权转让	2018 年 3 月 12 日	33.17 亿元人民币
28	柠萌影业	影视娱乐	C 轮	2018 年 3 月 9 日	数亿元人民币
29	幕星社	原创漫画	天使轮	2018 年 3 月 9 日	4000 万元人民币
30	虎牙直播	游戏直播	B 轮	2018 年 3 月 9 日	4.6 亿美元
31	斗鱼	游戏直播	战略融资	2018 年 3 月 8 日	6.3 亿美元
32	洋葱数学	在线教育	C 轮	2018 年 2 月 28 日	1.2 亿元人民币
33	云南腾云	旅游数字化	天使轮	2018 年 2 月 13 日	未披露
34	盛趣游戏	网络游戏	战略融资	2018 年 2 月 8 日	30 亿元人民币
35	中文传媒	出版传媒	战略融资	2018 年 2 月 1 日	未披露
36	灵龙文化	影视制作	B 轮	2018 年 1 月 21 日	未披露

资料来源：天眼查（不完全统计），作者整理。

（三）腾讯战略升级：从泛娱乐到新文创，文化产业双重价值

2018 年，举办了 6 年的"UP 腾讯互动娱乐年度发布会"悄然变身为"新文创生态大会"，"新文创"的概念正式出现在大众视野中。过去的一年，腾讯汇集了影视、动漫、游戏、音乐等内容业务，运用云服务、AI、小程序等数字化工具，与故宫、敦煌等文化机构展开深度合作。通过这一阶段的"新实验"，腾讯看到了科技与文化、传承与创新的全新可能，推动文化价值和产业价值走向良性循环，也将"新文创"带成了"新时代中国互联网发展六大趋势"之一。

从"泛娱乐"到"新文创"，以"IP 为核心"的跨领域、多平台的文化生产理念和商业模式进一步升级，强调通过连接更广泛的主体，推动文化价值与产业价值相互赋能。瞭望智库报告指出，新时代的文化生产方式应满足三大要求。一是关注对象的升级，不仅关注作品，更关注系统、长线、有秩序的 IP 建设；二是关注层次的升级，更强调文化价值；三是协作主体的泛化，

为非商业机构提供产业入口，为文化机构软实力塑造创造更大的空间。[①] 由此可见，腾讯此次的战略调整，或许正是数字创意产业发展的关键所在——凝聚新的社会共识，搭建更广泛的合作架构，在双重价值的引领下为用户提供更优的体验、为数字创意产业提供新的可能，也为数字文化中国建设增添新的力量。

四　数字创意产业存在的问题及面临的调整

（一）产业先行，理论落后

科学、技术与文化协同基础上的数字创意产业正在广泛与农业、工业、服务业等各行各业深度融合，将数字技术、文化创意注入传统的生产力与生产关系网络，不断缔造新的产品、新的业态、新的社会。近年来，大力发展创意产业受到包括我国在内的全球各国政府以及社会各界的高度重视，但其理论建构、如何结合本地特色发展以及如何与传统产业有机结合等问题的研究还很不成熟。由于技术变化过于迅猛，传统的人文社科领域研究者对数字创意产业进行解读和研究时面临对技术基础及技术演进逻辑的认知屏障，关于数字创意产业有影响力的研究成果在全球范围内都并不多见。

数字创意产业的痛点之一，就是学术研究与理论建设的前瞻性和融合性不足，在研究和实践中经常数字经济是一条线，创意产业是另一条线。可喜的是，以腾讯提出的"新文创"为代表，产业自身开始呈现融合引领的态势，商业化的数字创意产业运营主体将其前沿探索实践进行整理，并结合一些产业发展数据报告推出。现阶段，该领域研究更多是产业驱动型，多以企业为创新主体。一方面，企业本位的研究缺乏从社会视角出发的前瞻性和更多社

---

① 《来自 300 位行业领军人物的言论分析　瞭望智库发布新时代互联网六大趋势》，新华网，2018 年 8 月 9 日，http：//www. xinhuanet. com/politics/2018 - 08/09/c_ 1123245643. htm。

会责任的属性；另一方面，系统性、理论性的建构型研究成果仍存在很大缺失，有关数字创意产业对经济发展的内在推动机制的研究有待深化，关于其如何推动经济发展还缺乏系统的实证分析，亟须从脉络和理论层面加快推进。

此外，对数字创意产业的内容范围界定还缺乏共识。从目前各国对数字创意产业的界定来看，大多是根据自身经济发展的需要进行划分的，在国际上还缺乏具有共识性的判断标准，国内也多是以各种细分领域专题性研究报告的形式来发布的，这不利于创意产业的推广和交流，还需要理论界进一步探讨。

（二）技术领先，文化掣肘

有学者对数字创意产业的发展历程进行梳理发现，21 世纪以前，在产业所依托的三大系统中，科学和技术处在弱势地位；而步入 21 世纪以后，科学与技术对数字创意产业的控制逐渐超越了文化的力量。[1] 近年来，以大数据、云计算、人工智能、虚拟现实、物联网、区块链等为代表的新一代科技革命浪潮不断将数字创意产业推升至新的高度，文化方面已然成为产业可持续发展的相对短板。

一方面，优质内容稀缺。中国传媒大学教授范周表示，"目前，文化供给质量依旧不高、供给与消费之间缺口仍然很大，供需错位与脱节现象严重"。[2] 首先，产业内对技术的融合创新不足，数字创意产品内容和形式还相对单一；其次，数字创意产业对优秀文化资源挖掘不够、转化性不强。国家金融与发展实验室金巍认为，数字时代很多内容质量不升反降的原因在于，我们在内容的核心——思想、信仰、价值观等方面把握和挖掘得还不够，跟不上技术进步的步伐。[3] 在这种情况下，优质 IP 往往成为市场哄抢的对象，导致 IP 被过度消费，恶性竞争滋生。

---

① 臧志彭：《数字创意产业：科技与文化协同发展》，《中国社会科学报》2018 年第 4 期。
② 訾谦：《5G：为数字文化产业搭建高速信息路》，《光明日报》2018 年 11 月 21 日第 15 版，http://epaper.gmw.cn/gmrb/html/2018-11/21/nw.D110000gmrb_20181121_1-15.htm。
③ 黄芳芳：《数字创意产业攻关期》，《经济》2019 年总第 302 期。

另一方面,侵权盗版和跟风现象严重。首先,版权保护体系尚未完善,网络文学、数字视频、音频盗版通过贴吧、网盘、QQ群、微博等途径大肆传播,严重损害内容制造者和平台播出方的利益;同时,公众还未形成较强的版权意识和付费习惯,降低了数字创意领域侵权盗版的门槛。其次,数字创意产业,尤其是影视等领域,跟风模仿风气盛行,产品同质化程度高、导致产业新型业态发展相对缓慢。

五 数字创意产业未来发展趋势分析

按照《"十三五"国家战略性新兴产业发展规划》的目标,到2020年,我国将形成文化引领、技术先进、链条完整的数字创意产业发展格局,相关行业产值规模将达到8万亿元。[①] 那么未来几年,数字创意产业如何撑起8万亿元甚至更大规模的产业空间?

(一)产业:技术为翼,文化为本,资本为媒

艾媒资讯报告显示,当下文创产业发展呈现:5G发展为文创产业带来更多机会、基于大数据的文化创作正在普及、区块链对于文化版权保护的探索等八大趋势。[②]

首先来看技术对传统文创产业数字化转型的赋能。依托VR技术,故宫博物院将紫禁城中的养心殿"搬进"了展览;打开小程序《玩转故宫》,游客立马可以开始故宫的线上线下游览体验;如果喜欢《千里江山图》,可以听听采用AI技术打造的《丹青千里》……经过腾讯与故宫的三年合作,数字化技术让传统文化真正"活"在了当下,打造出"文化+产业"的融合新范式。数字文化创新的关键在于提升数字文化内容创造能力和服务能力。

---

① 《国务院印发〈"十三五"国家战略性新兴产业发展规划〉》,中国政府网,2016年12月20日,http://www.miit.gov.cn/n1146290/n1146392/c5426719/content.html。
② 《〈2018~2019中国文化创意产业现状及发展趋势分析报告〉重磅发布》,艾媒网,2019年3月22日,http://www.iimedia.cn/63904.html。

通过新技术的赋能，传统 IP 融入新形式、拥抱新受众，对于建立文化自信、增强国家文化软实力的意义重大。

未来产业会加快虚拟现实、增强现实、全息成像、裸眼 3D、文化资源数字化处理等核心技术的创新发展，加强大数据、物联网、AI、区块链等技术在数字文化创意创作生产领域的应用。有分析指出，随着监管力度不断加大，数字内容渠道提供商的利润被挤压，未来网络金融资本的目标不再仅仅是渠道，资本会逐渐向内容创意倾斜。[1] 在人口红利逐渐消失的互联网下半场，单一拥有流量入口、场景优势的企业很难主导市场，老牌巨头和资本新贵的生态化竞争将继续深入，"平台/场景 + 内容""IP + 技术"或将成为基本商业模式。同时，在创新链和产业链衔接发展的过程中，有望诞生一批优质数字创意企业，形成新的产业格局和生态。

其次来看技术对数字内容版权保护的推动。研究表明，当前国际上已经意识到版权保护在数字内容产业价值链利益分配中的重要地位，各国正不断加强数字内容版权保护。[2] 构建科学化和系统化的版权保护体系，成为数字创意产业长期进行的议程。目前，区块链技术已经应用于中国的原创内容交易平台，在网络版权保护领域初显身手。利用区块链技术，可以将数字作品的作者、内容和时间绑定，"实现创作即确权，交易即授权，发现即维权"，违规造假侵权的可能性将进一步降低。不仅如此，数据还将变成有价值资产，分享数据能获得利益。而随着版权保护意识的提高和保护体系的完善，内容付费领域将迎来一波红利，内容创意和消费边界消融，进一步刺激文化消费需求。

（二）城市：明确优势定位，培养复合人才

数字创意产业不仅能够满足升级的消费需求，也是推动传统产业转型、

---

[1] 熊澄宇、孔少华：《数字内容产业的发展趋势与动力分析》，《全球传媒学刊》2015 年第 2 期。

[2] 熊澄宇、孔少华：《数字内容产业的发展趋势与动力分析》，《全球传媒学刊》2015 年第 2 期。

提升城市功能、增强城市核心竞争力的重要手段。目前，城市数字创意产业存在区域发展不平衡、同质化、重复性建设等问题。而这些问题很大程度上是由于对地区发展优势和特色的定位不明确、不准确，同时人才短缺导致创新能力不足而产生的，新元文智智库董事长刘德良曾表示，"无论是内容生产者，还是技术人员、管理人员、商务人员、市场营销人员等都存在较大的缺口"。[①]

高端产业人才是产业发展的关键要素，多个城市已出台多部人才引进管理办法，"抢人大战"不断升级。2018 年 2 月，《北京市引进人才管理办法（试行）》推出，对文化创意人才引进力度进行说明[②]；2017 年底推出的《关于加快上海文化创意产业创新发展的若干意见》中指出，重视人才对文化创意产业发展的推动作用。[③] 地方政府应继续根据实际情况调整、升级、实施人才计划和政策，完善数字创意培育和引进配套政策体系，加强创新环境、创新生态建设和对知识产权的有效保护。高校也要创新学科体系，推动政产学研用，培养复合型数字创意人才。[④]

长期以来，不少城市确立了符合自身特色的文化发展战略，着力打造自身的文化名片。前瞻产业研究院报告显示，我国初步形成了以国家级文化产业示范园区和基地为龙头，以省、市级文化产业园区和基地为骨干，以各地特色文化产业群为支点的文化产业发展格局。[⑤] 以武汉为例，武汉大学教授姚曦在"2018 首届武汉数字创意产业创新发展论坛"上表示，"武汉市数字创意产业即将进入爆发期，成为武汉地区产业发展的第五增长级"。[⑥] 再看

---

① 黄芳芳：《数字创意产业攻关期》，《经济》2019 年第 302 期。

② 《关于印发〈北京市引进人才管理办法（试行）〉的通知》，北京市人力资源和社会保障局，2018 年 3 月 21 日，http：//www. bjrbj. gov. cn/xxgk/zcfg/201803/t20180321_ 71585. html。

③ 《市政府新闻发布会介绍新出台的〈关于加快上海文化创意产业创新发展的若干意见〉相关情况》，上海市人民政府，2017 年 12 月 15 日，http：//www. shanghai. gov. cn/nw2/nw2314/nw2315/nw38613/u21aw1274961. html。

④ 周晓宏、汪琨：《基于生态系统视角的数字创意产业高质量发展研究》，《中国管理信息化》2019 年第 5 期。

⑤ 《文化创意产业发展现状分析 融合发展成为大趋势》，前瞻产业研究院，2018 年 8 月 3 日，https：//bg. qianzhan. com/report/detail/459/180803 - 50bea38a. html。

⑥ 《数字创意产业将进入爆发期，头部企业纷纷看好武汉发展潜力》，财经早餐，2018 年 10 月 19 日，http：//mini. eastday. com/a/181019060601407 - 2. html。

2018年摇身变为"抖音之城"的西安，其借助新视频媒体有效推动了当地文化旅游资源的开发与创新。以产业园区为代表的产业集群能够整合产业链内部的资源，提升产品服务价值，发挥协同发展效应；而集群优势一旦形成，又会吸引更多资金、技术、人才等资源流入。未来将在明确优势定位、减少低水平重复建设的基础上，因地制宜地建设一批特色鲜明的数字创意产业园区和创新力强的龙头企业，以支撑和带动数字创意产业的高质量发展。

（三）国家：聚焦"一带一路"，讲好中国故事

数字创意产品及要素的国家化是中国数字创意产业发展的重要目标，如何通过先进技术和特色文化增强国际影响力、开拓国际市场以及提升国家形象成为重要议题。"一带一路"正是我国讲好中国故事、增强文化自信的有效途径。一方面，"一带一路"沿线国家及地区提供了广阔的国际市场和潜在的消费需求，我国数字创意企业可将中国特色文化与受众的文化传统、审美偏好等相结合，设计出适销对路又蕴含文化气质的创意产品或服务；另一方面，沿线国家及地区的风土人情也能为我国数字创意产业提供丰富的文化资源、注入新的活力。而中国文化传播的基础在于对自身特色文化的挖掘与打造，这是国家数字创意产业发展的核心竞争力所在。

越来越多的数字创意企业迈出了国际化布局的步伐，中国文创"走出去"日益成为一种经济和文化现象。从《王者荣耀》海外版发行，到阅文集团海外门户"起点国际"的搭建，再到百余部动漫海外授权，腾讯在文创"出海"方面做着积极探索。字节跳动通过"自建＋收购＋投资"成功复制国内产品矩阵，截至2018年6月，其海外用户规模接近整体用户规模的20%。[①] 越来越多的中国故事正以各种形式渗透全球文化市场，其背后是游戏自主研发能力的稳步提升，是文化生产方式的不断进步。未来中国数字

---

① 《字节跳动研究报告：以智能算法为驱动的互联网新巨头》，艾媒网，2019年3月8日，http://www.iimedia.cn/63778.html。

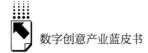

创意产业的输出或将从作品出海、产品出海，逐步向文化出海、生态落地转化。

技术是现阶段推动数字创意产业爆发的重要驱动力，文化是数字内容取得市场认可的关键，但是随着产业的日益成熟，单纯靠技术驱动或文化特色创造产业奇迹将越发困难。内容与数字技术的深度融合是大势所趋，跨产业融合更是众望所归。当下，数字创意产业新业态、新模式不断涌现，呈现出新技术引领、生态化运营、国际化发展的新动向。随着"一带一路"市场的深化及产业与理论的齐头并进，数字创意产业只有实现技术、文化、资本的协同创新和相关产业的融合发展，才能真正释放出更大的文化与产业价值。

参考文献

［1］张海涛、苏同华、钱春海：《创意产业兴起的背景分析及其启示》，《中国软科学》2006年第2期。
［2］夏光富、刘应海：《数字创意产业的特征分析》，《当代传播》2010年第3期。

技　术　篇

Technology Reports

B.2

5G＋VR/AR：赋能新文创，拓展大文娱

张　帆　肖馨宁

摘　要： 5G 即第五代移动电话通信标准，其商业化运用将赋能各种具体应用场景。5G 背景下，虚拟现实凭借沉浸感和互动性强，成为最具发展潜力的领域之一。4G 时代的网络吞吐量限制了虚拟现实的质量和移动性的提升，而 5G 的高速度和低时延无疑是虚拟现实发展推广的有力工具。同时，5G 的到来为文娱产业重新点燃了生机，高清晰度、强沉浸感和互动性在 5G 时代得到了有效的提升，传统媒体"智慧化"发展，新媒体依靠大数据实现精准定位和内容细分，游戏、视频与 VR/AR 结合，融媒体充分释放潜力，体现出万物互联时代的科技感和智能化。未来，5G＋VR/AR 必然会成为推动新文创发展、拓展大文娱疆界的利器，为数字创意产业的发展提供巨大想象空间。

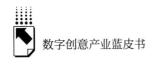

关键词：　5G　VR/AR　新文创　大文娱

一　5G 发展概况：十年磨一剑，双刃辩证看

（一）移动通信"十年定律"，5G 元年翩然而至

5G 已经成为当前全球移动通信行业最为热门的话题，5G（5th Generation），意指第五代移动电话通信标准。2G 萌生数据，3G 催生数据，4G 发展数据，5G 这一跨时代的技术将开启万物互联时代，与大数据、云计算和人工智能一同带来通信行业新的黄金十年。[①]

移动通信技术的更迭遵循"十年定律"。自瑞典运营商 TeliaSonera 于 2009 年 12 月推出 4G 商用网络以来已经过去 9 年时间，5G 将逐渐登上历史舞台。另外，从我国通信行业发展的历史机遇来看，5G 有望成为我国通信行业实现全球引领的关键机遇点。在此背景下，政策支持不断加码，产业红利想象空间巨大。

与 4G 标准相比，5G 在改善用户的感官体验、流量变现模式多元化、提升连接密度等方面具有更强优势。根据《中国电信 5G 技术白皮书》预测，未来 5G 网络的移动数据流量相比 4G 网络将增长 500~1000 倍，网络传输速度的最高值有望达到 10Gbit/s，端到端传输更加迅速，网络综合能效提升 1000 倍，在移动性、谱效、峰值速率等指标上的性能也显著优于 4G。

5G 最大的特点有：eMBB（超高速）、URLLC（低延时）、mMTC（广链接）。相应的具体应用如表 1 所示。

（二）全球视野下 5G 未来主导权之争

5G 主导权的争夺其实从标准制定就开始了，通信巨头们之所以在这方

---

① 华为：《5G 时代十大应用场景白皮书》。

表1　5G 特点及应用

5G 特点	具体应用
eMBB（超高速）	无线工业相机、工业传感器、远程控制、边缘计算分析
URLLC（低延时）	无线云化 PLC、机器人同步
mMTC（广链接）	状态监控、资产跟踪、云化 AGV、物流和库存监控

面竞争激烈，是因为一旦技术标准被移动通信产业标准确认专属机构——3GPP 确定后，拥有标准主导权的设备商就能够获得产业链中最大的益处，任何基站的建设都需向专利所有者支付专利使用费。

经过 20 多年筚路蓝缕，中国已经从"2G 陪跑"到"3G 跟跑"再到"4G 并跑"，如今逐渐走向"5G 领跑"。在制定 3G 标准的时候，全球形成了 CDMA2000、WCDMA 和 TD-SCDMA，分别是美国、欧洲和中国标准，而中国的 3G 技术标准是其中最弱的；制定 4G 标准的时候，中国和欧洲合作共同推动 LTE 成为全球的 4G 标准，而美国主推的 UMB（又名 CDMA REV. C）和 WiMAX 落败；如今正在制定中的 5G 标准正形成欧洲、中国、美国三足鼎立的局面。

通信行业巨头间最激烈的竞争来自对 5G 标准话语权的争夺，谁主张的 5G 标准获得通过，意味着谁早期的专利积累将发挥最大优势。众所周知，在 5G 技术以前，欧美国家牢牢掌控着 3G、4G 技术的话语权。到了 2016 年，华为主导的编码方案获得了标准认证机构 3GPP 通过，意味着在 5G 的三大场景中，高带宽的场景将使用华为主导的编码方案，也意味着未来在 5G、6G 甚至是 7G 通信技术上，中国企业拥有越来越大的话语权。但专家称华为的编码方案只是 5G 标准里的一部分，5G 的其他两个场景并非华为的强项，第二阶段的标准制定话语权仍掌握在高通等外国企业的手中。总之，无论是从国家战略高度，还是从企业自身发展角度，自己支持的标准能获得通过，必将带来丰厚利益。

在通信设备行业，当年曾有爱立信、阿尔卡特、朗讯、诺基亚等巨头，中国通信设备企业远远落后于这些巨头。如今全球通信设备四大巨头分别是华为、爱立信、诺基亚和中兴，四大通信设备巨头中有两家来自中国。全球主要电信设备商格局变化见图1。

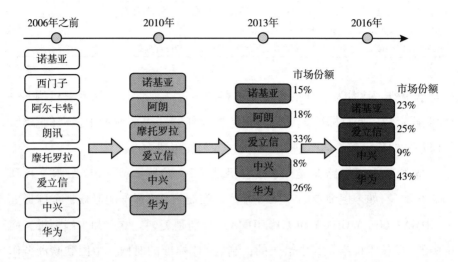

图1 全球主要电信设备商格局变化

资料来源：凤凰商业。

（三）国内视野下：三大运营商争抢5G入口

2018年12月6日，三大运营商5G频谱划分落定，5G商用进程又进一步。与之前电信行业监管普遍存在政策倾斜现象不同，此次三大运营商之间的频谱分配相对平衡，三大运营商在5G中低频段的频谱资源格局基本形成，5G格局也初步形成。4G时期的"倾斜性"牌照政策，曾使得中国移动实现"快人一步"的承诺，这也导致三大运营商的资金实力呈现巨大差异。

中国移动的5G部署最早，为三大运营商之首，其还联合全球20家终端企业合作伙伴共同启动了"5G终端先行者计划"。中国移动将积极推进2.6GHz和4.9GHz产业链成熟。

中国联通在5G上的部署稍显谨慎，与中国移动相比部署时序略有迟滞。中国联通董事长王晓初曾在2017年9月表态，中国联通5G前期投资不能手软，因为"当初在 4G 上的手软才造成了今天的困难"。① 该公司表示，5G 商用脚步已日益临近，中国联通在 5G 方面已经做好了全面筹备与布局。

中国电信 5G 布局力求后发制人，虽略显迟缓，但经过几年的追赶，中国电信也提升了自身的 5G 布局速度，并表示将在 2020 年实现重点城市、重点区域的规模部署，通过小规模外场试验逐步拓展到预商用、商用阶段。中国电信集团科技委主任韦乐平表示，5G 的投资量级大约为 1.2 万亿元，是 4G 时代的 1.4 倍左右。

二 5G 叠加高阶 VR/AR：新场景，新价值

（一）概念追溯

AR（Augmented Reality），即增强现实，将真实世界信息和虚拟世界信息"无缝"集成，通过计算机系统生成虚拟物体、场景等，将其叠加到真实场景中，以达到超越现实的感官体验。

VR（Virtual Reality），即虚拟现实，利用电脑模拟产生三维动态视景，通过模拟视觉、听觉和触觉等感官体验为用户提升"沉浸感"和"临场感"，在此过程之中，用户所见、所听都是利用计算机生成的虚拟对象。AR 和 VR 虽然是两个不同的概念，但是广义上都属于虚拟现实技术。

AR、VR 技术的开发，最早可以追溯到 20 世纪五六十年代，而真正得到各界的关注，则是从 2016 年起。随着各种硬件能力的突飞猛进，AR、VR 技术有了落地的基础。几年之间，虚拟现实领域的发展不仅局限于技术实现方式，更聚焦于用户体验、生态打造和各个领域的创新合作。5G 的商用，无疑将会成为 VR、AR 应用领域拓展的有利土壤。

---

① 《中国联通董事长王晓初股东大会发声：4G 吃亏在前，投资 5G 不能手软！》，https://finance. ifeng. com/a/20170926/15695399_0. shtml。

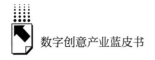

（二）VR/AR 市场规模

虚拟现实终端出货量持续提升，依据中国信通院的数据，2018 年，全球虚拟现实终端出货量约为 900 万台，其中 VR、AR 终端出货量占比分别为 92%、80%，预计 2022 年终端出货量接近 6600 万台，其中 VR、AR 终端出货量占比分别为 60%、40%。AR 一体机数量增长显著，一体式有望成为虚拟现实的主要终端形式，出货量占比将从 2018 年的 17% 快速发展至 2022 年 53% 的水平。

2020 年，全球 VR/AR 市场规模预计达 1200 亿美元，我国 VR 市场规模预计达 460 亿元。在此过程中，资本明显向头部集中，2018 年全球 VR 一级市场融资总额达 32 亿元，融资笔数为 151 笔，多为单笔大额投资；同年 VR/AR 专利申请量达 3.21 万份，这个数字是四年前的一倍以上。①

（三）政策支持

各国政府已将支持虚拟现实产业发展上升到国家高度。最早掀起 VR 浪潮的美国，早在 1983 年就已经开发出用于帮助宇航员增强太空工作临场感的虚拟现实设备"VIVED VR"，当时，美国政府已将虚拟现实作为《国家信息基础设施计划》的重点支持领域之一；2017 年，美国国会成立虚拟现实指导小组，开设相关研究项目同时进行试点。日本政府在 2007 年、2014 年先后发布《创新 25 战略》文件。欧盟于 20 世纪 80 年代便开始了对虚拟现实项目的资助。以上国家和地区均将虚拟现实视为技术创新的重点方向。

我国国家政策同样大力支持虚拟现实产业发展。在 2016 年杭州 G20 峰会上，习近平表示："以互联网为核心的新一轮科技和产业革命蓄势待发，人工智能、虚拟现实等新技术日新月异，虚拟经济与实体经济的结合，将给人们的生产方式和生活方式带来革命性变化。"2016 年 8 月，国务院正式印发《"十三五"国家科技创新规划》，对人工智能、虚拟现实等诸多前沿科

---

① 资料来源：速途研究、智研咨询 IDC、IAM Media。

技都做出了明确的规划，强调要突破虚实融合渲染、真三维呈现、实时定位注册等一批关键技术，在工业、医疗、文化、娱乐等行业实现专业化和大众化的示范应用，培育虚拟现实与增强现实产业。

2016 年 12 月 27 日，国务院印发《"十三五"国家信息化规划》，布局虚拟现实、人工智能等前沿技术；工业和信息化部、国家发展和改革委员会联合制定《智能硬件产业创新发展专项行动（2016 ~ 2018 年）》，行动目标是：到 2018 年，我国智能硬件全球市场占有率超过 30%；2016 年，文化部下发《文化部关于推动文化娱乐行业转型升级的意见》，鼓励游戏游艺设备生产企业积极引入 AR、VR 技术，扩大文化消费，推动文化娱乐行业转型升级；与此同时，大批 VR 产业基地在各地建设，VR 小镇、VR 孵化器等也将成为所在地经济发展的有力支撑。

（四）关键技术发展趋势

根据中国信通院发布的《关于加快推进虚拟现实产业发展的指导意见》，可以将虚拟现实的关键技术分为五个领域，分别为近眼显示、渲染处理、感知交互、网络传输和内容制作。

1. 近眼显示

近眼显示器，也称为头戴式显示器（HMD）或可穿戴显示器，是指在一只眼睛或两只眼睛的视野范围内创建一个虚拟图像。现阶段所采用的快速响应液晶屏、AMOLED 与 OLEDoS 技术均为成熟的可量产屏幕技术，近年内依然是虚拟现实的主流显示器件及技术。[①] 根据《关于加快推进虚拟现实产业发展的指导意见》所发布的数据，预计未来五年，水平视场角有望由 100 ~ 120 度升至 140 度，单眼分辨率由 1.5K ~ 2K 升至 3K ~ 4K 水平。同时，业界已经探索出用于缓解人眼观看 VR/AR 时视觉疲劳的可行方案。

2. 渲染处理

对于渲染处理，虚拟现实强交互所要求的渲染倍数负载比以往的游戏渲

---

① 资料来源：中国信通院。

染要高出多个等级，MTP 时延必须控制在 20 毫秒以内，不仅要求渲染的质量，同时对渲染所需要的成本提出了可量产的要求。现阶段行业内部聚焦的技术手段为：视点渲染（视网膜渲染）、（混合）云渲染、新一代图形接口、渲染专用硬加速芯片（异构渲染）等。

3. 感知交互

良好的沉浸感需要通过提高视觉、触觉、听觉等多感官通道的一致性体验，以及不断提升对于环境空间的精确理解来实现。当前的主流定位跟踪技术为空间位置跟踪，而业界关注的眼球追踪将会成为未来研发的焦点。

4. 网络传输

网络传输面向虚拟现实时呈现出不同于以往技术发展路径的特点。专门面向虚拟现实的网络连接特性，需要突破现有技术，探索网联云化机制，不断提升设备的可移动性，降低用户购置成本。

5. 内容制作

现阶段内容制作领域所存在的高雷同等现象，无疑成为精品内容研发传播的阻挡。虚拟现实的出现迎合当下受众口味，新形式的传播成为有效集中注意力的手段，为内容制播模式创新注入了活力。未来，虚拟现实内容的采集工具将会不断朝着小型化、易用化、多功能、成本低、机内拼接发展，满足 UGC 和 PGC 的不同需求。而随着拍摄工具易用性的不断改善，内容生产的门槛不断降低，虚拟现实由小众市场向大众普及的进程将不断加快。

（五）VR/AR 应用案例举例

根据中国信通院《虚拟（增强）现实白皮书》，虚拟现实技术的发展可以划分为无沉浸、初级沉浸、深度沉浸与完全沉浸五个阶段，不同的发展阶段对应不同的体验层级，目前技术发展尚处于部分沉浸期，主要技术指标表现为 1.5K～2K 单眼分辨率、100～120 度视场角、百兆码率、20 毫秒 MTP 时延、4K/90 帧率渲染处理能力、由内向外的追踪定位与沉浸声等。

1. HTC: VR 头盔

中国台湾制造商 HTC 发布的 Vive 系列，专门设计了能够满足不同需求人群的头戴式头盔，机型分为个人用户、专业用户和企业用户型，专业程度也依次升高。最新发布的 VIVE Pro 专业版本，配置 SteamVR 定位器追踪技术 2.0、G-sensor 校正、gyroscope 陀螺仪、proximity 距离感测器、瞳距感测器，最大支持 10 米 × 10 米的空间定位追踪，单眼分辨率为 1440 × 1600，110 度超大视角，刷新率 90HZ，是现有性能优良的设备之一。

2. 蚁视二代 VR 头盔

蚁视二代 VR 头盔采用 OLED 双屏设计，屏幕分辨率达到 2160 × 1200，即单眼分辨率为 1080 × 1200，核心参数不输于 HTC Vive，同时配置 inside-out 弹幕红外感知系统，可以精准计算出头盔佩戴者的水平空间位置和垂直高度。2018 年，蚁视二代 VR 头盔通过淘宝众筹平台以 10777866 元的众筹总金额结束众筹，累计获得 3238 位玩家支持，超过千万元的众筹金额也打破了 VR 淘宝众筹纪录。

3. Arcona 数字土地

利用 AR 技术，将虚拟世界和现实世界结合起来，在地球表面覆盖一层虚拟数字内容，将其称为"数字土地"，与使用地理空间数据的真实地形直接相关，成千上万的 AR 应用程序同时在其中运作，用户可以用 Arcona 币在这一层虚拟空间内进行交易土地、经营商店等项目，足不出户就可以在地球上的任何地方安置虚拟资产等项目，兼具娱乐性和社交性。

Arcona 生态系统的核心是分布式 GIS 系统、增强现实技术、3D 模拟、人工智能和基于区块链架构原则的自动化平台。基于区块链技术建立的虚拟现实层，可以有效保证用户资产的安全性，同时允许用户通过各种移动客户端进入操作界面，进行深度沉浸式体验。

这一项目的发起者是来自俄罗斯的研究团队"Piligrim XXI"，早在 2014 年，这家公司就利用 Arcona 系统打造出了全球首个增强现实公园，人们可以借助 AR 应用，观看到气势如虹的拉脱维亚中世纪骑士城堡。Arcona 团队相信 AR 及即将到来的 AR 生态系统可以使众多行业受益，其用途远远超出目前最常见的应用——游戏。

（六）5G 时代 VR/AR 发展新路径

VR/AR 技术的发展在 4G 时代网络吞吐量不足的情况下存在用户体验上的瓶颈，而 5G 的高速度和低时延可以解决虚拟现实在网速上的问题。除此之外，5G 的出现可以使 VR 设备摆脱传统数据传输线带来的空间束缚，实现"无线化"，从而大大扩展应用场景，丰富内容市场。

另一方面，5G 网络也可以使 VR/AR 设备在沉浸体验与实时交互反馈上表现得更加优秀。同时，5G 包含的边缘计算技术也促进了云 VR/AR 的发展。

VR/AR 对于数据传输、存储和计算功能有着很高的要求，5G 可以有效、及时地将大数据传输至云端，同时可以高速度将云端内容下载至 VR 头显，高速解码和瞬时上传，最大限度地保证了虚拟现实内容的高质量和成本可控。

三 5G＋VR/AR：推动大文娱全新升级

5G 将与各大垂直行业深度结合，有力推动各行各业的数字化转型，带来数字经济发展新风口。从 5G 引发的创新性应用来看，自动驾驶、远程医疗、工业控制自动化等将具有巨大的商业价值，但考虑到可靠性与延时性，文娱应用领域对技术的要求较低，使其便于实现。因此，文娱相关领域有望更早迎来机会，娱乐需求或将率先引爆，消费者在 5G 时代将享受到更多的应用体验，4G 时代的应用也将因 5G 的到来而焕发新的光彩，续燃文娱生机。

英特尔发布的《5G 娱乐经济报告》显示，未来十年，传媒文娱产业将迎来 1.3 万亿美元的新营收机会，而 5G 所带来的业务营收将占总营收机会的50% 左右。

《5G 娱乐经济报告》指出，伴随着 5G 的到来，从移动媒体、家庭电视到能提供全新内容渠道的 AR/VR 都将加速内容消费，并且 5G 还将增强互动式、沉浸式体验，促进新媒体、AR/VR 的潜力释放。同时，报告预测，到 2028 年，5G 用户每月的平均流量将从 2019 年的 11.7GB 增长到 84.4GB，届时视频流量将占据流量总量的 90%。

每一次通信技术的代际变化都会引发传媒行业内容形式和用户行为的变化，内容形态越来越富媒体化，用户参与程度也随之提升，随着万物互联互通，人们的娱乐消费模式包括内容、渠道、流量分布等都将发生翻天覆地的变化。正如 4G 推动了延时类电子竞技游戏的发展，5G 则可能进一步推动 AR/VR/云游戏的普及；4G 使得短视频为人所知，5G 则将推动长视频向短视频形式转变的爆发等，5G 将给视频、游戏等领域带来革命性的变化，并且将推动超高清视频的普及，帮助广电行业走出业务困境。

（一）广电：5G 带来新机遇

近几年充斥于文娱传媒产业之中的"行业式微论"，不断引发争论和热议，电视广播等传统媒体不断开拓新业务，面向融媒体和新媒体开疆拓土。根据《中国有线电视行业发展公报》，2018 年我国有线电视用户规模为 2.23 亿户，收视份额同比有所下降，而 OTT、IPTV 以及直播卫星的收视份额同比均有所提高。这样的变化不仅是由于新媒体的冲击，更是网络运行速度和产品内容受众定位带来的改变。

面对广电行业的处境，管理层也出台了相关措施，5G 牌照的申请也被广电行业视为市场重建的重要筹码，"智慧广电"随着 5G 的发展而不断推进。超高清技术应用在电视端，对于 OTT、IPTV 导致的用户分流有着一定的挽回作用，也为突破电影大屏和手机小屏提供了一个有效可行的途径，使电视屏幕在家庭场景中的应用不被淘汰。5G、超高清视频有可能为广电行业带来新的发展机遇，使传统广电企业翻身成为大数据时代下的高活力企业。

（二）视频：短视频或将爆发

伴随着 5G 的发展，用户需求标准不断提升，对视频质量如画面清晰度、内容、时长的要求越来越高。在5G时代,视频将从长视频向短视频形态迁移,短视频很大程度上将成为最先从5G中获益的行业。在4G时代,传播速度是限制短视频传播的一大阻碍,而5G的优势便是高宽带、低时延,突破了短视频在流量、速度、成本等方面的瓶颈,短视频或将成为人们的基础性文化消费形式并与生活场景不断交融嵌套。一方面,随着5G愈加成熟,AI、4K、VR/AR、人脸识别、动作捕捉等新技术可以迅速为短视频行业赋能,内容的表达方式越来越富媒体化,不仅支持VLOG等新媒体形式的普及,更将与其他行业如电商等领域进行深度结合,链接线上线下多元场景。另一方面,短视频内容在经历了原始积累阶段后,将从浅层次的自我表现甚至哗众取宠的表现形式向展现普通人生活小美好、发布政务信息等基础性、刚需性领域转变。特别是短视频内容的创意、创新或将推动新时代网络文化的新发展,文化特质或将成为下一轮平台间较量的核心竞争力,因此,对于内容生产者来说,短视频的"草莽时代"即将过去,深耕价值内容将成为未来发展常态。总的来说,随着5G到来,短视频行业正发生革命性变化,这些变化将从底层重塑行业竞争规则与行业生态。

(三)游戏:AR/VR/云游戏渐成气候

《2018年全球游戏市场报告》显示,目前全球游戏活跃用户已超过23亿人,并且在未来十年间,全球的游戏用户还将成倍增长,可能达到40亿~50亿人,因此,游戏行业只有顺应形势多元化发展,不断满足众多用户的多元化需求,才能赢得更好的发展机遇。

5G的超高速、低延时优势将推动云服务发展,高质量VR/AR内容处理将走向云端(储存、计算功能云端化),保障用户体验。所以,对于游戏载体来说,未来的游戏可能会摆脱终端,云游戏成为主流。进一步来说,随着娱乐内容的不断融合,游戏的边界将被打破,届时游戏将能承载越来越多的功能,从单纯的游戏覆盖到教育拓展、互动模拟、可视化设计等,在满足体验感的同时将游戏的社会价值最大化。

（四）APP：超级 APP 价值进一步体现

5G 应用将促使用户行为改变，进而推动整个流量生态发生变化，届时，超级 APP 的流量价值将不断涌现。举个例子，微信小程序的原理是开放部分微信数据处理功能，使用户在打开小程序的同时，手机在非常短的时间内下载一些组件，实现快速使用相关应用的功能，这就让用户不必为了某些需求下载 APP 而占据内存。目前，微信小程序的用户数量已经超过6 亿人，具有极高的流量价值，但当前小程序的应用仍受限于网速等问题，特别是工具类的应用，而 5G 则可以解决其痛点，将小程序升级为"超级程序"，使其能在极短的时间内下载大量内容，或将颠覆现在应用商店的下载模式。

整体看来，5G 对文娱行业从内容到渠道都将产生深远的影响，5G 将让体验更加沉浸、互动更加实时、触达更加便捷，进一步推动文娱传媒行业整体创新迭代大潮。

四　5G + VR/AR：瓶颈与问题

（一）运营商：投入大、营收难

中国在 2014 年落地 4G 商用，时隔不到六年又开启 5G 商用，无法回避的一个现实是，5G 基站数的成倍增长需要运营商投入巨资。专家表示，预计 5G 基站的价格是 4G 的一倍，即便运营商肯加大投资，却未必能换来海量收入。

短期来看，5G 最主要的商业模式还是靠移动宽带挣钱，但 5G 的到来使流量加速贬值，加之"提速降费"的持续推进，流量红利逐渐消失，而其他的商业场景还在探索中。现在 5G 的技术、商业模式以及盈利模式尚不清晰，还需要给制造商和研发机构一些时间，在巨资投入的市场上，技术没有突破，便无法有效降低建网成本，这是运营商发展 5G 的难点。

对于消费者而言，所谓的"无限流量"，从用户体验角度，并不会感受到 4G 和 5G 级别的太大差别。使用者更在乎商家提供的服务是否具有较高的性价比，有鉴于此，5G 市场难以获得爆发式的利润增长。

在 5G 到来的前夜，设备厂商、终端厂商和产业链其他企业也在寻求破局良方。一个逐渐形成的共识是，电信技术的演进将助力传统行业转型升级，行业市场将迎来智能化巨变，这意味着运营商将不得不走出舒适区，进入新的竞技场，面对更多的竞争对手。

（二）核心芯片技术：这颗"芯"需升级

5G 技术将对芯片提出新的需求，不仅是整个网络链条，还有一系列云端和客户端的大量需求转变需要芯片支撑。特别是工业场景和 2B 端行业场景的需求，需要多样化的终端和云端的支持，这些多样化的终端基于专用芯片的解决方案，会成为未来技术研发的重点。所以未来 5G 的创新不仅是网络的创新，芯片功能将被重新定义、技术不断升级，同样也是不可忽视的问题和战略任务。

众所周知，5G 网络和终端是 5G 商用的两个基础条件，在网络侧，华为、中兴、爱立信等厂商已经推出了众多产品。在终端侧，芯片又是重中之重，是 5G 产业发展和成熟的关键环节。在中国进口商品中，芯片已经成为最大的品类，进口额高达 2500 亿 ~2700 亿美元，这种情况已经持续了 5 年。

半导体产业涉及的智能芯片、元器件、光通信等大多数领域都是美国的优势产业，其中核心的手机芯片、射频器件目前大部分均来自美国，从目前趋势来看，高通仍是诸多手机厂商在 5G 初期的唯一选择。而半导体产业对于中国来说是既至关重要又不能自给自足的产业，放眼整个半导体产业链，中国芯片企业整体实力相对薄弱。半导体产业突围迫在眉睫，国产芯片要实现自主化还须软着陆，既要认清与欧美国家的技术差距，也要韬光养晦，坚持创新驱动发展，争取早日实现国产芯片自给自足，摆脱对欧美国家的依赖。

（三）5G应用：难以迅速普及

5G未来的应用场景十分广泛，但由于5G的发展才刚刚起步，目前尚未出现"杀手级"应用。当下5G仍主要聚焦于手机、智能家居、AR/VR领域，由于其使用的复杂性以及较高的成本，消费者的接受程度与触达广度都难以保证，所以5G的广泛应用尚需时日。

5G手机方面，由于中国的手机市场已经从增量市场转向存量市场，每一代手机的升级都必须充分考虑用户对技术应用的刚需。但是目前来看，短期内5G手机为消费者带来的最大感受可能仅限于网络速度的提升，只是下载一部高清电影的用时从分钟变为秒而已，而且5G手机多天线技术的应用将会带来终端体积增大、功耗加剧等问题，从而引发新手机形态、潜在商业模式变化等问题。每一代终端的提升都伴随着成本的提升，因此短时间内5G手机的价格不会太低，目前即将上市的5G手机的价格一般都在一万元以上，这样的售价确实很难迅速让5G手机触达每个人。

VR/AR方面，VR/AR产品的便携性、轻便性还有待提升，仍然没有满足用户"越简单越好"的初衷。目前，视频与游戏是5G + VR最主要的两个应用场景。就游戏而言，与PC电脑相比，移动设备的计算力相差甚远，即使将渲染放到云端5G网络的汇聚层，又会面临4毫秒的额外时延问题。而对于5G + VR视频来说，面临的将是传统视频的用户习惯、市场规模及内容量的三重挑战，VR观影目前并没有足够的吸引力来吸引用户放弃手机观影方式，优质VR视频内容同样匮乏。相比而言，手机观影能给用户提供更舒适、方便的观影体验。目前我国的手机端已有10亿级的用户量，但是我国的VR用户体量（5G下主要是VR一体机用户）与手机端的用户量根本不处于同一量级。当前阶段下，AR/VR仍在为基础构建而努力，它注定不能高速发展，而是缓慢的稳步发展，短时间内无法普及至每个消费者。

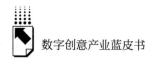

五 总结与展望

5G 时代的来临，意味着电信网络与人类生活的更好结合，未来不仅是文娱、AR/VR 潜能爆发，而且是整个社会向数字化转型，电信网络将成为新一代智能化信息中枢，同时成为驱动数字型经济社会产业大变革的一个有力推手，真正成为高科技助力社会发展的开拓力量，为经济发展提供新的增长点，为加速推进万物智能互联新时代贡献力量。

5G 网络的智能化演进，将是一个长期的过程，要分阶段逐步推进。同时还需加快国产芯片研发速度，坚持创新驱动发展。开展跨界深度交流与联合创新，以开放、合作、共赢为宗旨，共筑数字新生态。

B.3
云计算——数字创意产业的底层技术支撑

聂玥煜　张涵

摘　要： 数字创意产业是典型的高新技术产业，技术和装备创新是数字创意产业发展的重要基础性驱动力，网络基础设施的演进升级则成为产业发展的重要底层支撑。数字创意产业中的技术装备可分为内容生产型装备和数字消费型装备，而云计算技术和技术引发的企业服务泛云化，叠加用户文化消费行为产生的后端大数据，让云计算超强的存储和智能处理技术提升了产业整体运营效率，并为促进产品服务创新提供了巨大可能。云计算把数字创意产业带入了云时代，内容生产流程在云端实现了云化。基于云计算和云存储技术构建多格式内容云存储中心，实现专业数字资源的内容集成与共享应用成为产业革新趋势，而资源在云端的共享极大地推动了内容的协同生产，降低了制作成本，提升了产出效率，成为促进产业高速发展的重要支点。本报告对云计算产业的发展脉络与现状进行了系统梳理，并结合特定案例介绍了云计算为数字创意产业带来的可能改变。

关键词： 数字经济　云计算　公有云　私有云　多云管理

一　暗流涌动：数字经济背后的云端生意

云计算作为支撑数字经济发展的基石，某种意义上技术已经相对成熟，在数字经济步入黄金发展期之际，我们有必要回顾云计算发展历史，理清云计算发展现状，以更好地前瞻未来。云计算是一种将硬件、平台、软件等计算资源封装成服务并通过网络提供给客户使用的商业模式[①]，也是一种推动数字经济发展的重要支撑技术。

（一）全球市场格局初定

1. 魔力象限：6朵云顺势脱颖而出，亚马逊稳坐头把交椅

若把 2006 年亚马逊 AWS 的商用看作全球云服务商业化的开端，那么 2017 年云计算已经步入第二个发展 10 年。十多年的激烈角逐后，全球公有云市场格局初定，"6 朵云"凭借资本、技术与客户等优势傲立群雄。在美国调查机构 Gartner 于 2018 年中旬发布的 2017 年全球公有云基础设施即服务（IaaS）魔力象限图中，入选的企业由 2016 年的 14 家缩减到了 2017 年的 6 家，分别为亚马逊 AWS、微软、谷歌、阿里云、甲骨文和 IBM。其中，亚马逊 AWS 一骑绝尘保持领先地位，微软增速翻倍坐稳第二把交椅，谷歌则突破界线从创新者梯队进入领导者梯队，阿里云、甲骨文和 IMB 从创新者象限滑落至参与者队伍（见图 1）。Gartner 的报告也显示，2017 年全球公有云基础设施即服务（IaaS）市场中，前五大厂商（不包括甲骨文）拥有七成以上的市场占有率（见图 2）。种种变化表明，全球云计算技术日渐成熟、市场规模不断扩大的同时，行业寡头垄断与资源头部集中现象越发明显。在公有云 IaaS 市场，基础设施建设资金投入量大，宛如"吸金兽"，行业壁垒高筑导致中小企业进入困难。

2. 市场份额：阿里云跻身全球第三，但创新能力有待提升

2017 年公有云（IaaS）市场排名前五大厂商为：亚马逊 AWS、微软、阿里云谷歌以及 IBM。与亚马逊 AWS 相比，阿里云虽位居第三但市场份额不足前者 1/10。与谷歌相比，阿里云市场占有率虽略胜一筹，但行业领导

---

① 黄安娜、吴柯苇：《云计算环境下避风港原则之适用性研究》，《科技与法律》2018 年第 5 期。

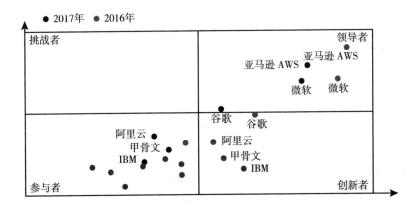

图1　全球公有云基础设施即服务（IaaS）魔力象限图

资料来源：Gartner《全球公共云市场份额报告（2017）》。

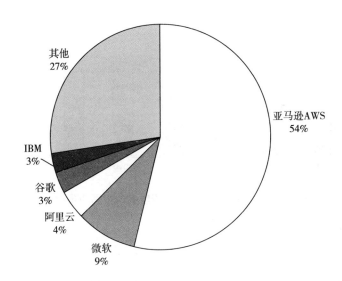

图2　全球公有云基础及服务设施（IaaS）市场份额

资料来源：根据 Gartner《全球公共云市场份额报告（2017）》数据绘制。

能力和创新能力差距明显。与微软相比，尽管阿里云 2017 年市场占有增速超 50%，但仍不及前者（增速 98%）表现抢眼。

3. 细分市场：IaaS 层增速快，PaaS 层增长稳，SaaS 层增速缓

云计算市场按部署模式不同分为公有云、私有云、混合云。一般而言，大型企业出于安全性考虑倾向于选择私有云，而中小型企业出于成本考虑偏好公有云。Gartner 数据显示，2017 年全球公有云市场规模达到 1110 亿美元，预计 2020 年规模突破 2000 亿美元，但增长趋于稳定。此外，按服务模式不同，可将云计算市场分为面向软件开发者的 IaaS（基础设施即服务）市场、PaaS（平台即服务）市场，面向软件消费者的 SaaS（软件即服务）市场。[①] 图 3 为按服务模式分类的全球云市场规模。IaaS 市场规模增长迅速，PaaS 市场增长稳定，SaaS 市场增长放缓，但整合并购趋势仍在持续。

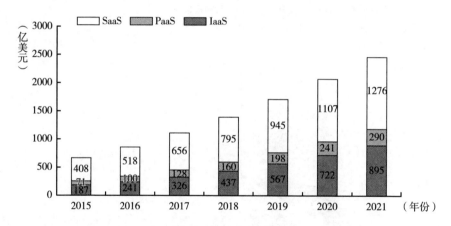

图 3　全球云计算市场规模（2018 年及以后为预测值）

资料来源：根据 Gartner 数据绘制。

2016 年 SaaS 掀起多起并购热潮，如甲骨文（Oracle）宣布拟以 93 亿美元收购云 ERP 服务提供商 Netsuite，美国通用电气（GE）以 9.15 亿美元的价格收购基于云计算的现场服务解决方案提供商 ServiceMax。直至 2018 年底德国商业软件巨头思爱普（SAP）宣布拟以 80 亿美元收购美国调查软件

---

① 中国信息通信研究院：《云计算发展白皮书（2018）》，2018 年 8 月 13 日，http：//www. caict. ac. cn/kxyj/qwfb/bps/201808/P020180813540725575770. pdf。

公司 Qualtrics，同年 10 月 IBM 拟以 340 亿美元收购开源解决方案供应商 Red Hat。

（二）中国市场高速增长

2006 年亚马逊 AWS 商业化后，2009 年阿里宣布云服务商业化运营，成为国内第一个吃螃蟹的互联网巨头。腾讯与百度进场步伐则相对缓慢，2012 年百度 CEO 李彦宏在深圳 IT 领袖峰会上表示：云计算是新瓶装旧酒，没有新东西，因此迟迟不布局云计算；腾讯云则于 2013 年才正式对外开放。直到 2016 年，百度云、网易云、京东云才陆续进入市场。

中国信息通信研究院调查数据显示，2017 年国内云计算市场规模接近 700 亿元，其中私有云市场规模（约 427 亿元）大于公有云市场规模（约 265 亿元），公有云市场保持较高速度的增长（增速超 55%），两个市场规模差距将逐步缩小（见图 4）。业界普遍认为，我国云计算市场规模体量与国际市场相比，尚存在 3 ~ 5 年差距。公有云细分市场——IaaS、PaaS、SaaS 的规模情况如图 5 所示。

图 4　中国云计算市场规模

资料来源：中国信息通信研究院：《公有云发展调查报告（2018）》，2018 年 8 月 17 日，http：//www. caict. ac. cn/kxyj/qwfb/ztbg/201808/P020180817600313812960. pdf。

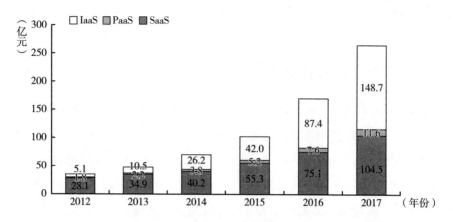

图5 中国公有云细分市场规模

资料来源：根据 IDC 数据绘制。

1. 公有云：IaaS 层已趋二八，SaaS 层格局未定，PaaS 层规模偏小

中国信息信通研究院数据显示，2017 年国内公有云市场规模为 264.8 亿元，同时国际数据公司 IDC 的数据也显示，2017 年我国公有云市场整体规模达 40 亿美元[1]，两者相互佐证。其中，IaaS 层属于上游基础设施，是巨头们的必争之地，目前格局已趋于二八分布，头部集中趋势明显，阿里云一家独大（市场份额为 45.5%），腾讯云（市场份额为 10.3%）、中国电信（市场份额为 7.6%）、金山云（市场份额为 6.5%）和亚马逊 AWS（市场份额为 5.4%）紧跟其后（见图6）。有分析预测，IaaS 层虽然寡头竞争格局已定，但不会一家独大；未来几年，将有大量地方行业 IaaS 服务商进入。[2] 另一边，PaaS 层和 SaaS 层格局未定。

从 SaaS 层来看，国内市场与国外差距明显，缺乏行业领军企业。但 SaaS 市场整合并购现象仍在持续。一方面，传统实力雄厚的企业扮演收割

---

① IDC：《中国公有云市场 2017 年下半年跟踪报》，2018 年 8 月 3 日，http://www.199it.com/archives/756920.html。

② 中国信息通信研究院：《云计算发展白皮书（2018）》，2018 年 8 月 13 日，http://www.caict.ac.cn/kxyj/qwfb/bps/201808/P020180813540725575770.pdf。

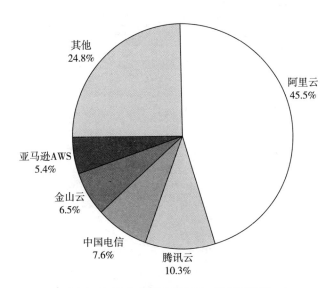

图6　2017年中国共有云 IaaS 市场份额

资料来源：IDC：《2017年上半年中国公共云 IaaS 市场份额调研结果》，2017年11月2日，http://www.cniteyes.com/archives/32435。

机角色，通过收购创新创业企业来丰富转型后的产业布局，以期实现弯道超车；另一方面，部分 SaaS 厂商在强大的市场压力下生存困难，主动寻求收购，输入资本血液以支撑其持续发展。

在三大领域中，PaaS 领域目前尚处于起步阶段。国际巨头纷纷通过与中国企业合作的方式，将触角伸向中国公有云 PaaS 领域。如 IBM 联合世纪互联将 Bluemix PaaS 平台引入中国，甲骨文联合腾讯拟将云计算服务和数据中心落地中国。IDC 数据显示，PaaS 层市场份额上，五大主要厂商中有四大都是国际巨头，阿里云凭借 27% 的份额暂处领先地位；其次是甲骨文（市场份额为9.7%）与亚马逊 AWS（市场份额为9.7%）并列排名第二，微软（市场份额为6.8%）和 IMB（市场份额为4.6%）分列第四、第五（见图7）。

2.私有云：硬件市场份额高达七成，软件与服务份额将明显提升

据中国信息通信研究院数据，2017年我国私有云细分市场中，提供的服务包括：硬件、软件和服务。其中，硬件市场以七成份额占绝对优势，但

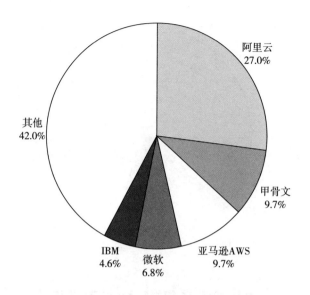

图 7 2017 上半年中国公有云 PaaS 市场份额

资料来源：IDC：《2017 年上半年中国公有云 PaaS 市场调研结果》，2017 年 8 月 3 日，http://free. chinabaogao. com/it/201806/0613342T52018. html。

增长趋势明显下降（见图 8）；此外，软件和服务市场份额呈上升趋势，预计未来将会明显提升。从行业上划分，可将私有云的应用市场划分为政府、金融、制造、医疗和教育等，其中政务云（32.5%）、制造业云服务（16.6%）两大板块的市场行业份额达到一半（见图 9）。

（三）国内环境总体向好，政策及产业内在力量驱动高增长

1. 政策环境：政策持续利好，有序推进产业发展

政策因素是众多企业涉足云计算领域的重要动因。2010～2018 年，一系列政策利好频出且不断加码，政策体系日益完善，并逐步从战略层面的导向性政策出台走向实质性应用的推动，发展目标更加明确。尤其从 2015 年开始，云计算连续四年被写入《政府工作报告》，我国云计算产业发展、行业推广、应用基础、市场监管等重要层面的政策环境进一步优化。

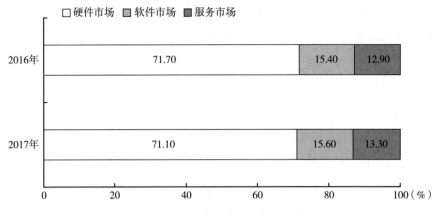

图8 2017年中国私有云市场规模

资料来源：中国信息通信研究院：《云计算发展白皮书（2018）》，2018年8月13日，http：//www. caict. ac. cn/kxyj/qwfb/bps/201808/P020180813540725575770. pdf。

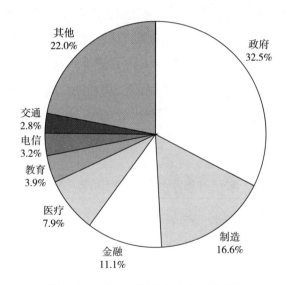

图9 2017年中国私有云市场行业份额

资料来源：计世资讯：《2017—2018年度中国私有云市场现状与发展趋势研究报告》，2018年11月8日，http：//www. sohu. com/a/274047638_ 465914。

2010年10月，国家发展改革委、工业和信息化部联合发布《关于做好云计算服务创新发展试点示范工作的通知》，开启云计算发展的长远战略。同年，《国务院关于加快培育和发展战略性新兴产业的决定》将云计算列入七大战略性新兴产业。2012年，国家层面关于"十二五"期间云计算发展的首个专项规划推出。2015年，国务院先后出台三项与云计算紧密相关的政策，为云计算发展奠定了重要政策基础；中央网信办发布关于党政部门云计算安全管理的文件，对政务云建设影响重大；工业和信息化部的相关指南提出了云计算体系框架，即云基础、云资源、云服务和云安全，相关市场管理政策也相继出台。2016年，进一步明确云计算作为国家信息化发展战略的核心地位，继续完善技术体系建设，鼓励工业互联网平台建设中的企业上云等。

2017年4月，工业和信息化部印发《云计算发展三年行动计划（2017～2019年)》，提出发展云计算的总体思路、发展目标、重点任务和保障措施，其中重点任务从技术服务、产业生态、应用落地、安全保障、环境优化五个层面展开。① 2018年8月，工业和信息化部再次发布《推动企业上云实施指南（2018～2020年)》，进一步强化政策保障、优化上云环境，明确2020年全国新增上云企业100万家的目标。我国云计算产业国家相关政策见表1。国家层面政策出台后，地方政府积极响应、因地制宜地制定相关政策，云计算浪潮势不可当。据前瞻产业研究院统计，浙江、广东、山东等19个省份规划到2020年共新增上云企业130.3万家。②

表1 中国云计算产业国家相关政策

时间	部门	政策
2010年10月	国家发展改革委 工业和信息化部	《关于做好云计算服务创新发展试点示范工作的通知》
2012年9月	科技部	《中国云科技发展"十二五"专项规划》
2015年1月	国务院	《关于促进云计算创新发展培育信息产业新业态的意见》
5月	网信办	《关于加强党政部门云计算服务网络安全管理的意见》
7月	国务院	《国务院关于积极推进"互联网＋"行动的指导意见》

---

① 《云计算发展三年行动计划（2017～2019年)》，工业和信息化部，2017年4月10日，http：//www. miit. gov. cn/n1146295/n1146592/n3917132/n4062056/c5570298/content. html。

② 《2018年国家及31省市云计算行业政策汇总及解读》，前瞻网，2018年10月22日，https：//xw. qianzhan. com/t/detail/556/181022 – fe5ed21d. html。

时间	部门	政策
8 月	国务院	《促进大数据发展行动纲要》
11 月	工业和信息化部	《云计算综合标准化体系建设指南》
12 月	工业和信息化部	《电信业务分类目录(2015 年版)》
2016 年 7 月	中办、国办	《国家信息化发展战略纲要》
8 月	国务院	《"十三五"国家科技创新规划》
10 月	工业和信息化部	《关于发布 2016 年工业转型升级(中国制造 2025)重点项目指南的通知》
12 月	工业和信息化部	《关于规范云服务市场经营行为的通知(公开征求意见稿)》
12 月	国务院	《"十三五"国家信息化规划》
2017 年 4 月	工业和信息化部	《云计算发展三年行动计划(2017~2019 年)》
7 月	工业和信息化部	《电信业务经营许可管理办法》
11 月	国务院	《关于深化"互联网 + 先进制造业"发展工业互联网的指导意见》
2018 年 8 月	工业和信息化部	《推动企业上云实施指南(2018~2020 年)》

资料来源：据公开资料整理。

2. 经济环境：数字经济先行，产业链竞争白热化

国家统计局数据显示，中国 2017 年国内生产总值达 82.71 万亿元，实现 6.9% 的增速，较 2016 年回升 0.2 个百分点。党的十九大报告指出，我国经济已由高速增长阶段转向高质量发展阶段，正处在转变发展方式、优化经济结构、转换增长动力的攻关期。[①] 而以大数据、云计算、物联网为代表的新技术、新业态和新模式正是新旧动能转换的重要力量，数字经济成为经济增长的核心动力。

2018 年中美贸易摩擦不断升级，云计算领域的自主创新、自主研发和"自主可控"迎来更大的机遇和挑战，"中国云"力量正在崛起。中国社会科学院《经济蓝皮书》指出，预计 2018 年中国经济增长约 6.6%，延续总体平稳的健康发展态势，2019 经济将温和上涨。[②] 在这样的经济形势下，各

[①] 《十九大报告的新思想、新论断、新提法、新举措》，新华网，2017 年 10 月 19 日，http://www.xinhuanet.com/politics/2017 – 10/19/c_ 1121823252.htm。

[②] 《社科院〈经济蓝皮书〉：明年经济将在合理区间运行》，新华网，2018 年 12 月 24 日，http://www.xinhuanet.com/fortune/2018 – 12/24/c_ 1210023328.htm。

大云厂商如何布局、云计算产业如何进一步升级创新，值得市场密切关注。

在政府、云计算厂商和市场资本的多方推动下，中国云计算产业链正逐步形成。上游主要为设备及网络供应商，下游是包括政府、企业、个人在内的用户，中游根据提供服务的不同分为 IaaS、PaaS、SaaS 三类提供商（见图10）。产业链上游的云计算基础设施市场，尤其是 IaaS 市场是巨头必争之地，近几年多次爆发的价格战呈现出强烈的马太效应，上游趋向集中化。SaaS 云计算提供商与下游细分行业应用的联系更为直接和密切，成为主导行业规模增长的重要力量。目前，除了阿里云和腾讯云等互联网巨头加速产业链上云生态的构建、升级生态综合服务能力外，众多云厂商更多是在产业链的某个环节、垂直行业或细分领域深耕细作，形成互联网企业、传统 IT 企业、基础电信企业、初创型企业四类云厂商角逐云计算市场的格局。

图10 中国云计算产业链

注：厂商未完全统计，所列不分先后。

现阶段，我国云计算的应用正从互联网行业向政务、金融、工业、物流、医疗、教育等传统行业渗透。政务云市场方面，据中国信息通信研究院统计，2017 年我国政务云市场规模近 300 亿元，全国超过九成的省级行政区和七成的地市级行政区已建成或正在建设（完成招标）云平台①，可以说是我国云计算应用最为成熟的领域（见图 11）。同时，政务云市场竞争激烈，中国电信、中国联通、华为、阿里巴巴、浪潮等厂商竞相发力。金融云市场方面，中国信息通信研究院调查显示，近九成金融机构已经或计划使用云计算②，云计算已经是金融行业应用非常广泛的技术（见图 12）。其中，银行领域表现最为突出，招商银行 2015 年便上线 DevOps 应用云项目；兴业银行 2015 年成立"兴业数金"，开启金融行业云服务；中国银监会于 2017 年牵头 16 家金融机构成立金融云公司"融联易云"；等等。值得注意的是，虽然政务、金融、物流等行业云计算转型步伐相对较快，但整个行业的云计算市场仍然处于起步阶段，正如中国信息通信研究院在《云计算发展白皮书（2018 年)》所指，尚未形成稳定的行业格局和一批具有引领作用的高信用级别的标杆企业。③

3. 社会环境：企业上云浪潮催生服务需求

上云是企业顺应数字经济发展浪潮、实现数字化转型升级的重要途径。云计算作为数字化转型的基础，不仅有利于节省企业的信息化建设成本，还能带来效率提升和行业创新的更多可能。随着云计算技术的普及和市场环境的改善，企业对于上云的重要性和趋势性认识程度加深，越来越多的企业走向"云端"，推动云计算在产业中的应用进入全面落地阶段。

《2018 中国数字化转型进程调研报告》显示，有 56.3% 的企业开启了

---

① 《中国政务云发展白皮书（2018)》，云计算开源产业联盟，2018 年 8 月 20 日，http://www.vsharing.com/k/vertical/2018－8/724159.html。

② 中国信息通信研究院：《金融行业云计算技术调查报告（2018)》，2018 年 3 月 23 日，http://www.caict.ac.cn/xwdt/ynxw/201804/t20180426_158016.htm。

③ 中国信息通信研究院：《云计算发展白皮书（2018 年)》，2018 年 8 月 15 日，http://www.caict.ac.cn/kxyj/qwfb/bps/201808/P020180813540725575770.pdf。

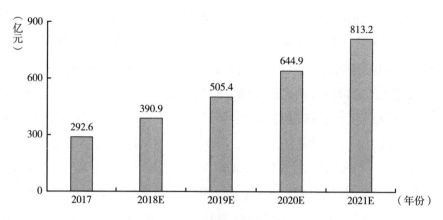

图 11 中国政务云市场规模

资料来源：《中国政务云发展白皮书（2018）》。

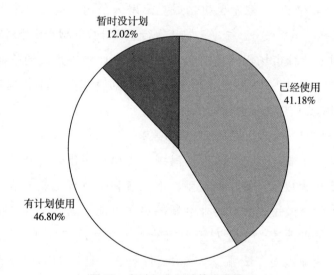

图 12 金融行业云计算应用情况

资料来源：《金融行业云计算技术调查报告（2018）》。

云计算不同阶段的实施和部署工作（见图 13）。[①] 另外一个数据并没有这么乐观，由中国电子学会发布的《2018 中国企业上云报告》显示，2018 年企

[①] 《2018 中国数字化转型进程调研报告》，至顶网，2018 年 7 月 25 日，http：//ftps. zhiding. cn/files/3/26101. pdf。

业上云率仅为30.8%，虽与2009年3.2%的上云率相比增势明显，但与美国50%以上的上云率相比，我国显然仍处于初步探索阶段。[①] 该报告还调查了未上云企业的上云意愿，有30%的企业表示在未来三年内计划采用云服务，可见云计算市场的潜力和价值巨大。不难看出，经过几年的稳步发展，云计算现阶段企业端的需求呈现稳定增长态势。

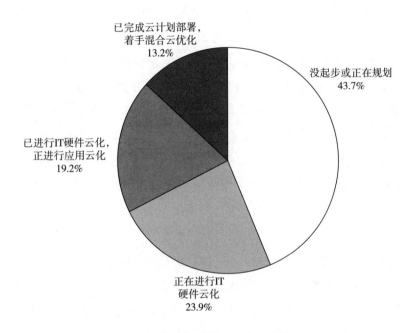

图13　企业云计算发展阶段分布情况

资料来源：《2018中国数字化转型进程调研报告》。

从部署模式来看，公有云是当前企业上云的主流模式。有数据显示，部署公有云的企业占比为19.8%，私有云和混合云占比分别为7.6%和3.4%。[②] 从企业规模来看，规模在100人以上的企业上云率远高于规模在

---

① 《〈2018中国企业上云报告〉发布》，至顶网，2018年12月，http：//cloud. zhiding. cn/2018/0725/3109365. shtml。

② 《〈2018中国企业上云报告〉发布》，至顶网，2018年12月，http：//cloud. zhiding. cn/2018/0725/3109365. shtml。

100 人以下的企业，说明大中型企业的上云需求得到了一定释放，而中小企业的上云之路有待进一步探索。同时，大中小型不同规模的企业呈现出不同的上云取向及模式。大型企业对稳定性和安全性需求较高，因此业务多布局在混合云和私有云上；小微型企业囿于成本和技术，在上云时更多采用公有云。① 这正好与工业和信息化部《推动企业上云实施指南》"科学制定部署模式"② 的建议相得益彰。从行业应用来看，2018 年金融行业上云率颇高，达到 66.2%，而工业行业上云率仅为 21.3%。③

企业上云彰显了云服务领域稳增的市场需求和核心诉求，与此同时云服务的供给方因为日益激烈和非理性的市场竞争，开启了行业自律的新篇章。2017 年，我国首个以云服务经营自律为使命的第三方组织——云服务经营自律委员会成立。自律委员会在工业和信息化部指导下由中国信息通信研究院发起设立，截至 2018 年 6 月 28 日，包括中国电信、中国移动、中国联通、阿里云、华为、腾讯云等 57 家成员企业。④ 2018 年，自律委员会《云服务经营自律规范》聚焦"规范资质与合作"和"公平竞争"，对于建立云服务行业协同治理体系意义重大。

4. 技术环境：基础设施日益完善，技术变革迅速推进

云计算的快速发展，有赖于基础设施的日益完善，因为云计算爆发的流量给传统的网络架构带来巨大挑战，尤其是在保证业务连续性和安全性方面，由于底层基础设施问题导致云平台故障时有发生。近年来，我国网络基础设施建设水平进一步提高，其中宽带基础设施建设水平明显进步、移动通信设施建设步伐加快，在技术层面为云计算的大规模发展奠定了基础。与此

---

① 《2018 中国数字化转型进程调研报告》，至顶网，2018 年 7 月 25 日，http://ftps. zhiding. cn/files/3/26101. pdf。

② 《工业和信息化部关于印发〈推动企业上云实施指南（2018～2020 年）〉的通知》，工信部，2018 年 8 月 10 日，http://www. miit. gov. cn/n1146295/n1652858/n1652930/n3757022/c6309203/content. html。

③ 《〈2018 中国企业上云报告〉发布》，至顶网，2018 年 12 月，http://cloud. zhiding. cn/2018/0725/3109365. shtml。

④ 《云服务企业将"信用"作为身份证成为新潮流》，信用中国，2018 年 6 月 28 日，http://www. creditchina. gov. cn/xinyongyanjiu/xinyongjiedu/201806/t20180628_ 119232. html。

同时，云计算的主要技术逐渐成熟，其规模化商用水平不断升级。据易观《2018 中国云计算 IaaS 市场专题研究报告》总结，云计算 IaaS 服务的技术主要体现在分布式技术、虚拟化技术、并行编程技术三个层面（见图 14）。

分布式技术	虚拟化技术	并行编程技术
·分布式并行计算 ·分布式缓存 ·一致性 ·消息列队 ·分布式文件系统	·服务器虚拟化 ·存储虚拟化 ·网络虚拟化 ·桌面虚拟化	·OpenMP ·MPI ·MapReduce

图 14　云计算主要技术

资料来源：易观《2018 中国云计算 IaaS 市场专题研究报告》。

报告同时指出，国内云计算厂商在分布式计算方面取得较大进展，如华为 FusionCloud 融合云计算解决方案、淘宝 Fourinone 分布式计算框架、七牛全分布式架构等；而国外品牌在虚拟化内核技术上居于领先，国内企业正努力追赶、缩小差距，同时中国复杂多元的互联网环境和应用场景也对中国云计算的自主创新提出了更高要求；阿里云飞天并行计算框架 Fuxi、青云 QingCloud 的 Hadoop 大数据集群服务等，使云计算厂商能够应对大规模计算的复杂应用。[①]

2017 年，人工智能和大数据是云计算领域备受关注的话题。2018 年，在 AI 基础上，容器、超融合、物联网、边缘计算等新型技术快速涌现，大大加快了云计算的落地速度，各大云服务厂商围绕这些技术相继开始了新动作。

"云 + 物联网"方面，阿里云于 2018 年 3 月宣布进入 loT，将为物联网提供底层架构服务，与更早入局者华为展开博弈。百度推出智能边缘 BIE（BaiduIntelliEdge）、DuHome 以及 DuGo 等产品，同样围绕物联网打造优势。

[①] 《2018 中国云计算 IaaS 市场专题研究报告》，易观，2018 年 9 月 25 日，https：//www. analysys. cn/article/analysis/detail/20018759。

"云 + 边缘计算"方面，腾讯于同年 5 月提出用"连接"构建云时代"三张网"，其中智联网的特点就在于对边缘计算的重视。"云 + 超融合"方面，IDC 统计数据显示，2017 年中国超融合架构市场实现 115.3% 的高速增长，政府、教育、电信等行业开始超融合应用的尝试，其中，新华三、华为、深信服三家市场份额逾 63%。[①] 而对于近年崛起的热门领域区块链，众多云计算厂商仍怀抱观望的态度，相关落地应用较少。总体来说，云计算软硬件技术发展较为迅速，新技术和新产品不断涌现。

中国云计算发展的 PEST 分析见图 15。

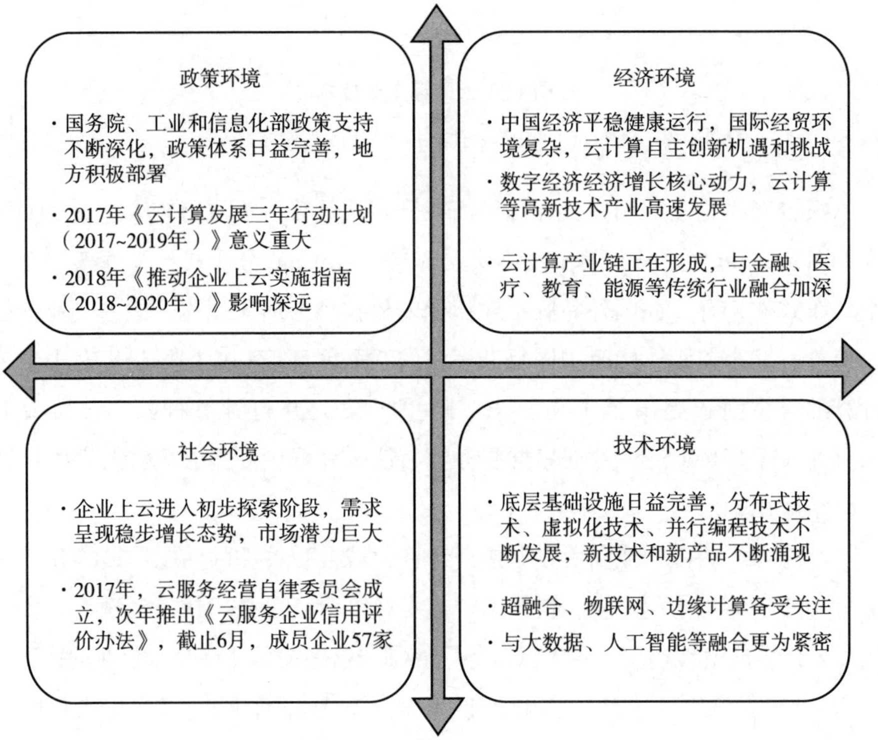

图 15 中国云计算发展的 PEST 分析

---

① 《中国超融合市场跟踪研究报告 2017Q4》，IDC，2018 年 5 月 8 日，https://max.book118.com/html/2018/0806/6055053104001211.shtm。

（四）资本涌动：2017～2018年投融资动态盘点

2017～2018年云计算领域发生了诸多投融资事件，具体见表2。

表2 2017～2018年云计算领域投融资动态

序号	厂商	时间	融资情况
1	ZStack	2017年1月	完成A轮数千万元融资,阿里云领投
2		2018年12月	完成1亿元融资,由深创投领投,此次融资将应用于深耕云计算的产品化能力、核心技术的研发创新、渠道伙伴生态系统建设三大方向
3	UCloud	2017年3月	完成D轮9.6亿元融资,由元禾控股、中金甲子共同投资
4		2018年6月	接受中国移动E轮战略投资,金额未透露
5	云英	2017年5月	完成A轮7000万元融资,达晨创投领投,云启资本跟投
6	BoCloud	2017年5月	完成B轮近亿元融资,由东方富海、元禾控股联合领投
7		2018年6月	完成B+轮近亿元融资,由京东云和京东金融蝉联投资
8	迅达云	2017年6月	完成B轮1亿元融资,由国科嘉和投资
9	数梦工场	2017年6月	完成A轮7.5亿元融资
10	青云	2017年6月	完成D轮10.8亿元,由招商证券国际、招商致远资本、融汇资本、中金佳成、泛海投资领投
11	云途腾	2017年12月	完成B+轮1.08亿元融资
12	金山云	2018年1月	完成D轮7.2亿美元融资,投资方为天际资本、Forebright、骊悦投资者、顺为投资者和金山软件等
13	白山云科技	2018年1月	宣布完成3.3亿元C轮融资,阿尔法资本和春珈资本领投,资金主要用于技术研发和产品创新
14		2018年6月	宣布完成C+轮融资2.4亿元,由贵州省大数据产业基金等投资
15	时速云	2018年1月	宣布完成B轮融资近亿元,泰达科技领投,原投资方继续跟投
16	焱融云	2018年1月	Pre-A轮融资,信雅达领投,思科瑞新跟投,资金用于渠道、销售和市场建设,继续加强技术研发力量
17	泽塔云	2018年1月	宣布完成招商银行B轮融资,资金用于布局国内市场渠道体系,加加大研发投入
18	华云数据	2018年1月	获国联集团战略融资
19		2018年6月	完成Pre-IPO轮10亿元融资,由东方证券、广发证券、清华控股等融资

续表

序号	厂商	时间	融资情况
20	紫光集团	2018 年 3 月	投资 120 亿元正式进军公有云市场
21	星辰天合	2018 年 4 月	宣布完成 C 轮融资 2.4 亿元,恩颐投资领投,东北极光创投领投,红点中国、启明创投跟投
22	EasyStack	2018 年 5 月	多家人民币基金联合投资 3 亿元 C + 轮
23		2018 年 8 月	京东集团战略投资 C + + 轮,双方在技术、产品、市场等层面战略合作

资料来源：据公开资料整理。

二 痛定思痛：云计算发展观察与展望

（一）云计算持续发展中，安全与风险问题需解决

伴随着云概念的提出与推广，越来越多的企业将数据迁移至云端，云计算安全性问题也一直处于热议高位。用户面临的云安全威胁主要涉及三个方面：保密性（数据泄露问题）、可用性（业务连续性故障）、完整性（主机被入侵）。[①] 其中最主要的就是数据泄露问题，在搜索引擎上敲下"亚马逊AWS"与"数据泄露"关键词后，页面上很快跳转出众多云安全事故，包括医疗数据和选民信息被泄露、员工非法出售客户信息、绝密文件遭暴露等。较为引人注目的事件如：2016 年 9 月，Cloudflare（美国跨国科技企业）数百万网络托管客户数据被泄露（数据泄露事件）；2017 年 3 月，微软Azure 公有云存储故障导致用户业务受影响超过 8 小时（业务连续性故障）；2017 年 6 月，亚马逊 AWS 共和党数据库中美国 2 亿选民个人信息被曝光（数据泄露事件）。

云计算面临的各类安全问题削弱了众多企业对云的信心。SolarWinds

---

① 陈妍、戈建勇、赖静、陆臻：《云上信息系统安全体系研究》，《信息网络安全》2018 年第4 期。

（美国网络安全公司）发现，公共部门对公共云的不信任程度很高，41%的中央政府组织及79%的NHS信托基金都没有将所有内容迁移到云端的计划。[1] 英国软件公司Advanced发布的一份调查报告也显示，接受调查的一半英国组织担心云安全问题。

中国信息通信研究院的一次大规模调查（2018年8月发布）显示，被调查企业中45.3%未使用云服务，一方面意味着云计算行业将会有较大的潜在市场，另一方面也显示了企业对云安全的担心。工业和信息化部于2018年12月发布的《2018年第三季度网络安全威胁态势分析与工作综述》显示网络安全态势呈现四个特点：其一，用户数据泄露事件多有发生，涉及互联网、物流、酒店等多个行业，最高达上亿条信息；其二，云计算平台相继发生故障，出现大规模用户访问异常、用户数据丢失等问题；其三，勒索病毒多，如阿里云平台在第三季度共拦截约836亿次攻击；其四，网络安全漏洞仍然是工业互联网面临的主要安全威胁之一。[2]

从云计算安全风险的构架来看，云安全涉及多个层面与多个维度，包括：IaaS、SaaS、PaaS层风险，人员风险，管理流程风险，合规风险，开源风险等，如图16所示。

对于上云企业而言，云安全与迁移成本是其是否选择上云的两大关注焦点。由此延伸出三大讨论：（1）选择：企业上云如何判定云服务提供商的安全性？（2）责任：保护责任由云服务提供商承担还是由云用户承担？（3）目标：如何守卫云安全？

1. 选择：企业上云如何判定云服务提供商的安全性？

企业用户在考虑上云时通常需要考虑提供商的安全性、价格与服务能力等综合指标。在云服务厂商层出不穷的市场上，企业用户无法对各厂商做出

---

[1] 《IDC圈云计算是否会减少数据中心的工作机会？》，2018年3月2日，https://xueqiu.com/S/SWI/2018-12-27。

[2] 《2018年第三季度网络安全威胁态势分析与工作综述》，2018年12月3日，http://www.miit.gov.cn/n1146285/n1146352/n3054355/n3057724/n3057734/c6521880/content.html。

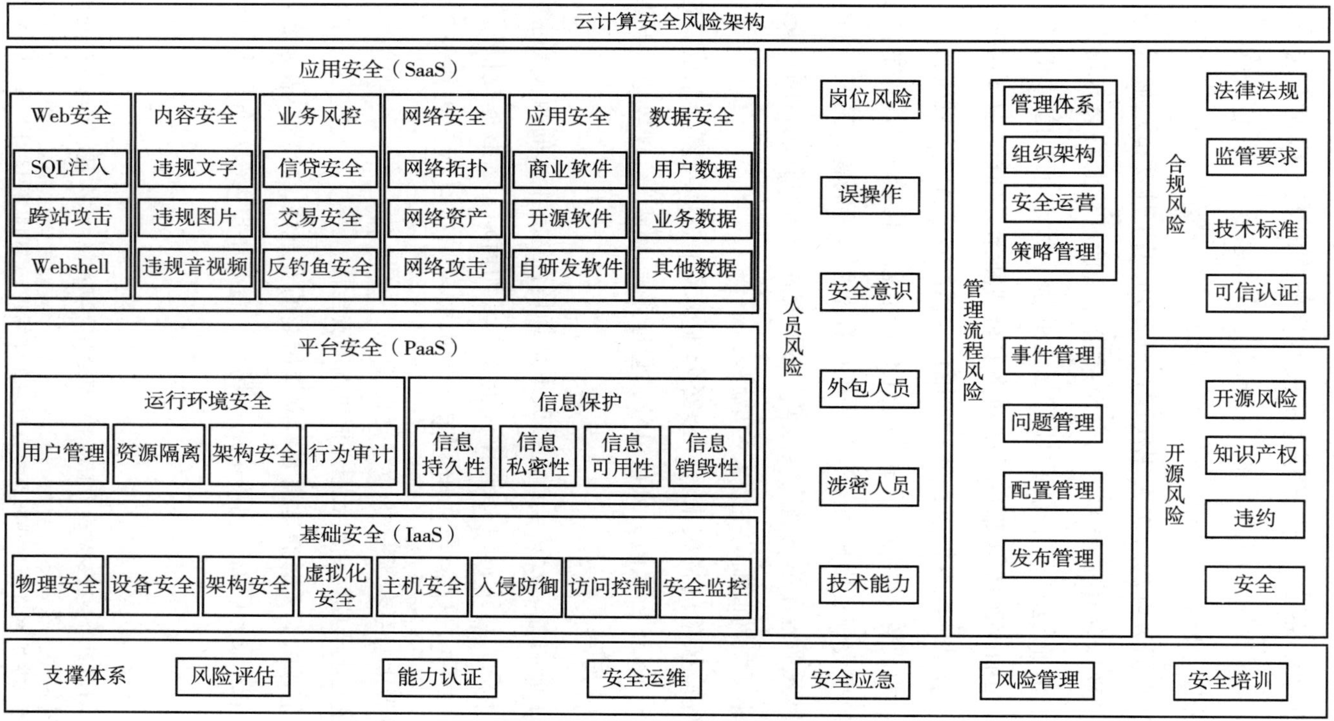

图16 云计算安全风险架构

资料来源：中国信息通信研究院：《云计算发展白皮书（2018）》，2018 年 8 月 13 日，http://www.caict.ac.cn/kxyj/qwfb/bps/201808/P020180813540725575770.pdf。

全面的判断时，一个双向信任的第三方评估机构就成为市场诉求。

国务院 2015 年发布《国务院关于促进云计算创新发展 培育信息产业新业态的意见》，保障措施里提到"支持第三方机构开展云计算服务质量、可信度和网络安全等评估测评工作"。在中国信息通信研究院开展的一项调查中，2/3 以上的企业认为有必要开展第三方安全和服务质量评估。[①] 以上均说明了第三方评估的重要性。

在云厂商评估方面，IDC 曾发布《中国云服务提供商 2017 厂商安全评估》，该报告对国内 11 家厂商进行评估，国内也先后有不同机构（如艾瑞咨询、听云）出过第三方评估报告，但缺少一个权威的商业评估机构。

此外，数据中心联盟 2014 年推出的"可信云服务认证"影响力较大。数据中心联盟由工业和信息化部信息通信发展司指导成立，主要针对云计算、大数据、移动互联网等领域展开标准研究、测评等工作。2014 年数据中心联盟组织推出了"可信云服务认证"，测评工作主要由中国信息通信研究院开展，可信云官方介绍其为"我国唯一针对云计算信任体系的权威认证体系"。众多云厂商将其视为一项重要认证。

2. 责任：谁该为云安全负责？

在谈及云安全问题时，决定谁该为此负责是一个不可忽视的议题。目前有三种模式可供选择：云计算厂商承担、云服务客户承担或者选择责任共担。

首先值得一提的是，欧盟《通用数据保护条例》（GDPR）的实施被视为个人数据保护的里程碑事件。该条例于 2018 年 5 月正式实施，适用于所有处理欧盟成员国公民个人信息的企业，该条例限制了企业收集与处理欧盟公民个人信息的权限，目的是将信息的控制权交还给用户。任何收集和使用用户信息的企业需获得用户书面授权，并对信息承担保护责任。这一数据保护规则对云计算厂商的数据保护责任提出了更高的要求。

---

① 中国信息通信研究院：《中国私有云发展调查报告（2018）》，2018 年 3 月 29 日，http：//www.cbdio.com/BigData/2018 - 03/29/content_ 5696607.htm。

从全球云计算行业来看，责任共担模式在业界已经达成共识，但还没有形成统一的责任共担模式。[①] 何谓责任共担模式？举例说明：小区公共治安维护由保安和片警负责，而各业主需要为自己住所的防火防盗承担相应的责任，就是典型的责任共担模式。

国外云计算厂商亚马逊 AWS 与微软 Azure 均采用了与用户共担风险的安全策略，即责任共担模式。以亚马逊 AWS 为例，在其责任共担模式中，AWS 负责"云本身的安全"，包括保护所有运行云服务的基础设施（硬件、软件、网络和设备），而客户需要负责"云内部的安全"，具体范围取决于客户所选的服务，如 IaaS 层要求客户执行必要的安全配置和管理任务，如管理来宾操作系统更新和安全补丁，配置 AWS 提供的防火墙等任务。[②] 在国内，阿里云与腾讯云均采用了责任共担模式，以腾讯云为例，在不同服务模式（IaaS、PaaS、SaaS）中，客户、腾讯云以及共担部分的责任划分不同，见图17。三种服务模式中，数据安全部分均由客户负责，物理和基础构架安全均由腾讯云承担。

	IaaS	PaaS	SaaS	
客户的责任	数据安全	数据安全	数据安全	共担责任
	终端安全	终端安全	终端安全	
	访问控制管理	访问控制管理	访问控制管理	
	应用安全	应用安全	应用安全	腾讯云的责任
	主机和网络安全	主机和网络安全	主机和网络安全	
	物理和基础构架安全	物理和基础构架安全	物理和基础构架安全	

图 17　腾讯云责任共担模式

资料来源：《云上安全：不得不说的责任共担模型》，2018 年 9 月 17 日，https：//cloud. tencent. com/developer/article/1340083。

---

① 中国信息通信研究院：《云计算发展白皮书（2018）》，2018 年 8 月 13 日，http：//www. caict. ac. cn/kxyj/qwfb/bps/201808/P020180813540725575770. pdf。

② 《亚马逊 AWS 责任共担模式》，2018 年 12 月 27 日，https：//aws. amazon. com/cn/compliance/shared – responsibility – model。

3. 守卫：如何守卫云安全？

笔者认为守卫云安全涉及多方主体：云服务提供商、用户、政府（监管）层面、法律层面以及第三方云安全服务商。

政府（监管）层面。2014 年底，中央网信办发布《关于加强党政部门云计算服务网络安全管理的意见》，提出加强党政部门云计算网络安全管理的必要性。2015 年，国务院颁布《关于促进云计算创新发展培育信息产业新业态的意见》，首提云计算产业发展中云安全的重要地位。此后相关部门出台系列文件，细化云安全发展具体措施：2016 年 8 月，中央网信办发布《关于加强国家网络安全标准化工作的若干意见》；2017 年 5 月，公安部发布《信息安全技术网络安全等级保护基本要求第 2 部分：云计算安全扩展要求》，并于 2018 年 5 月正式实施；等等。系列文件和标准的出台，使得保卫云安全在政府层面得到有效推进。法律层面，《中华人民共和国网络安全法》于 2016 年 11 月由全国人大常委会发布，已于 2017 年 6 月开始实施，或许随着数字经济的发展，更多法律法规将会颁布。

第三方云安全服务商层面。云安全服务商可根据服务集成度分为两类：平台型与专业型。平台型提供单项的云安全服务，也提供云平台整体解决方案，而专业型仅提供特定云服务。由于缺少信息安全专家，众多公有云企业用户只能依靠云服务提供商或第三方云安全服务商进行技术性防护。云安全服务市场也将成为一个新蓝海。Gartner 研究表明，全球云安全服务将保持强劲增长势头，云安全服务市场的整体增速高于信息安全总体市场，2017 年的云安全市场规模已达 59 亿美元，预计 2020 年市场容量将接近 90 亿美元。

（二）从上云到多云部署，多云管理的痛点和机遇

从政策到市场环境，企业上云已是大势所趋，如今企业面临的选择并非是否上云，而是挑选何种模式的云来满足自身业务属性、成本、安全性等方面的需求。通常情况下，企业拥有多样化的云计算选项，这就引出了"多云"的概念。在公有云和传统数据中心无法满足企业全部需求时，采用混合云的模式部署自身 IT 架构成为很多企业的优先选择。

同时，不少企业倾向于使用多家厂商的云服务，一来是为适应不同业务场景的需要；二来可以降低风险，也避免被特定供应商绑定，当一方出现问题时，还有其他云厂商可以提供服务；三来为了节约总成本，云厂商的一些产品或解决方案价格有高有低，通过多云可以搭配出成本更低的组合。

但随着混合云部署、跨云部署的多云部署成为新常态，"多云管理是目前IT用户在云计算中面临的首要问题"，IDC中国企业级研究部研究经理李昭认为，需要打造面向应用感知的多云管理，实时自动化扩展基础架构与应用生命周期管理，实现先进的监测、分析与应用可视性。多云情况下，数据经常需要跨云动态迁移，对一致性、低时延等形成挑战；有的应用需要在多个异构环境下部署，统一管理不易；有的需要跨云进行灾备和恢复，运维难度增加……同时，由于人力成本、技术能力等的限制，企业较难调配足够的技术人员进行多云管理。

面对这些难题和企业的迫切需求，多云管理市场崛起。面向企业多云资源管理管控的多云管理平台和应用渐成风气。计世资讯（CCW Research）数据显示，2017年中国云管理平台市场规模达13.5亿元，同比增长39.2%，预计2018年达到43.7%的增速，并预测到2022年这一市场规模将达到45.2亿元（见图18）。然而到目前为止，能驾驭多云的云管理厂商并不多，多云管理领域处于发展的初级阶段，市场潜力不可小视。

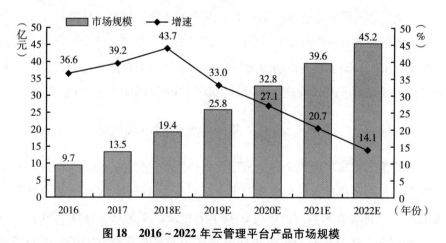

图18　2016~2022年云管理平台产品市场规模

资料来源：CCW Research。

同时，行业标准正逐步建立，2018 年 3 月，中国信息通信研究院和开源产业联盟开启可信云·多云管理平台测评。截至同年 8 月，新华三、联通沃云、中兴通讯、浪潮软件等获多云管理平台解决方案可信评估证书。未来预计更多的服务商会加入多云管理领域，帮助更多用户更便捷地跨越云计算基础架构来管理、迁移和整合应用。

（三）边缘计算优势互补，云计算边界不断扩展

边缘计算是指在靠近终端或数据源头的网络边缘上，融合网络、计算、存储、应用等核心能力的开放平台，如熟知的智能手机、智能穿戴设备、智能家居、无人驾驶汽车、智能港口等就近提供边缘智能服务，满足行业数字化在敏捷连接、实时业务、数据优化、应用智能、安全与隐私保护等方面的关键需求。

伴随着市场深入和场景深化，云计算自身的不足开始显现。首先是大数据的传输问题，对网络带宽的要求越来越高。英特尔公司首席执行官柯再奇曾在演讲中预测，截至 2020 年，每人每天平均将产生 1.5GB 的数据量。2015 年物联网相关报告显示，到 2020 年，全球通过互联网连接的设备将增长到 500 亿美元。各种设备生成的数据呈指数级增长，以中心服务器为节点的云计算可能遭遇带宽瓶颈和拥堵压力。其次，数据中心的计算功能发挥需要很大功耗，如何规划处理高负载带来的高能耗问题，是数据中心的重点研究议题。最后，随着云端连接的数据量越来越大，海量数据处理的即时性和安全性问题也日益突出。

在边缘计算中，有更多的节点来负载流量，同时更靠近终端设备，有效地避免了网络拥堵等问题，带来更快的数据传输和更及时的数据处理。可见，边缘计算恰好能在某些方面弥补云计算的不足，有效扩展云计算的边界，创造新的云计算中心和云端终端业务架构。边缘计算和云计算早已不是谁"终结"和"替代"谁的关系，边缘计算解决了云"最后一公里"的供应问题，成为云计算在未来发展中的重要落地支撑，进入优势互补、协同发展的新阶段，共筑 Win-Win 开放生态。

华为业务总裁阎力大关于"云端协同"有过精彩比喻：章鱼在无脊椎动物中智商最高，拥有巨量的神经元，其中60%分布在腕足；但看起来用"腿"思考并解决问题的章鱼在捕猎时腕足之间从不会打结，这得益于它们类似于分布式计算的"多个小脑 + 一个大脑"。在物联网将要起飞的今天，边缘计算作为"神经末梢"，直接、即时地在边缘设备处理生成的大量数据，主要关注响应时间、功耗、成本、体积和隐私安全。云计算作为"大脑"，存储、处理、分析边缘计算处理不了的数据，并反馈至终端设备，增强局部边缘计算能力；更强调处理能力、内存容量、精度和带宽，同时追求低延时和低功耗。云计算和边缘计算协同发展关系见图19。

图19 云计算和边缘计算协同发展关系

资料来源：易观《中国云生态市场年度综合分析2018》。

目前，不少企业均开始探索边缘技术及应用，开始在边缘计算领域布局。中国联通2018年上半年启动全国15个省份规模试点，探索 MEC 边缘云商业场景；中国电信、中国移动也不甘示弱，前者开启三大重点规划，后者于 2018 年 10 月成立边缘计算开放实验室，吸引华为、BAT、Intel 等 34 家合作伙伴入驻。华为 2017 年推出"无边界计算"战略和边缘计算 EC-IoT 方案。其中，云巨头对于边缘计算的热情高涨、投入力度增强。阿里云打造"云＋边＋端"一体化计算平台，推出 IoT 边缘计算产品 Link Edge；百度云发布智能边缘产品 BIE；小米与金山云联合发布智能加速网络产品"1km 边缘计算"；等等。"云端协同"无疑正迎来加速度。

（四）新兴技术交叉融合，颠覆与再造传统产业

云计算本质上是由数字技术驱动的商业模式创新。首先，云计算是一种把软件、基础设施和平台变成服务，并通过网络将这种服务租用或售卖给用户（企业级或个人级）的商业模式。在数字经济时代，云计算还是发掘、开采和利用数据资源的五大重要技术之一，云计算、大数据、人工智能、物联网和区块链五大技术的不断融合将促进新一轮信息技术的跨越式发展，实现对传统发展模式的颠覆与再造。

云计算、大数据与人工智能结合。人工智能以云计算和大数据为基础支撑，深度学习和机器学习是人工智能技术发展的关键核心技术，是实现人工智能的重要方法。云计算积累的大量数据给机器提供了学习素材，机器通过算法分析数据，并自动归纳总结成模型，最后使用模型做出推断或预测，以实现人工智能。而深度学习是 AI 技术应用于现实的基础，数据越充足、计算能力越高，得出的结果就越准确。目前，人工智能语音识别、机器视觉识别、图像处理等技术已经在多领域应用，未来人工智能将在自动驾驶、游戏（VR 游戏）、医疗（智慧医疗）、金融（智能投顾）等领域推动产业革命。

云计算与区块链结合。云服务商给用户提供服务的过程中需要对大量数据进行储存和管理，用户将信息储存在云平台以便随时取用。面临的安全隐患是，若云储存服务器遭遇攻击，或云服务提供者未经授权对数据进行访问，便有可能导致用户信息被篡改或遭到破坏。在区块链的分布式储存逻辑中，通过共识机制建立公共信息账本，信息便天然拥有不可篡改、可溯源等

特性。区块链技术与云计算技术的有效结合可使信息被破坏或被篡改问题得到解决。

大数据与区块链结合。区块链的本质是一种生产关系，去中心化的信任机制可以使信息脱离原有数据中心的控制，即信息的传输不依靠任何第三方，其可信任性通过集体维护和数学方式得到保证。在区块链技术下，资产交易（如股权交易）信息可被数字化，转移便捷、不可篡改，大大降低了交易资金与时间成本，这是资产数字化大势所趋。而区块链和大数据是生产力发展的天然结合。

三 从标杆案例透视云计算在数字创意
产业领域的应用前景①

（一）视觉资源云端共享，云渲染技术助力影视场景体验升级和效率提升

在互联网时代，规模优势下云计算产生的巨大边际利润为视觉产业革命提供了原动力。在电影特效领域，云渲染技术为用户提供了全方位、多角度、融入化的展现效果，加快了电影在制作过程中的图形处理速度，保证了虚实融合的服务质量、用户沉浸感和实时性，从而实现了电影全方位的效果展现。

传统电影制作、家居设计等产业视觉渲染效率低下，根本原因是自行采购设备，不仅采购和维护成本巨大，而且项目流程复杂，设备经常会产生空置期，用户体验很差，视觉体验无从谈起。云渲染快速扩展计算资源，按需付费节约成本、提高工作效率、缩短工期，为电影和创意设计产业带来了新的改变。云渲染能够根据影视动画制作的过程需求，开发出更多自助化管理功能，用户通过自助功能帮助影视企业完成文件管理，实现渲染项目自助化

---

① 倪卫涛：《超级 IP 和惊奇创意背后，云计算是如何改变视觉产业的？》，http：//www.sootoo. com/content/660389. shtml。

管理。渲染结果存储于渲云客户端，异地提交，异地接收，实现了视觉渲染过程的异地化管理。云渲染技术势必成为电影、室内设计等视觉行业的革新者，基于云计算的电影制作流程在空间无限开放、资源无限共享的云端完成，所有用户之间实现资源共享，视觉产业基于云端的共享经济发展势不可当。

在引爆用户创意和服务的自助商业模式下，云渲染凭借为影视动漫、家居设计等视觉产业提供智能、高效的自助渲染服务，进而形成视觉产业生态链。

（二）从版权云到云视频，云计算助力版权保护精细化和版权资产开发多元化

在数字化、网络化的环境下，版权作品的流通具有生产海量化、传播碎片化、使用个性化的特点。按照世界创意产业之父霍金斯的说法，"版权是创意产业流动的货币"。2012 年 5 月，在中国版权保护中心指导下，由北京东方雍和国际版权交易中心、北京版银科技有限责任公司、北京云视天创科技有限公司、北京慧点东和信息技术有限公司发起，联合新华社、作家出版集团、珠江电影集团等机构共同建设的新型数字版权流通平台"版权云"于 5 月 30 日启动，这是数字技术应用于版权保护的标志性事件。"版权云"是国内首个开放式服务平台，依靠创新的商业模式和先进的信息技术手段，实现了基于标准合约的版权作品快速授权和快速使用。"版权云"平台上集成了各类标准化合约交易工具，版权交易在使用中按照标准化合约自动完成。版权方可便捷地接入各类版权使用方平台，增加版权交易可能性，扩大版权运营渠道，增加版权收益；同时版权使用方的可用版权范围有所扩大，版权使用的即时性和资金使用效率有所提高。这种快速授权、快速使用的新型版权交易方式减少了大量的中间环节，降低了版权交易成本。"版权云"基于云计算技术，采用国内首创的五层版权资产描述架构，帮助版权企业动态构建端到端的、自动化、智能化的版权供应链，并提供了相应的基础支撑环境。

2015 年 8 月 19 日上海书展上，江西出版集团旗下北京东方雍和国际版权交易中心建立的"版权云"版权银行集群正式上线。这是基于"互联网＋"理念的一次"版权云"服务平台升级，对于版权买卖双方而言，这个平台将是各类版权的类"淘宝"平台。这个平台将原创图片、文字、音频、视频等放进"版权云"里，并建立起一个"互联网＋版权"的在线交易平台，将种类繁多、权属复杂、海量、发散、价值具有不确定性的文化产品、文化资本和相关专业人才聚合起来，用互联网的方式解决互联网版权流通问题，内容传播通道就是授权通道，所见即可用，即用即授权。版权银行由版权方网上"开店"、平台审核、客户购买 3 个基本环节组成。这其中涵盖了剧本平台、品牌授权平台、图片平台、视频平台等在内的细分专业平台，让所有文化创意企业可以更便捷、以更低成本、更合规范地利用各类版权资源，也让版权所有人能够实现版权价值的最大化。在此过程中，通过版权流通规范的制定，理顺版权流通渠道，提高版权流通效率，降低版权流通成本，减少版权流通纠纷，加大版权流通规模，促进了数字版权产业全链条协同发展，可以发挥正版作品"良币驱逐劣币"的作用，有效提升互联网的"正版力"。

2018 年 12 月，第六届中国网络视听大会上，腾讯云推出的一系列产品把云计算与版权的关系推到了一个新的高度。腾讯云视频分析基于领先的音视频 AI 技术，为客户提供视频智能识别、智能编辑等功能。为广电新媒体、短视频、泛娱乐及在线视频的媒资管理及媒资生产等场景提供一体化解决方案。其中智能识别包含对视频人像、声音、文字、物体等的多维度识别，进行智能化标签输出；智能编辑包含智能集锦拆条、智能封面分类、视频版权保护等功能。借助腾讯云在图像识别领域的领先技术，对视频内容进行智能分析，对内容中的信息包括任务、场景、语音、文字等进行标记，输出符合用户偏好和需求的封面、标签或检索结果，满足客户的视频分析需求。

腾讯云月光魔方流量变现 SSP（Supply-Side Platform）则为流量主提供商业变现平台。该平台依托腾讯多年自身的广告变现经验打造，媒体无须自己搭建 SSP 系统，只需通过配置资源和广告位，快速接入 SSP，就能实现流量变现。媒介主可以灵活组合多种售卖模式，从品牌到效果，从自售到托管，获得最大化的媒体变现收益。针对视频直播行业，腾讯将 AI 识别技术运用在广告位创新上，特别定制了集锦广告、闲时广告等多种广告形式，通过实时识别直播画面，即时、无缝地植入广告，丰富媒体库存资源，突破媒体收益瓶颈。系统同时提供完整链路闭环的多维度可视化数据报表，便于媒体时刻关注收益，灵活调整策略。

B.4
人工智能赋能数字创意产业

刘　爽　吴思怡

摘　要： 本报告对人工智能行业整体发展概况、人工智能在我国的发展及相关政策支撑、其面临的瓶颈问题及未来发展态势进行了系统介绍，在此基础上结合标杆案例梳理了人工智能与数字创意产业结合的方向和特征。

关键词： 人工智能　智能＋　大数据　数字创意产业

"经济的数字化转型发展是全球新一轮科技和产业革命最典型的标志，其中最关键的动力是来自人工智能等前沿技术的创新突破。"工业和信息化部副部长辛国斌在 2018 中国 IT 市场年会上如是说。当前，数字经济已经成为驱动新旧发展动能转换的关键力量，人工智能作为信息革命的重要动力，也成为拉动数字经济发展的关键引擎，也是推动传统产业生产要素、组织形态、发展理念、商业模式等实现全方位变革与突破的核心力量。随着技术的不断进步，人工智能已经逐渐渗透各行各业，成为实体经济与数字经济融合创新的有效载体。

经过多年发展，我国的数字经济已经走过了萌芽期、成长期，正在迈入量质齐升的新阶段。2019 年政府工作报告中提出要"深化大数据、人工智能等研发应用，培育新一代信息技术、高端装备、生物医药、新能源汽车、新材料等新兴产业集群，壮大数字经济"，"智能＋"时代呼之欲出，人工智能已经成为数字经济发展新阶段的核心力量。

一 人工智能行业概况

2018 年，世界人工智能大会在上海召开，习近平主席专门发来贺电，提出"共享数字经济发展机遇，共同推动人工智能造福人类"。在中共中央政治局第九次集体学习时，再一次强调了加快发展新一代人工智能的意义，指出人工智能是新一轮科技革命和产业革命的重要驱动力量，是直接关系到我国能否紧紧抓住新一代科技革命和产业变革机遇的战略问题。

人工智能是能以与人类大脑相似的方式做出反应的智能体。这个概念最早诞生于 80 年前的一部科幻巨作，如今，这个新名词已经开始全面渗透我们的世界，悄然掀起一场新的科技革命和产业革命。

（一）国家战略，政策利好

技术的革命、资本的哺育和政策的支持一直以来都是相辅相成、相互推动的。我国政府从战略布局高度发布了一系列政策为人工智能产业的发展提供支持（见表1）。

表1 近期涉及人工智能重要文件

时间	文件	实施主体	内容
2016.5	《"互联网＋"人工智能三年行动实施方案》	国家发改委、科技部、工信部、中央网信办	明确了要培养发展人工智能新兴产业
2016.7	《"十三五"国家科技创新规划》	国务院	研发新一代互联网技术以及发展自然人机交互技术
2016.9	《国家发展改革委办公厅关于组织申报"互联网＋"领域创新能力建设专项的通知》	国家发改委	提到人工智能的发展应用问题
2017.1	《关于促进移动互联网健康有序发展的意见》	中共中央办公厅、国务院	提到人工智能、虚拟现实、增强现实等新兴关键技术布局
2017.3	《政府工作报告》	国务院	人工智能首次被写入政府工作报告，全程由科大讯飞语音实时转写
2017.7	《新一代人工智能发展规划》	国务院	对人工智能发展做出详细规划和明确政策支持，人工智能上升到国家战略

资料来源：根据公开信息整理。

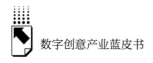
在 2017 年 7 月国务院发布的发展规划中，提出到 2030 年中国人工智能产业竞争力达到国际领先水平，核心产业规模超过 1 亿元，带动相关产业规模超过 10 万亿元。

中短期来看，人工智能技术与机器人和大数据的联系将会大幅拓宽传统产业的互联网转型升级之路，与我国产业结构调整方向高度吻合。放眼长远，人工智能是关系到国家经济转型和国家安全的支撑性技术，而中国在人工智能的众多领域与国际先进水平差距不大，在数据规模上具有独特优势，有望在新一轮国际产业洗牌变局中占领先机。

（二）技术飞速发展，投资热潮迭现

将时间倒回 2016 年春天，在那场全球瞩目的人机大战中，以 AlphaGo 为代表的人工智能战胜了韩国围棋九段棋手李世石，人类开始真正感受到人工智能的巨大力量。随着技术的飞速发展，人工智能正在点点滴滴的细节场景中改变着人们的生活模式和生产方式。在一系列利好政策的影响下，大量资本涌入了这个新兴技术领域。

从全球市场看，亚马逊、谷歌、苹果等巨头公司已经逐步落地人工智能在相关领域的应用。综观国内，在国家政策大力支持下，百度、阿里、京东这样的互联网巨头和科大讯飞、海康威视这样的技术龙头，还有思必驰、旷世科技这样应用层的年轻公司都在进行重度资源投入，人工智能领域成为中国股权投资机构最关注的领域之一。

随着资本市场对人工智能的认知不断深入，投资越来越趋于理性。就我国国内而言，过去 3 年中，企业服务、大健康、金融、机器人、汽车和行业解决方案的人工智能是最热门的投资方向；从二级细分行业来看，企业服务中的智能营销、金融中的智能风控、大健康中的智能影像诊疗以及机器人中的服务机器人是人工智能细分领域的热门投资对象。

从投资轮次来看，获投 A 轮的公司占比仍然最高，战略投资开始逐渐增多。截至 2018 年第一季度，我国共有 580 家人工智能企业获得投资，其中种子和天使轮的占比开始逐渐缩小，投资人对 A 轮仍然保持着较高的热

情，A 轮目前是获得投资频次最高的轮次。随着人工智能市场板块的逐渐成熟，长期合作发展的战略型投资将成为投资的主要方向，这也预示着人工智能行业与周边产业在资本层面的战略合作开始增多，人工智能作为一种大家都无法离开的基础设施，不断催生新科技、新产品、新产业、新模式，深刻改变人类的生产生活方式、全球经济格局和经济结构，在新的国际竞争格局中成为决胜未来的"关键密钥"和"重要砝码"。

（三）AI 独角兽企业步步扩张

2018 年 11 月 2 日，胡润研究院发布《2018 第三季度胡润大中华区独角兽指数》（Hurun Greater China Unicorn Index 2018 Q3），2018 前三季度新增独角兽企业 86 家，完成 IPO 退出榜单 20 家，与其他公司合并退出榜单 3 家；其中第三季度新增 34 家，完成 IPO 退出榜单 10 家，与其他公司合并退出榜单 1 家，全国独角兽企业已达 181 家，该数据截止日期为 2018 年 9 月 30 日。

虽然人工智能企业本身作为一个细分类别占比不是最高，但上升趋势明显，更重要的是，大多数独角兽企业都与 AI 技术的渗透使用不可分割，随着 AI 技术的成熟与完善，它将像互联网一样，为其他行业提供基础性的服务，以服务赋能新兴产业整体发展。

研究公司 Gartner 的研究报告显示，人工智能行业的总价值在 2018 年达到 1.2 万亿美元，较 2017 年增长 70%。面对万亿市场前景，嗅觉敏锐的投资者纷纷布局，人工智能主题的公募基金在这一背景下先后涌现出来。

投资的浪潮推动 AI 独角兽企业进一步迅猛发展。从 2018 年披露的资本市场三季报来看，人工智能板块的成长性较好，收入增速和盈利增速都显著高于传统行业。基础技术层的人工智能上市公司 2018 年前三季度在业绩方面取得了较大突破，板块的营业收入和净利润分别同比增长 21.9% 和 29.9%，净利润同比增长 30%。展望未来，国家将持续加大对 AI 领域的资金、人才、技术等投入，人工智能政策红利有望持续释放，在数据、算力、算法持续快速进步的基础上，人工智能技术不断突破，相关应用场景不断趋于实用化，为布局相关领域的上市公司带来新的利润增长点。

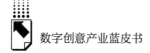

目前，语音识别及翻译开始被用于越来越多的场景，计算机视觉在安防、医学影像等领域正快速落地，智能驾驶总体处于快速发展阶段，AI 基础层和应用层两个维度的投资机会依然被看好。

在金融、交通、安防等领域，人工智能相关技术的渗透率正在快速提升，这将给相关领域的企业带来发展机遇。此外，服务机器人、计算机视觉、芯片、智能教育、企业服务、智能语音、金融科技等领域的企业融资态势良好。在这样的趋势下，二级市场人工智能概念板块有望进入新一轮增长期。

二 人工智能产业存在的问题

（一）资本市场泡沫隐现，遗留问题逐渐暴露

1. 资本市场存在泡沫，行业面临残酷洗牌

自 2013 年以来，我国人工智能产业投融资规模一直呈上涨趋势，尤其是在 2015 年、2016 年和 2017 年，投融资规模的增长率都在 50% 以上，是当之无愧的投资风口。如图 1 所示，仅 2018 年上半年融资规模就达到了402 亿元，比 2017 年全年的融资规模高出 64 亿元，这其中的主要原因在于商汤科技、云从科技和优必选等企业获得了高额投资。

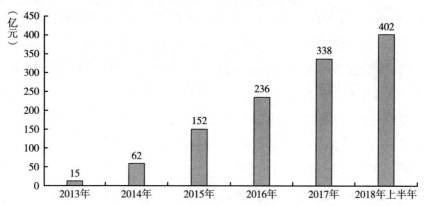

图 1　2013 年至 2018 年上半年中国人工智能产业融资情况

资料来源：前瞻产业研究院。

资本盛宴很容易冲昏人的头脑，把轻盈易碎的泡沫当作结实璀璨的霓虹灯。资金的大规模涌入是否带来了等值的产出？从目前的结果来看，答案是否定的。在众多人工智能企业中，实现盈利的凤毛麟角，大部分仍处于"烧钱"的阶段。前期对技术的估计过于乐观导致对资本期望的回报过高，但基于深度学习技术的第三次人工智能浪潮至今未能交出令人满意的答卷，推理能力、短时记忆能力和无监督学习能力的缺陷使其一直未能达到预期效果。当现有的技术红利消磨殆尽之时，一大批缺乏核心技术的中小企业将面临倒闭的危险。

2. 资本逐渐靠拢头部，马太效应越发显著

如图 2 所示，人工智能产业的投融资规模虽然逐渐增长，但投融资事件数量出现了下降的趋势，单笔投融资数额增大，而且未来这种趋势将更加显著。随着人工智能的产业格局逐渐清晰，资本将越来越青睐于细分领域的龙头企业，因为这些企业整体实力较强，资金的安全性、流动性和收益性更高，而实力相对薄弱的中小企业和初创企业，随着投资风口的流失，投资风险逐渐上升，获得资本支持的难度越来越大，人工智能产业强者愈强、弱者愈弱的马太效应将更加显著。

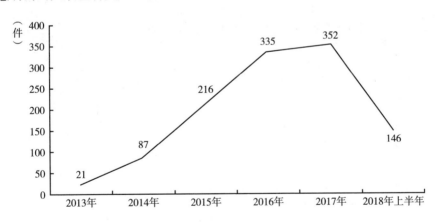

图 2　2013 年至 2018 年上半年中国人工智能企业融资事件数量

资料来源：前瞻产业研究院。

目前，能够获得资本青睐的人工智能企业不足现存企业总数的 1/3，很多企业的项目没有后续资金的跟进将难以为继，面临破产危机。资金的集中

一方面有助于优质项目的发展，另一方面也意味着更多的企业面临资金枯竭从而被淘汰出局的命运。

3.资本追求短期收益，投资层次略显单薄

从投资回报的角度来看，基础层的投资周期长、风险较大，应用层的投资周期较短、风险较低，技术层位于两者之间。目前，我国人工智能产业主要投资领域为应用层。中国信通院数据显示，资金主要流向智能驾驶、大数据及数据服务和"人工智能+"领域，三者相加占投融资总额的86.6%，处理器、芯片等基础层领域和深度学习算法等技术层领域所获投资比例远远低于应用层。综观BATJ商业巨头在人工智能领域的布局也不难发现，其主要投资集中在计算机视觉、智能语音、智能驾驶、无人机以及"AI+"等智慧生活领域，对基础层少有关注。

从投融资阶段来看，如图3所示，2017年至2018年上半年的融资事件虽然主要集中在天使轮和A轮，但规模相对较小，较大金额的融资主要发生在C轮。这说明资金更加偏向于处于成长期的企业，对处于初创期和成熟期的企业关注不够，在某种程度上不利于企业的起步和持久发展。

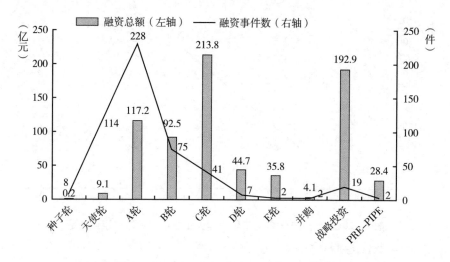

图3 2017年至2018年上半年中国人工智能产业融资阶段分布

资料来源：前瞻产业研究院。

（二）行业存在短视思维，缺乏长期规划部署

1. 产品同质化严重，跨界融合能力不足

有些人工智能企业存在短期套利的思维，将主要精力投入应用层面，基于开发产品实现变现，但是由于缺乏技术研发和个性化竞争优势，产品同质化现象十分严重。以基于语音识别技术的智能音箱为例，全国就有200多家企业进行生产并投入市场，而这些产品无论是从外观还是从使用性能来看都十分类似，很少有企业具备明显优于竞争对手的产品卖点，长此以往，并不利于企业的长期发展。

同国外人工智能企业相比，我国企业普遍具有较深的"门户之见"，过于专注自身的产业链和价值链，缺乏融合发展的动力。未来，人工智能绝不是以孤立的技术和产品形式出现，它将是多种技术的跨界融合，是为人们的工作和生活提供一种全新可能的综合生态系统。以谷歌为例，它的跨界融合发展理念非常清晰，目前已经在芯片、机器学习、云计算等多个领域布局，为日后全域发展奠定了坚实的基础。反观我国企业，BAT巨头主要关注应用领域，科大讯飞、新松机器人等人工智能企业多局限于某一细分领域和某一项技术，缺乏长远的战略思维和相应布局，容易使企业的发展受到限制。

2. 概念炒作乱象频生，商业落地路径不明

人工智能产业的前景被普遍看好，导致大大小小的企业纷纷涉足，原来做大数据、云计算的技术企业也急于赶蹭人工智能的热点，导致人工智能产业整体氛围过于浮躁。以地平线公司为例，其在2017年12月推出了一款芯片，并在宣传中称"这次推出的芯片是中国首款全球领先的高性能、低功耗、低延时的嵌入式人工智能视觉处理器"，然而其发布的产品和中科院计算所推出的人工智能处理器并没有关键技术上的不同，发布时间比中科院还晚了两个月，可以说是一个蹭热度的噱头。类似这种概念炒作在人工智能领域不胜枚举，长此以往必将对人工智能产业的健康发展造成不良影响。

据亿欧公司创始人黄渊普发布的《2018中国人工智能商业落地研究报告》统计，目前我国的人工智能企业90%以上都处在亏损状态中，2017年

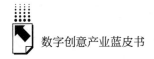

中国人工智能企业的融资规模超过 300 亿元，而产出不过 100 亿元，存在严重的商业落地和变现困难问题。

3. 缺乏统一评估标准，社会化认知不足

目前，我国的人工智能企业有 1000 余家，而上市公司只有 1/10 左右，大部分企业由于没有上市，企业价值并不明晰。人工智能产业是新兴产业，标准化的、受到市场认可的价值评估体系并没有形成，导致对人工智能企业的估值存在很多不客观、不准确的地方。国内人工智能企业模糊的估值使许多投资机构将目光转向了国外市场，硅谷、以色列等价值评估体系较为明晰、国家政策优惠较大的地区和国家成为国内投资方的"新宠"。

与此同时，人工智能企业缺乏有效的宣传途径和手段，没有向社会大众全面展示自身，存在"闭门造车"的现象。目前，社会注意力仍旧主要集中在"人工智能"这个笼统概念，对于其具体的发展路径、技术手段和变现模式的认知比较模糊，很多社会资本仍处于观望状态，没有大规模进入人工智能领域。

（三）硬技术亟待突破，软实力有待提升

1. 基础层面投入不够，核心技术亟待突破

我国人工智能行业在发展过程中，取得了一系列值得骄傲的成绩。在与人工智能息息相关的学科领域，如信息学、控制学、仿生学、计算机学等，都取得了重大的突破，在文字识别、语音识别、中文信息处理、工业机器人、服务机器人方面等领域都拥有相关专利。这些科学上的成就对人工智能的快速发展起到了至关重要的作用。

然而需要关注的是，我国的专利技术主要集中在数字处理系统、数字传输等领域，对人工智能产业发展至关重要的基础层技术，如传感器、芯片等高精尖零部件以及基础平台与数据开放共享等大型智能系统，无论是从技术层面还是产业层面都非常薄弱。以芯片为例，目前，我国大部分企业生产的人工智能产品主要依赖于英特尔、英伟达等国外企业生产制作的芯片。近年来，虽然国内企业在基础层领域有所突破，如中科院计算所推出寒武纪芯

片、中星微开发出星光智能一号、地平线研制出人工智能视觉处理器，但其质量性能和应用范围还远不及美国等发达国家推出的产品，在市场上的竞争力微乎其微。

2. 关键人才缺口加大，整体分布严重不均

近年来，由于人工智能产业的快速发展，相关企业如雨后春笋般纷纷成立，对具有相关学科背景的人才需求急剧上升。截至 2018 年 6 月，我国人工智能企业已达到 1101 家，而每年毕业的相关专业人才不足 2 万人，平均每家企业可获得的人才不足 20 人，人才缺口不断加大。《中国人工智能发展报告（2018）》统计显示，在全球人工智能杰出人才高校中，中国仅有 2 所高校进入前 50 名，分别是清华大学和上海交通大学，且排名相对靠后。

有限的人才在地区分布和企业分布上的严重失衡是人才市场的第二大问题。从地区分布来看，主体呈现东多西少的态势，东部地区在人才分布上占全国总数的 60% 以上，且主要集中在北京、苏浙沪等经济发展水平较高的地区。从企业分布来看，海康威视、大华股份等具有国企背景的企业以及 BAT 等资本实力雄厚的上市公司巨头对人才的吸引力更强，大批高精尖人才选择在此类企业就业，而对初创型等体量较小的公司没有什么兴趣，这种人才分布的不均导致中小企业的成长更为艰难。

三　人工智能产业未来发展展望

（一）拨开迷雾露真颜，大浪淘沙始见金

1. 投资热度只增不减，持续融资压力加大

人工智能作为近年来的社会热点，发展前景一直被看好，投资热度也在持续上升。艾媒资讯数据显示，2018 年中国人工智能领域共融资 1311 亿元，增长率超过 100%。预计随着技术的不断突破和应用层面的持续落地，未来人工智能领域的投资规模仍会加大。

但值得注意的是，投融资规模的快速增长包含了非理性因素，人工智能企业普遍存在的估值过高现象使融资规模的可持续性较弱。从目前的资金流向来看，技术成熟、变现较快的人工智能领域"吸金"能力最强。据工信部赛迪研究院人工智能产业研究中心统计，计算机视觉在 2018 年前三季度共获得 230 亿元的融资，占人工智能领域融资额的 1/3。未来，融资或有望转向处于初级阶段但存在刚性需求和爆发式增长前景的领域，如无人驾驶、医疗影像等。

2. 巨头公司持续发力，行业资源面临整合

目前，我国人工智能产业发展趋于平稳，产业规模稳步增长，新增企业速度有所放缓，BATJ 等巨头公司相继在各大细分领域进行战略布局，百度先后投资了涂鸦科技和 xPerception，作为其在智能语音识别和视觉感知领域的拓展，并与北汽集团、联想之星等多家企业接洽，将这些企业作为人工智能领域的战略合作伙伴；阿里巴巴旗下的物流公司菜鸟物流与北汽集团和东风汽车签署了战略合作协议，投资了混合智能汽车导航企业 WayRay；腾讯依托自身的研究机构 AI lab，提出了"AI in all"战略，在智能驾驶领域投资了特斯拉，为 AR 初创企业 Innovega 进行注资。巨头企业的投资和收购在一定程度上起到了整合资源的作用。

未来，大企业将在行业整合中起到关键作用，其通过资本市场上的投资、兼并、收购等促进平台层面资源的加速整合，在获得相关细分领域前沿核心技术、降低研发失败风险的同时，进一步提高人工智能行业的规模收益。例如，百度以自动驾驶为核心，着力打造技术驱动应用型平台生态；阿里以消费级人工智能产品研发为生态基础，将人工智能赋能于商业生态；腾讯以其庞大的用户体系为依托，组建软硬件融合的人工智能服务生态。

（二）科技之花永不衰，智慧生活迎面来

1. 辅助替代人类工作，全面改变现实生活

人工智能一直被寄予进一步解放和发展生产力的厚望，未来在诸多领

域，人工智能将实现对人类现有工作的替代和辅助。对于普通消费者而言，赛事播报、语音翻译、汽车驾驶等工作有望被人工智能替代，医疗诊断、投资顾问、客户服务等工作将在人工智能的辅助下变得更加高效、准确、快捷。对于企业而言，劳动密集型制造业将被人工智能所取代，服装、食品等加工厂最终将形成无人流水线，一些复杂劳动，诸如临床医学、精准营销、交通分流等也将获得人工智能的极大辅助。人工智能将全面改变人们的现实生活。

2. 终端趋势逐步显现，边缘计算成为热点

人工智能技术的实现有赖于大型的计算机设备，而真正能使其走进千家万户则需要终端的支持，如早期苹果公司开发的 Siri，就是人工智能在终端的体现。未来，各类型的终端将在人工智能技术落地过程中发挥越来越重要的作用，移动通信设备、汽车、智能家居设备和可穿戴设备等都将获得人工智能技术的加持，从而实现自身的优化升级。边缘计算是实现万物互联的关键技术之一，弥补了云计算耗时长、费流量的缺陷。在国内龙头企业中，阿里巴巴已经率先布局，于 2018 年 4 月发布了首个边缘计算产品 Link Edge，预计边缘计算将成为云计算之后又一个技术热点。

（三）乘风破浪会有时，直挂云帆济沧海

1. 市场规模持续增大，产业发展前景可期

第三次人工智能浪潮的兴起主要基于深度学习等基础算法的进步、数据的深厚积累以及计算机硬件的蓬勃发展，目前，这些技术已经逐渐走出实验室，由科学转化为科技。未来，人工智能科技如果能突破现有瓶颈，进一步实现工业化和产业化，其成长空间将是非常巨大的。

中国产业信息网发布的数据显示，2018 年，我国人工智能核心产业市场规模超过 83.1 亿美元，相较于 2017 年同比增长约 48.4%，预计到 2020 年，我国人工智能产业市场规模将达到 700 亿元，可谓空间巨大。前瞻产业研究院对比总结了国内外六大权威研究机构做出的 2020 年我国人工智能市场规模预测，其中较为中性的估计为 700 亿 ~ 1000 亿元。总

体而言，人工智能产业市场规模处于持续扩大的趋势中，产业未来的发展值得期待。

2. 大规模进入消费市场，与实体经济加速融合

过去，人工智能领域并不缺少振奋人心的热点话题，无论是俄罗斯的人工智能机器人尤金通过了图灵测试还是美国谷歌的 Alphago 战胜了世界围棋冠军，都标志着人工智能技术的发展水平迈入了崭新的阶段。但是，这些偏向技术领域的成就很容易给人距离感，无法与现实生活和社会生产紧密联系在一起。技术进步的最终目标是转化为生产力为人类社会服务，因此，人工智能未来的发展一定是更加注重实用性，为实体经济提供服务。

在党的十九大报告中，习近平总书记提到要推动人工智能和实体经济的融合，为人工智能下一阶段的发展指明了方向。未来，人工智能与公安、交通、能源、教育、医疗等产业的深度融合，将提高传统经济的生产效率，降低生产成本，促进传统经济的优化升级，而无人驾驶、无人商店、智慧医疗、智能家居、智能顾问等与人民生活息息相关的人工智能产品将逐渐出现在消费市场，为人们的生活提供便利。

3. 顶层设计不断强化，法律法规相继完善

自从 2017 年被写进政府工作报告和党的十九大报告，人工智能的发展就已经上升至国家战略层面，相关政策不断出台。然而，由于缺乏对新兴产业的足够认识和了解，有些地方政府仍然使用传统的招商引资模式，通过政策优惠和经济补贴争夺人工智能资源，大部分指导意见和发展规划缺乏可操作性。未来，政府部门需要对各类方针政策的科学性和实践性加以谨慎论证，使顶层设计具有提纲挈领的指导意义，更好地服务于产业发展。人工智能产业存在的另一个制度层面的问题是相关法律法规不健全，存在公共安全、个人隐私、社会伦理等方面的问题，有待防范和解决。目前，相关立法讨论正在进行之中，良性发展的产业环境和社会环境未来可期。

四　从科大讯飞的标杆案例透视
人工智能的落地应用状况

（一）行业龙头，领跑全球

科大讯飞创始于 1999 年，作为国内智能语音和人工智能领域的杰出代表，其将人工智能应用到语音识别、自然语言处理、语音合成等技术领域。科大讯飞从创立起一直走在国内人工智能产业前沿，在国家政策大力支持下稳居语音产业龙头地位。

将近 20 年的时间里，科大讯飞在智能语音方面卧薪尝胆，从底层的语音产品，到嵌入式多功能语音技术，再到人工智能重要细分领域——语音识别、合成、语义理解等，不断进行 AI 核心技术的阶段性迭代。目前，科大讯飞语音识别的准确率已经从 2010 年刚刚发布语音云时的 60.5% 上升到98%，其语音合成技术在国际语音合成大赛上连续多年保持第一。科大讯飞的语言互译，在连续亮相"两会"之后，得到了社会各界的认可和赞赏。此外，科大讯飞还发布了多款其他类型的人工智能产品，既有面向教育、医疗和客服行业的最新应用产品，也有面向消费者的家庭、汽车翻译等消费级产品，将悬在半空未能落地的 AI 产品化、场景化，构建起相对成熟的商业化模式，并且得到了市场的肯定。

作为一家以语音技术为基础的人工智能企业，科大讯飞坚持创新"长跑"，自主研发，掌握核心技术，瞄准方向深度研发，推出产品应用后实现商业化，并从商业化中获取进行迭代的数据支撑，最终实现自我"造血"。从全球智能语音市场来看，科大讯飞已经超越老牌计算机巨头 IBM，以4.5% 的市场占有率位列全球第五；从国内市场来看，中国智能语音市场的主要份额被科大讯飞、百度及苹果分割，其中科大讯飞以 44.2% 的市场占有率排名第一。

在终端消费者应用方面，科大讯飞产品数量较少，但运营相对稳定。讯飞翻译机在报告期内销售近 20 万台，已覆盖全球 130 个国家。在智能硬件方面，语音输入业已成为很多产品的"标配"。中国智能语音市场占有率情况如图 4 所示。

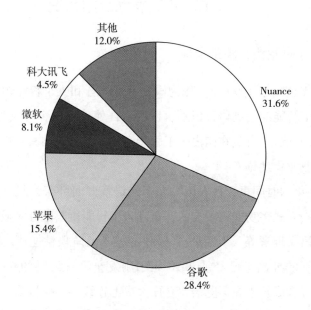

图 4　中国智能语音市场占有率

（二）上市十年，引擎何在

科大讯飞的根基在于技术、市场洞察和快速反应能力，依托技术优势形成解决方案，并与企业级用户合作，通过 ToB 业务变现，这正是科大讯飞一直以来的业务模式。随着形势转变，科大讯飞开始调整商业模式，从 ToB 市场拓展至 ToC 市场，将语音识别这一能力嵌入生产、生活的各个场景，特别是很难进行键盘录入的场景，如客厅电视、会议室、汽车驾驶舱等，通过高精度的语音识别，实现通过语音操控智能电视等硬件。

除了技术上的专注、产品方面的扩容，科大讯飞在架构上一直坚持"平台加赛道"。科大讯飞产品布局架构如表 2 所示。

表2　科大讯飞产品布局架构

领域	成果
教育	科大讯飞智慧教育产品已经覆盖全国1.5万所学校,深度用户超过1500万家
司法	"AI+政法"产品与解决方案已广泛应用于政法委、法院、检察院、司法行政机关、公安机关等各条司法线,应用成效显著
医疗	积极布局智能语音、医学影像、基于认知计算的辅助诊疗系统三大领域
智能汽车及车联网	公司已与大众、丰田、启辰、沃尔沃、马自达、雷克萨斯、长安、广汽、吉利、长城、北汽、奇瑞、江淮、一汽、东风、江铃、蔚来等国内外汽车品牌展开合作
智能服务	在中国移动、中国电信、中国联通三大运营商,工商银行、农业银行、中国银行、建设银行、交通银行、招商银行、中信银行、浦发银行等银行,中国平安、中国人寿、中国人保等保险机构,以及国家电网等主要行业领域实现了规模化应用和全面布局
智慧城市	基于"人工智能+数据驱动"的城市智慧化发展模型,以城市超脑为核心,打造集基础信息接入、城市大数据和信息模型、行业超脑应用为一体的智慧城市整体解决方案

资料来源:根据公开披露信息整理。

"平台"理念,就是科大讯飞把人工智能核心技术开放给合作伙伴,成就开发者,赋能科学家,为全行业提供人工智能能力,整合后台的内容和服务,构建持续闭环迭代的生态体系。报告显示,2017年讯飞开放平台爆发式扩容,合作伙伴达到51.8万家,同比增长102%;应用总数达40万个,同比增长88%;平台终端设备数达17.6亿个,同比增长93%。

2018年政府工作报告关注人工智能产业化应用,要求在医疗、教育等多领域推进"互联网+"。这也与科大讯飞所坚持的"赛道"战略不谋而合。"赛道"理念,即依托"人工智能核心技术+应用数据+领域支持",构建垂直入口或行业的"刚需+代差"优势。目前,科大讯飞率先在智能教育、智能医疗与智慧政法等"赛道"上取得先发优势。其2017年财报数据显示,教育产品和服务、智慧城市行业应用、政法业务和汽车领域的收入分别同比增长52.61%、186.76%、112.31%和113.06%。

其中,在教育领域,截至2017年底,科大讯飞智慧教育系列产品已在全国31个省份及新加坡等海外市场广泛应用,与包括68所中国百强校在内

的 1.5 万所学校建立合作，深度用户超过 1500 万家。

在智慧医疗领域，科大讯飞智慧医院产品已在 84 家医院上线落地，包括北京协和医院、301 医院等国内顶级医疗机构。基于讯飞认知医学技术的"智医助理"参加 2017 年国家执业医师资格考试笔试并以优异成绩通过，在全球首次让人工智能具备当全科医生的潜质。

此外，科大讯飞在报告中披露，其以运营商、金融等行业应用为切口，打造全语音应用门户，并提供智能服务解决方案。

目前，科大讯飞新型智慧城市业务已覆盖全国 20 余个省份，在政务、教育、金融、石油石化、电力、交通、公安、医疗等多个行业打造了一批具有全国影响力的精品工程，智慧政法系统也在多地试点与公检法机构工作的融合。

而在人工智能与出行结合方面，科大讯飞公开宣布其以累计 1000 万台的装车量，成为中国汽车智能语音交互第一品牌。

B.5
区块链技术发展及在数字
创意产业领域的应用

于佳琪　马紫涵　雷云超 等*

摘　要： 本报告首先分析总结了区块链产业发展的宏观环境以及发展
特点，然后通过大量产业案例的汇总对比，总结出区块链技
术与数字版权、自媒体、游戏、广告等领域相结合的应用落
地情况，最后预测了数字创意产业未来的发展趋势。

关键词： 区块链应用　数字创意产业转型升级　版权保护　5G 技术

随着数字经济的高速发展，区块链成为当下的热门话题，如何将区块链
技术合理应用于数字创意产业领域，成为目前亟须思考的问题。本报告结合
国内外数字创意产业领域的具体实践，通过大量案例分析归纳数字创意产业
各细分领域与区块链技术结合的应用前景。

一　区块链整体发展综述

从 2017 年到 2019 年初，区块链领域经历了跌宕起伏的变化：2017
年下半年，区块链取代了此前的共享经济和无人经济成为新的热点；
2018 年上半年，企业发币，散户入场，大量资本疯狂投入区块链各个细
分领域，投机盛行，区块链泡沫不断扩大；2018 年下半年，政府监管逐

---

* 执笔人：于佳琪、马紫涵、雷云超、张璇、董缇。

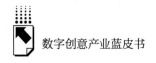

渐收紧，资本寒冬来临，投资趋于理性和谨慎。实践证明区块链作为一项底层技术，对其盲目进行投资只会催生泡沫，只有与真正的产业相结合才能发挥价值。

（一）宏观环境：国家支持区块链技术发展

区块链技术的快速发展引起了政府部门、金融机构、科技公司和资本市场的广泛关注。中国拥有世界上最大的互联网应用市场，这是本土区块链发展最坚实的支撑条件。

2017年6月27日，中国人民银行发布《中国金融业信息技术"十三五"发展规划》，指出要加强区块链基础技术研究并开展区块链技术在金融领域的应用研究，明确提出要积极推进区块链和人工智能等新技术应用研究。2016年2月，时任中国人民银行行长的周小川谈到人民银行已部署重要力量研究区块链应用技术。同年12月，国务院印发了《"十三五"国家信息化规划》，鼓励针对区块链等战略前沿技术提前布局，发挥主导优势。

2018年4月11日举行的博鳌亚洲论坛上，中国人民银行行长易纲表示，中国人民银行正在研究如何发挥数字货币的正能量，让它更好地服务于实体经济。中国人民银行参事盛松成表示，为实体经济服务才是区块链的前途。

目前中国进入新的发展时代，发展增速放缓，产业结构亟待调整，经济运行风险加大，推进区块链技术和产业经济结合要理性、稳健，而技术的创新应用也必须瞄准行业的"痛点"。

（二）区块链在我国的发展特点：资本潮涌快进快出，区域分布极不平衡

区块链在我国发展时间较短，但应用落地潜力巨大。2017年末区块链媒体呈现爆发式增长态势，进入2018年后，有十几家内容型自媒体获得巨大的资金支持：3月1日，深链财经宣布获得来自梅花天使、PreAngle等8家基金的1000万元天使投资；3月2日，巴比特宣布完成由普华资本和泛

城资本联合领投的 1 亿元 A 轮融资；3 月 6 日，区块链门户网站火星财经宣布获得 A 轮融资，融资后估值达到 1.5 亿元；5 月 22 日，区块链媒体"起风财经"宣布完成千万级天使轮融资，本轮投资方之一首建投是一家具有国资背景的投资机构，表明国家资本首次入场投资区块链媒体。但伴随 2018 年下半年的行业整肃，不少区块链自媒体失去了外部收入来源，依靠前期投资苦苦支撑，有的难以为继，只能黯然退场。

2018 年 6 月 23 日人民创投联合链塔智库发布的《2018 中国区块链行业白皮书》显示，在我国存续的 439 家区块链公司中，北京占 34%，上海占 21%，广东占 17%，浙江地区占 10%，说明区块链的发展有明显的地区偏好特征，经济实力雄厚的地区更利于区块链企业的成长。2015 年以后，区块链企业融资数量快速增长，2017 年融资超过 2016 年一倍，2018 年第一季度融资接近 2017 年全年的一半。同时开始出现准独角兽公司，底层区块链企业 A 轮融资单次超过 1 亿元。区块链企业投融资进入高速发展阶段，其中融资额较大的区块链企业主要来自供应链金融服务领域。从 2017 年开始，区块链融资增速超过 P2P 金融及移动支付等技术。

（三）区块链发展情况回顾

1. 金融行业是主力军，资讯社交紧随其后

区块链技术具备分布式、可追溯、高透明和防篡改的特性，广泛应用在各个行业中。从行业整体分布来看，目前主要集中在金融服务、企业服务和资讯社交领域。金融服务领域主要包含跨境支付、保险理赔、证券交易、票据等。企业服务主要集中在底层区块链架设和基础设施搭建，为互联网及传统企业提供数据上链服务。资讯社交包括自媒体资讯平台、社交软件、链传输分享等。我国区块链行业发展还处于探索阶段，覆盖的行业有限，但是，数字创意产业领域便是其中之一。

2. 区块链教育快速发展，高校积极开设区块链课程

据核财经披露，截至 2018 年 4 月，中国有 62 家区块链研究院（中心、实验室），分布在全国 15 个城市。北京拥有区块链研究院数量最多，达 26

家，占中国区块链研究院数量的42%。62家区块链研究院中，2017年和2018年前4个月创办的数量相同，均为26家，分别占总数的42%。即使是高校及科研机构为主体的，大多也是与企业联合创办的。国内许多高校的计算机系、电子系、经济系等院系部进行区块链领域的学术研究，为我国区块链行业提供人才储备。开设区块链相关专业的高校以理工科高校为主。

3. 区块链技术风险突出，政府监管持续强化

目前，区块链技术最大的风险是威胁金融体系的安全，一方面是资本带来的泡沫风险，另一方面区块链技术存在被用于进行非法交易的可能。除了在金融服务领域可能引发的风险之外，区块链技术本身的风险也很大，主要有技术风险、体系外诚信风险和网络性风险。在技术方面，区块链技术存在易被攻击、成本偏高等问题；体系外诚信风险指在实际交易过程中，如果有伪区块链技术公司借区块链交易平台的名义，实际扮演"超级管理员"的角色进行敲诈，会造成对方巨大的财产损失；网络性风险指类似黑客攻击交易所、破解用户密码、把个人账户代币转走的风险。

目前我国政府对区块链行业的发展越来越重视，一方面，大力强化监管，打击区块链领域的违法行为；另一方面，通过持续出台的政策红利为区块链的实际应用营造一个更加健康的环境。

二 基于细分场景的数字创意产业领域区块链应用案例分析

（一）区块链 + 数字版权

1. 数字版权行业背景及发展概况

（1）数字版权保护：切实维护信息原创者和拥有者的权益。

美国出版商协会的定义中，数字版权保护是指"在数字内容交易过程中对知识产权进行保护的技术、工具和处理过程"。数字版权保护旨在满足用户对数字信息正常使用的同时，采取必要的信息安全技术手段，切实维护

信息原创者和拥有者的合法权益,并使其能够在版权受到侵害时有效甄别信息真伪和版权归属问题。数字版权保护技术贯穿数字内容生产、分发、销售、使用的全部流通过程,具体而言包括对各种形式的数字资产的描述、识别、交易、保护、监控、跟踪等环节,并在各环节中使用一系列相应的软硬件技术。

(2)我国数字版权保护行业的发展现状。

行业规模不断扩大,影响力逐步提升。近年来,我国数字版权产业规模不断扩大,2017年中国版权行业的增加值已达到60810.92亿元人民币;版权产品商业出口额高达2647.73美元,在全国商品出口总额中的占比达到11.70%。与此同时,我国网络版权产业也保持着快速增长趋势,2017年市场规模高达6365亿元,其中用户付费规模达到3184亿元,占比突破50%。我国数字版权产业持续高速发展,且规模逐步扩大、影响力逐步提升。

"政策+司法"有力支持。2014年6月6日,中央全面深化改革领导小组第三次会议通过《关于设立知识产权法院的方案》。十八大以来,党中央、国务院先后出台了一系列政策,对"十三五"时期我国的版权工作进行了全面安排。国家版权局也先后开展多项网络专项治理工作,旨在促进包括版权保护在内的知识产权保护工作,健全版权监管体系,进一步规范网络转载版权秩序。在"充分发挥知识产权作为国家发展战略性资源和国际竞争力核心要素的关键作用,增强我国经济创新力和竞争力"的背景下,北京、上海、广州、南京、武汉等城市已经陆续设立了18个知识产权法庭。

版权生态环境不断优化,主流媒体版权保护意识日益提升。随着互联网经济蓬勃发展,数字版权侵权现象日益严重,各种盗版、剽窃行为涌现,许多网络平台与新媒体无视版权保护相关规定,严重侵害了原创平台与内容原创者的利益,原创内容价值被大量压缩。面对屡禁不止的侵权现象,政府各级有关部门采取相应的有力行动,严厉打击侵权乱象。国家版权局与国家互联网信息办公室、工业和信息化部、公安部于2018年开展了"剑网2018"专项行动,集中整治了网络转载、短视频、动漫等领域的侵权盗版行为,进一步规范网络转载版权秩序。2018年10月,在现代快报诉今日头条案中,因今日头条未经授权转载了现代快报 4 篇稿件，江苏省最高人民法院判决今日头条赔偿现代快报经济损失 10 万元以及相关合理费用 1.01 万元。法律法规对知识产权保护的支持与知识产权案件在赔偿金上的高额数量，使得抄袭、盗版等侵权行为的获利空间逐渐收窄，违法成本也不断提高。

2. 区块链解决数字版权行业痛点的优势与探索

（1）数字版权行业痛点分析。

首先，数字版权侵权严重，原创者利益受到侵犯。近年来，随着互联网的飞速发展，数字版权方面的侵权事件屡见不鲜，公众号、微博等网络平台上的文章抄袭成风，原创者的利益受到极大侵害。原创者能够轻易地找到抄袭者，却无法有力地证明该内容的原创权属于自己，无法有力维权。尽管腾讯等公司花了大量人力物力监控抄袭行为，但力度与效果均非常有限，数字版权领域的侵权行为仍然无法得到有效遏制。类似的版权保护不当现象在媒体界、出版界、学术界也纷纷引起关注，侵权行为正在大规模扼杀原创行为与创意，极大地侵害了行业生态。区块链技术的有效运用可以使此类问题得到有效解决。区块链的去中心化共识机制可以使原创记录不可被更改，从而为禁止盗版提供有力武器，具体实现方式为在区块链上明确记录下原创内容的所有权、使用权和历史记录。Po.et 项目能够让原创内容信息在出版商、编辑和内容创作者之间实现有效流动，在创作权得到有效保护的同时，真正体现知识的价值。

其次，版权管理机制存在缺陷。目前世界上的版权管理大多是中心化的，中心化版权保护方式的协同性、开放性与时效性均较差且费用高昂，为数字版权保护带来诸多不便。例如，在现有平台上创作者申请版权保护的时间长、流程复杂，在信息爆炸时代很难及时维护自身利益；没有人会为公众号、微博等平台上的一篇文章去申请著作权，从而为盗版提供了法律漏洞；中心化的管理机制会导致服务器资源大量浪费，且相关费用高昂，同时可能滋生腐败寻租现象。区块链技术是一种分布式记账系统，没有中心节点，通过计算机算法、密码学、经济学等结合智能合约，可以实现点对点传输，其不可篡改的特性有利于保护数字信息的真实性与安全性，过程由多个分节点记录，从而可以提高各分节点的主动性和积极性。运用区块链技术的去中心化特点，可以有效解决当前中心化管理机制中的诸多不便与弊端，切实提高管理效率、管理效果，有利于节省费用、合理配置资源。

（2）区块链应用于数字版权保护的优势与探索。

传统版权保护具有耗时长、成本高、收益低、维权难的问题，对于网络维权事件很难判定，电子取证难度系数大且过程复杂。而区块链分布式、不可篡改的属性，使其成为保护数字内容的天然屏障。区块链可以在互联网底层结构传递信息的基础上，进一步打造能够传递"可信"信息的基础服务设施。一方面，记录在区块链上的信息将持久存在、不可篡改；另一方面，区块链网络可实现基于"代码规则"的安全协作。这些技术特征为商业活动提供了可信、可追溯的高效环境。区块链融合密码学及安全技术，可以更好地满足对数据隐私保护的诉求。例如，可以通过同态加密、可信计算等技术，实现链外信息真实、安全上链，并提供第三方验证凭据，确保智能合约被正确有效的信息触发执行；可以通过分布式身份标识构建去中心化的身份验证，在取得第三方授信的同时保护个人隐私；可以引入基于硬件的安全模块，提升区块链系统的整体安全性，防止隐私数据外流。这些都已引起业界的广泛关注，并已展开了探索尝试。

3. Po. et 项目："区块链＋数字版权"的应用案例

区块链技术高效而可信的数据验证方式为数字版权保护行业带来了福音。近年来国内相继出现了大量知识产权类区块链项目，此类项目概念也备受投资者青睐。但截至目前，大多数项目处于白皮书状态，实质性产品与服务寥寥无几。我们通过一个国外典型项目来管窥区块链技术在数字版权领域的应用空间与落地模式。

Po. et 项目来自美国。2016 年 10 月，在国外社区知名杂志媒体 *Bitcoin Magazine* 的一次头脑风暴中产生了 Po. et 项目的创意，项目初衷是给该杂志的每篇文章打上时间认证的标签。Po. et 项目利用了区块链中任何信息无法被更改的特征，从而为版权归属提供有力证明。2016 年 10 月至 2017 年 6 月，该项目完成了方案的架构设计、核心技术团队组建并先后进行了多轮融

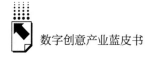

资，目前已经与 The Merkle、Crypto Insider 和 Coin Speaker 等知名区块链媒体达成合作伙伴关系。

（1）连接出版业各方，市场应用前景广阔。

Po. et 项目连接了出版商、记者、内容创作者、广告商、品牌所有者、法律专业人员等各方，通过建立聚集新创意作品的机制减少出版商之间的摩擦，通过帮助记者寻找创意资产的出版商，助其建立个人品牌；通过给内容创作者颁发许可证，为内容创作者上传的数字作品的版权归属确认提供有力保障；通过让品牌所有者更准确地了解谁已被授权使用其品牌资产以及使用频率，切实保护品牌所有者的利益；通过允许法律专业人员将任何知识产权时间戳标记到比特币区块链上，促进了法律维权方式的成熟化。

（2）技术支撑与区块链架构模式简介。

Po. et 项目的技术架构包括应用层、中间层、协议层 3 个层面。应用层包括用户通过 Po. et 注册内容所需的工具和管理内容的所有权信息，其中一个主要工具是 Po. et WordPress 插件，它能够让任何人都可以使用 WordPress 内部时间标记内容，通过这种方式，更轻松地使用 WordPress 在 Po. et 网络上注册内容；中间层提供一些资源，供开发人员使用 Po. et 集成的工具和服务，其中分布最广的是 Frost，它一种开放的约定接口规范，应用程序可以使用它与 Po. et 网络进行交互，而不需要私钥基础结构，Frost 为内容发布者提供了访问 Po. et 网络的简单方法，并使用简单的用户名和密码证书检索时间戳数据，它保障了 Po. et 不仅可靠和安全，并且易于使用；协议层作为注册和提供数据声明的主干，其中包括 Po. et 节点，这是负责将数据标记时间戳到区块链的软件，时间戳数据通过 IPFS 存储。

（3）Po. et 3. 0 版本：区块链搜索技术或将促发产业新变革。

随着新阶段互联网平台的进一步发展与区块链技术的进步，可以预计，搜索功能将是 Po. et 项目 3. 0 版本在区块链 3. 0 时代的重要特点之一。该项目基于以太坊智能合约，在内容存储方面借用了 BitTorrent 技术，既能够利用区块链有效保护和证明信息源，又能让受保护信息免受文件格式与文件大小的限制。如果这种方案得到验证并投入使用，将给区块链技术的应用带来巨大突破。就像雅虎、谷歌、百度等搜索引擎成为推动互联网发展的重要力量一样，区块链搜索技术将对数字版权保护领域产生极大影响。

4. 从 Po. et 项目透视"区块链 + 数字版权"在应用中的风险

（1）多方协议难以达成，平台管理困难。

Po. et 项目的成功实施需要出版商、记者、内容创作者、广告商、品牌所有者、法律专业人员等多方的一致共识，而各方对数字版权保护的利益诉求不同，现实中难以达成完全一致的协议，即使达成协议，在后期的平台管理中也容易因各方需求不同而产生矛盾，从而对项目后期的持续发展产生影响。

（2）各类信息繁杂，搜索引擎建立较为困难。

Po. et 项目旨在有效保护在互联网中进行传播的数字作品的版权，故其涵盖面非常广泛。现阶段在互联网中传播的各类信息混杂交错，即使能搜集到全部信息并将其纳入项目平台，后期搜索引擎建立过程中的信息分类也过于繁杂，难以达成项目初期的美好设想。

（3）对储存空间容量要求较高，相应成本高昂。

Po. et 项目涵盖的信息非常广泛，对平台的储存空间容量提出了更高要求，需要强大的技术支撑，项目的建设与后期运营中均有可能因空间容量问题出现较大困难，因而项目成本非常高昂，需要有力的资金支持。

（二）"区块链 + 自媒体"的破局探索

1. 我国自媒体行业背景及发展概况

自媒体从 2009 年微博上线开始进入大众视野，2012 年微信公众平台的问世让这个行业开始释放真正的红利。近两年直播和短视频的加入丰富了自媒体内容的多元化表达形式，媒介技术的迭代更新让信息的呈现和人们的需求越来越垂直化。

（1）自媒体的发展拥有稳定的用户市场基础。

根据中国互联网络信息中心（CNNIC）近期发布的第 41 次《中国互联网络发展状况统计报告》，截至 2018 年 6 月，我国网民规模达 8.02 亿人，普及率为 57.7%；2018 年上半年新增网民 2968 万人，较 2017 年末增长 3.8%。随着移动互联网的繁荣发展，移动终端设备价格更低廉、接入互联网更方便等特性，为部分落后地区和难转化人群的互联网推广工作提供了契机。截至 2018 年 6 月，我国手机网民规模已达 7.88 亿人，网民通过手机接入互联网的比例高达 98.3%，手机是拉动网民规模增长的首要设备，也成为自媒体内容广泛传播的前提。

（2）商业模式逐渐成熟，内容创业红利式微，自媒体领域乱象横生。

自媒体的商业模式大概有 6 种：广告、软文推广模式；会员制模式；衍生服务收费模式；"版权收费 + 应用分成"模式；赞赏模式；平台型商业模式。目前来看，在自媒体发展过程中，只有少部分自媒体走上了成熟稳定的商业化道路，而且多是自媒体人本身影响力的积累。这种成功模式是非常难以效仿的，因为成功者往往拥有稀缺且难以掌握的关键资源。各大自媒体平台中，微信公众号市场份额占比遥遥领先，为 63.4%，微博自媒体平台成为用户传播的第二渠道选择，其占比为 19.3%。但目前，伴随监管持续收紧和移动端流量红利触顶，原有模式下的创业红利逐渐式微。

一些自媒体在过去确实以高估值获得资本追捧，但伴随着行业竞争趋于白热化，自媒体的乱象已经成为互联网中的一颗毒瘤，"标题党""抄袭党""造谣党"层出不穷，内容低劣，甚至滋生出一套黑色产业链。2018 年 10 月 23 日到 26 日，人民网四评"自媒体账号乱象"，辛辣抨击数据造假、抄袭洗稿、虚无价值、篡改历史等问题，再次引起轩然大波，引发了业内外对自媒体的深刻反思。

2. 自媒体行业痛点分析

（1）新闻造假与新闻客观性问题。

新闻造假和网络造谣问题一直是自媒体行业发展的痛点。一方面，由于网络的虚拟性因素，在互联网上发布出来的文章难以做到溯源，文章的作者是谁、文章中的事实是否客观属实这些问题都值得考量。也正是因为虚拟网络的溯源性弱，互联网新闻造假的成本几乎可以忽略不计，因此互联网新闻造假问题一直是互联网新闻行业难以避免和杜绝的问题。另一方面，网络造谣问题在自媒体行业的发展过程中也屡见不鲜。互联网新闻的重点是流量，流量是评判互联网新闻是否有效的决定性因素。在互联网新闻准入和门槛低、流量为王的多重环境因素影响下，采用伪造新闻事实哗众取宠、煽动网民关注点从而骗取流量的事件便会频频发生。在互联网信息监管尚不完善的情况下，新闻造假和网络造谣问题仍旧是网络自媒体行业的痛点，互联网新闻的客观性问题仍旧不能很好地解决。

（2）文章盗用抄袭与著作权保护。

信息资源的盗用与抄袭是互联网自媒体行业的发展痛点。一方面，社交平台的转发功能使得信息资源能够在各个社交圈层和信息平台之间传播；另一方面，对于互联网平台上自媒体创作的内容，无论是法律还是平台的监管都难以做到有效的著作权保护。现阶段较大型互联网自媒体平台上的创作内容多是以平台作为著作权保护方，而较小型自媒体平台和个人的内容创作则难以得到保护。互联网的信息共享性使得任何人都可以在看到文章的时候选择复制粘贴，稍做改动便可以发布出去。此外，目前法律和自媒体平台对创作内容的著作权保护大部分集中于文章、图片、视频等内容，而对社交平台上用户的微博、在朋友圈发布的信息、音频等内容缺乏必要的著作权保护，这方面的著作权保护问题依赖规范性文件和措施难以取得显著的效果。

3. 区块链技术推动自媒体行业发展破局

（1）新闻溯源性提高，减少新闻造假现象，有效维护新闻客观性。

区块链作为互联网底层技术，其显著的分布式数据存储特征和分布式计算特征能够让储存在其中的新闻文章和数据不被随意篡改，从而能够整合出新闻文章和数据的区块链底层数据库，使所有的新闻文章和新闻信息都能够被收录其中，任何转载和引用也能够从区块链信息数据库中找到来源和使用痕迹，从而提高新闻信息的溯源性，减少因为溯源性不足而产生的网络造谣问题。同时也正因为新闻的溯源性提高，有关新闻的客观事实和作者信息都能够在数据库中被搜寻到，因此能够很好地杜绝新闻造假现象。再者，构建新闻信息的区块链数据库能够提供强大而有效的新闻数据著作权保护，特别是针对目前缺乏保护的私人微博内容、朋友圈内容等，从而减少文章盗用抄

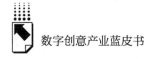

袭以及数据剽窃行为，有效地维护网络新闻的客观性。

（2）技术手段倒逼新闻生产趋向内容质量提升，促进品牌发展。

一方面，在以区块链数据库底层技术为基础的互联网自媒体创作环境下，被创作出来的自媒体作品能够被收录到数据库中并能够被查询到，从而使同质化的新闻内容难以取得受众关注和流量优势，促使自媒体创作者创作出更具有独特性的原创独家内容，从而提高互联网信息创作的质量；另一方面，在区块链数据库提供的强大的新闻搜索环境下，简单的事实信息传播无法适应自媒体激烈的竞争环境，也难以满足互联网自媒体受众的阅读需求，因此，提升新闻原创内容的深度也将成为互联网自媒体发展的趋势。由区块链技术的引进倒逼互联网自媒体行业进行自我改革，从而整体提升互联网自媒体创作内容的质量，同时也会促进网络自媒体衍生出自身的品牌优势和独家特点。

（3）有效结合媒体、咨询、数据分析三大行业，开创自媒体发展新模式。

在传统的媒体发展模式下，媒体主要业务集中在传统的采编业务上，不仅导致媒体自身业务范围狭窄，行业竞争激烈，同时导致传统媒体行业的发展空间有限。区块链底层技术的引进，是对媒体发展模式的一次革新，因为区块链作为一项互联网底层技术，其分布式的数据存储和加密计算技术能够允许媒体建立自身的区块链数据库，存储新闻数据和信息，并对特定新闻事件进行数据对比分析和数据爬取工作，从而将传统媒体的业务边界延伸到咨询行业和数据分析行业。火星财经便是在区块链技术的加持下，有效地结合媒体、咨询、数据分析三大行业，通过新闻属性和信息资源将媒体与咨询行业有机结合，通过区块链数据库将咨询行业与数据分析行业有机结合，再通过数据分析的结果和研究报告反哺媒体行业，形成独家报道，打造品牌优势，之后再从品牌出发，以数据库新媒体运营、数据分析与整合等附加板块开创附属业务，从而打造出互联网自媒体的发展新模式。

4. 火星财经：新兴区块链自媒体的探索个案

（1）新闻、咨询、数据"三合一"发展模式探索。

火星财经是集新闻、咨询、数据等于一体的区块链产业信息服务平台，到 2018 年已完成来自 IDG 等投资机构的多轮融资。2018 年 2 月 8 日，区块链资讯门户火星财经（www. huoxing24. com）正式上线，为用户提供 7×24 小时不间断区块链快讯和深度区块链产业、技术前沿报道，并开设市场行情、百科、社群等板块，凭借热门区块链财经对话节目"王峰十问"被业界熟知。火星财经主要业务板块如图 1 所示。火星财经在 2018 年 3 月 6 日完成 A 轮融资，投资方包括 IDG 资本、泛城资本、OK 资本、明势资本和蛮子基金，估值 1.5 亿元。火星财经同时上线了 PC Web 网站和手机移动端，同时提供数字货币行情、新币动态、新手入门等区块链与大数据资讯和服务。

（2）孵化区块链研究与投资专业机构。

火星生态于 2018 年 4 月孵化了共识实验室——一个从事区块链研究及投资的机构。共识实验室将重点关注区块链技术与应用型项目以及有国际化能力的团队，该基金也获得了一大批区块链行业先锋人物的支持，并与一线投资基金保持开放和合作，目标是赋能于有志用区块链技术推动社会进步的群体，目前已经投资了 20 多个区块链项目。2018 年 6 月 8 日上午，在新加坡举行的 WBF 世界区块链大会三点钟峰会上，火星财经发起人王峰对外透露，火星财经刚刚完成 A＋轮融资。此轮融资由策源资本领投，火币全球生态基金跟投，投后估值 3.3 亿元。

（三）区块链＋游戏

1. 区块链游戏行业背景及发展概况

自 2017 年 11 月底第一款区块链游戏（Cryptokitties）诞生以来，一个个的区块链游戏基于以太坊问世，目前本领域发展呈现如下特点。

（1）用户数量低但付费能力强，头部效应显著。

2018 年 4 月之前，区块链游戏每日活跃的用户数量在 2000 人左右。4 月之后，由于区块链游戏的增多和玩家关注度的上升，日活跃用户数量稳步增长（见图 2）。区块链游戏的玩家头部效应显著，玩家具有较强的付费能力和意愿。

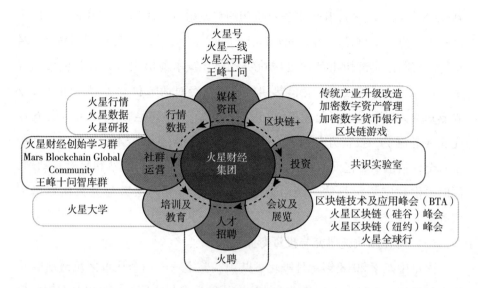

图1 火星财经主要业务板块

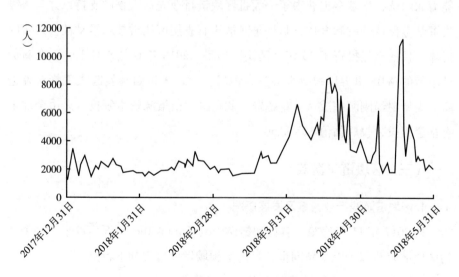

图2 区块链游戏日活跃用户数量

资料来源：dapp. review。

（2）区块链游戏玩法形式单一，生命周期较短。

目前，按照最常见的分类方法，区块链游戏大致可以分为养成类、沙盒类、卡牌类、策略类、竞技类、放置类、ARPG（动作角色扮演类）、RPG（角色扮演类）、收藏类、挖矿类10类。大部分游戏规则相对简单，形式单一。相比于其他游戏，区块链游戏的金融属性强于游戏属性，再加上不甚明朗的底层技术，区块链游戏的生命周期普遍较短。

（3）区块链游戏由1.0迈入2.0时代。

2017年11月，Crypto Kitties开启了区块链游戏的新纪元，由此区块链游戏步入1.0时代。自2018年4月开始，区块链游戏的更换速度显著加快，游戏种类渐趋多样化，区块链游戏进入了2.0时代。相比于区块链游戏1.0时代，主要有以下差异（见表1）。

表1　区块链游戏1.0时代与2.0时代的区别

	区块链游戏1.0时代	区块链游戏2.0时代
时间	● 2017年11月至2018年4月	● 2018年4月开始
生长模式	● 野蛮生长	● 预售先行，快速开发
开发者	● 开发者以个人和小团队为主	● 中小型厂商跑步入场
属性	● 金融属性强，游戏属性弱	● 游戏性增强，逐渐回归游戏本质
游戏种类	● 机制简单，种类单一	● 游戏种类多样化
玩家分布	● 玩家画像以投资者和币圈用户为主	● 玩家数量及范围逐渐扩展
盈利情况	● 生命周期普遍段	● 早期红利，快速盈利
投融资机会	● 暂无	● 投融资机会逐渐出现
代表游戏	● Crypto Kitties、Ether Goo	● Evolution、Ether、online、Neoworld、乐块

资料来源：根据公开文章资料制作。

2. 区块链赋能游戏：直击传统游戏行业痛点

（1）玩家拥有游戏资产所有权，资产可在公开市场上交易。

到目前为止，在传统游戏中，游戏道具的所有权归开发商所有，开发商拥有对游戏道具任意改动和处置的绝对权力，而玩家则处于十分被动的地位。游戏中的道具仅限于在一款游戏中流通，如果一家游戏公司倒闭，则玩家所拥有的相应的资产则毫无复用价值，玩家处于"哑巴吃黄连有苦说不

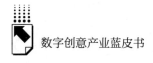

出"的尴尬境地。

在区块链上，玩家的信息可以被存储在玩家独有的账户中，游戏内的资产归玩家所有。更进一步说，玩家拥有资产的所有权，可以随时随地进行交易，将资产的流通性在公开市场上发挥到极致。未来，"道具上链 + 钱包"的模式可以为玩家交易资产提供极大的便利。所有区块链游戏中的资产并不单属于一款游戏，玩家甲可以用游戏 1 中的宇宙巡航机与玩家乙在游戏 2 中的雷霆战机交换，再一次实现道具的使用价值。

交换的过程也极其简单，类似于支付宝扫码支付，只要双方形成一致的对价，则这笔交易便可以进行。在更远的未来，当玩家有多种道具时，我们可以设想到"打包道具"的交易方式将很受欢迎。就像在"闲鱼"上打包出售闲置产品一样，游戏道具也可以组合的方式在玩家中交易。

（2）玩家实现跨游戏复用资产，开发商创新用户获取方式。

区块链游戏中的资产是可以被重复使用的。在上链之后，资产与每个玩家的地址相咬合，而并不直接与游戏相关联，因此区块链赋能的游戏道具可以用于其他游戏。资产重用对于同一生态或 IP 中的游戏来说是最容易的，因为它们有较为相似的游戏逻辑。但是，对于跨 IP 交叉游戏类型的情况，资产重用不仅需要开发人进行复杂的设计，而且需要开发商进行有效的合作。

对于开发商来说，区块链可以降低获客成本。在传统游戏中，一款游戏发行后需要通过各种形式的宣传来重新获取用户，或者采取一定的激励措施将老客户吸引至新游戏中。但在区块链游戏中，一个游戏的所有用户都是可以直接转换至同款 IP 新游戏的潜在玩家。同时，开发商也可以采取奖励措施，比如只需要登录并试玩新游戏 Kitty Race，原本玩过老游戏 Crypto Kitties 的用户便可以获得道具、积分等奖励。以上两种方法，需要游戏开发商之间的协作才能达到双赢的效果。

（3）游戏机制公开透明，开发商与玩家的关系得到本质改变。

区块链赋能游戏后，游戏的核心机制将会被上链，这意味着此前被开发商控制在中心服务器中的游戏规则将更加公开透明，潜在地增强了玩家与开发商之间的信任关系，开发商与玩家的关系将发生根本性变革。

在传统游戏中，开发商与游戏玩家一般处于相互博弈的对立面。玩家通过拥有游戏中的资产获得快感，通过赢得游戏获得声望，而开发商则通过修改游戏参数和游戏规则榨取玩家价值，攫取商业价值。而在游戏机制透明的逻辑下，玩家可以清楚地了解到之前开发商宣称的"中奖概率"是否真实，限量版道具是否真的限量，开发商有多大可能兑现奖品承诺……总体而言，这些原本由游戏运营商操控的规则公开透明，玩家的地位将会得到很大的提升，游戏中的生产关系将被区块链一步步改变。更重要的一点是，游戏中的KOL（Key Opinion Leader）将会与开发商形成一个社区，在这个社区中玩家将会给游戏运营商提供建议甚至着手修改游戏规则，一起维护游戏的运营环境，延长游戏的寿命。在游戏领域，这将是空前的民主、平等和自由。假设开发商即将发布的游戏更新在 KOL 中试运营之后没有得到理想的效果，那么玩家可以通过投票否决此版更新，并提出新的更新方式，将游戏带入新的发展方向。

3. Evolution 案例：独立游戏拥抱区块链

下面以一款 2018 年 5 月获奖的游戏 Evolution 为例进行说明。它是一个基于星云链的区块链沙盒经营策略类游戏。在游戏中，所有玩家都是细胞族群的一员，需要平衡整体适应性、生存性和繁殖性。当细胞群的方向失去平衡时，所有玩家都将无法进化。这不仅是一个游戏，它也是一个真正的社会群体实验。

与大部分区块链游戏中养宠物和金融庞氏的套路不同，Evolution 单人游戏采取部分闭源黑箱的类沙盒成长、世界游戏部分开源的方式，整体又类似于童年各国智能合约实现的解谜游戏，通过可见的世界存活逻辑去尝试解密单人模式中的变异机制。

在单人模式中，玩家需要根据每天的数据面板选择最合适的发展路线，增强繁殖性、适应性、生存性这 3 项属性和增加细胞数量，3 项属性的平衡可以给自己续命，平衡被打破面临的就是死亡，通过休眠进行调整，最终获得高分。这部分的逻辑是由中心化服务器完成，个体的发展只

127

是游戏中的一部分，每一个人在游戏结束后，都可以选择将自己的 DNA 信息（也就是数据面板）融合进世界族群。这部分数据会登入星云链，只有族群内繁殖性、适应性、生存性平衡发展才能保证整个族群的存活。这部分玩法基于去中心化的区块链技术，在某种程度上影射了现实世界中的人际关系。

4. 区块链游戏行业风险分析

（1）游戏开发者盈利模式不甚明确。

在上述区块链游戏的优势中，我们可以看到游戏和玩家的关系发生了本质的变化，玩家地位上升的同时开发者失去了对道具的控制权，在游戏规则公开的前提下开发商究竟该如何赚钱？

根据目前的经验，预售和交易抽成是两种较为现实的盈利模式。首先，由于链上道具具有可确权性和稀缺性，开发商可以通过资产预售赚取收入。以 2018 年 2 月 EtherBots 开发的 Gods Unchained 区块链游戏为例，这款机器人对战类游戏，靠着制作相对精良的画面和爆炸的特效，在 1 月 27 日到 2 月 13 日两周左右的时间内，官方的 3900 个机器人零件预售宝箱被抢购一空，获得了 1100ETH 的净收入。这款游戏中仅有 3900 个初始宝箱，之后不会发行，之后参与的玩家只能从抢到宝箱的玩家那里购买机器人零件。由于预售的亮眼业绩，开发商 Fuel Game 获得了 Coinbase 的 240 万美元的融资及背书。此外，交易抽成是更适合区块链游戏长期生存的盈利方式。在区块链游戏中，开发商提供最基本的游戏逻辑，UGC（User Generated Content）由社区内的玩家创造，玩家中的生产者提供有价值的内容，其他玩家购买内容产品，而开发商从中抽取一定的交易提成。诚然，游戏开发者的盈利模式还会有很多种，以流量生存还是吸引更多 KOL，决定权在开发商手中。

（2）游戏中的数值策划与代币经济交互复杂。

在传统游戏中，数值策划是为了保持游戏的平衡性，一旦区块链与游戏相结合，那么作为游戏底层技术的数值策划将会极其复杂。因为在区块链游戏中，不仅要考虑游戏内部的经济体系，更要将游戏与区块链相结合形成交互的生态经济纳入考量范畴。在区块链游戏中,一旦资产上链,则需要建立代币经济,这将会与现实货币相联系。代币如何发行、如何消耗、如何与游戏道具的价值挂钩、如何与现实货币兑换等一系列问题都需要设计者将经济理论知识与游戏玩法机制相结合,做出相对准确的判断。游戏中的数值策划遇上代币经济,两者的交互与融合机制值得深入探讨。

(3)钱包支持工具服务尚不明晰。

上述提到的"道具链+钱包"设想可以为游戏资产的交易提供极大的便利,然而设想落地需要考虑多方面的因素。目前的区块链游戏钱包交易大多是在网页端完成,若要开发移动端(比如 IOS 或安卓系统)的"道具链+钱包",还存在很多困难。

首先是如何在游戏中支付的问题。如果开发者将钱包嵌入 APP 中,很少有用户会信任嵌在游戏中的钱包,大部分用户将会选择转移少量的资产玩游戏,这不是一个理想的方式。其次是如何将游戏与安卓以及 IOS 对接。对于苹果系统游戏类 APP 的内购充值,苹果要从支付渠道收取 30% 抽成。然而在区块链技术支撑下,苹果不能阻止玩家从任何其他设备转移资产。

(四)区块链+广告

1. 广告行业背景及发展概况

根据 Zenith 的 2018 年全球广告行业报告,自 2011 年以来,全球广告支出增长率保持稳步增长,到 2018 年增长率达 4%。虽然总的趋势看似稳定,但是广告行业的内部结构已经发生了重大变化,广告增长主要来自大国和大城市,广告支出则大量流向了互联网平台。

(1)电视广告增长放缓,数字媒体广告成为最主要广告媒介。

Zenith 的报告显示,2018 年全球电视广告支出占 35.4%,而数字媒体广告则占到了 38.5%。根据预测,数字媒体的广告支出将持续增长。到2020 年,数字媒体广告将以 10.8% 的增速占全部广告支出的 43.8%,几乎占据全部广告支出的半壁江山(见表2)。

表2　2018～2020年全球广告支出增长按媒体类型细分（同比增长）

单位：%

媒体类型	2018年实际数据	2019年预测数据	2020年预测数据
电视	0.8(1.2)	0.5(1.1)	1.6
报纸	−9.1(−7.5)	−7.2(−7.4)	−6.8
杂志	−6.8(−6.5)	−7.0(−6.4)	−5.4
广播	2.7(2.0)	1.1(1.2)	1.2
影院	3.2(5.9)	4.5(5.2)	4.5
户外	4.7(2.2)	4.0(2.1)	3.9
数字	13.8(12.6)	12.0(11.3)	10.8

注：括号中的数据是2018年6月的预测数据。

资料来源：Dentsu Aegis Network。

具体来看，数字媒体广告中的在线视频广告支出预计将在2019年增长20%，成为数字媒体广告支出中增长速度最快的类别。而增速最快的平台是移动平台，移动广告支出预计将在2019年增长19.2%，移动平台已经成为全球第二大广告渠道。随着移动营销的不断增长，中国移动广告预计将在2019年占数字市场总额的75.8%，在美国也已经占2018年上半年美国广告总支出的近2/3。

（2）程序化购买成为数字媒体时代广告交易方式的主流。

在数字广告为主流的今天，广告交易多采用程序化广告。根据Zenith预测，2019年全球广告主在程序化广告上的投入将达840美元，占所有数字媒体广告支出的65%。到2020年，这一数字将进一步增长到68%。出现这种发展趋势主要是由于程序化广告具有诸多优势且其特点符合数字媒体广告的特征。具体来讲，程序化交易提高了广告主的媒介采购和投放效率及投放精准性，提升了媒体资源售卖效率、流量利用率和用户体验。因而在数字广告业，进行交易的首选是程序化交易，这也为程序化交易服务的中介平台发展创造了机遇。

（3）区块链与广告交易的结合或有效解决业内信任危机。

由于程序化购买方式的中间商和子渠道过多，存在大量二级渠道等复杂的代理路径，广告投放环节不透明，因此这些中间商有机可乘，存在大量可作弊的灰色区域。

区块链很有可能成为一个解决信任危机的突破口，为传统广告交易带来一场革命。因为区块链可以留存公开透明的各种交易信息，对于市场业务而言，区块链在理论上会极大地提高交易信息的透明度，阻隔虚假信息，尤其是在消费者对个人隐私信息的关注程度越来越高的大背景下，区块链有望在确保匿名性的情况下拉近消费者与品牌的距离。

2. 数字广告行业痛点问题

（1）广告投放精准性低，阻碍广告的有效传播。

大数据时代的数字广告几乎是根据用户使用习惯投放的，投放的参数多由广告主设定。设定依据是基于大数据技术分析出的，能展现消费者的社会属性、生活习惯、消费行为等主要信息。现有的基于互联网的投放参数是以用户信息、浏览记录、消费习惯等为支撑进行分析得出的，之后再据此进行广告营销定位。但由于用户数据与人性直接关联，很可能具有较高的欺骗性，从而导致一部分用户画像存在偏差和错误。这就导致一旦广告主判断失误，就会按照错误的用户画像将广告投放给对该类广告完全不感兴趣的观众。

精准投放失败的后果并不仅仅是将广告投放给错误的用户，还可能因为用户对广告不感兴趣而产生反感，产生负面效果。同时，当用户对侵入性太强或者不相关的广告过于厌倦时，他们很可能选择安装广告拦截器来拦截广告。除此之外，用户还容易出现广告盲区，即有意或无意地忽略任何类似广告的信息。上述现象阻碍了广告的有效传播，给广告商造成了巨大的损失。

（2）广告欺诈可能性增加，广告行业陷入恶性循环。

中间层操作不透明增加了广告网络、广告主和第三方利用广告进行诈骗的可能性。广告诈骗实际上是广告业一个很严重的问题，最主要的广告欺诈方式是制造虚假流量，其中包括常规无效流量和复杂无效流量。前者是用机器人在固定的 IP 地址不断刷量，这种欺诈方式较好识别；后者是雇人刷量，这种欺诈方式难以通过技术手段识别，成本也较高。

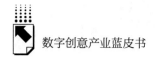

这些欺诈行为直接导致整个行业陷入"劣币驱逐良币"的恶性循环，进一步加剧各方之间的不信任。面对这种情况，广告主很可能重新审视数字广告的价值，削减自己的数字广告预算。这对广告行业尤其是当前迅速崛起的数字广告行业的健康发展造成了巨大的障碍。

（3）中心化管理的广告交易平台结构复杂，降低了广告生态系统透明度。

Facebook 和 Google 等当前主要传统广告交易平台都实施中心化管理，虽然这种管理方式有其优势，但是存在局限性大、限制条件多且权力集中于中心机构的问题。在中心化广告交易平台，广告多通过程序化交易中的电子实时投标，但是在这种方式下，交易平台一般都不提供广告投标的相关细节，只会将广告位的最高出价告知广告主，但是没有可以证实其真实性的渠道。

而且，作为广告定价基础之一的用户关注度的价值在不透明市场中没有明确、合理的定价，其价值被流量控制方夺取。广告主和发布商没有一个公开透明的方法来衡量广告效果和价值，而通过广告欺诈来增加流量的行为进一步加剧了这个问题。在中心化广告交易模式下，中间商的寡头垄断和有偏倚的数据又导致发布商常常无法获得足够的利润，这部分利润被中间商拿走。在这种模式下，广告被强制下架、广告商和广告主被无辜封杀的现象屡见不鲜。

（4）用户隐私缺乏保护，个人安全受到极大威胁。

广告交易平台和服务网络每天都需要处理和存储大量中心化数据，用于广告交易或投放。用户的身份、偏好等信息都可以通过这些数据轻易查到，上述平台本应依法对这些信息进行保密，但是平台将信息改作他用，甚至通过交易这些用户信息获取利益。这导致用户隐私遭到暴露，个人安全遭受威胁，但是用户无能为力。

综上，高速发展的数字广告业既充满机遇，又面临挑战。广告企业如何才能迎合发展数字化广告的潮流，直面广告业痛点寻找解决方案？基于区块链技术和智能合约的去中心化广告交易平台 AdEx 给出了一种可能的方向探索。

3. 从 AdEx 案例透视区块链技术对数字广告行业痛点问题的解决

AdEx 致力于用透明化、专门化的平台来改变传统的数字广告模式，以便广告主和发布商协作并吸引最佳潜在客户。AdEx Lounge（对应白皮书中的 AdEx User Profile）是 AdEx 的核心特征，它可以帮助每位终端用户理解并控制发送给他们的广告。对广告主来说，让用户（指全部可以看到广告的用户，包括 AdEx、发布商的用户）掌握更多的控制权对他们更加有益：这实际上让用户自愿告知他们自己的消费偏好、购物习惯和购买意愿等信息。这意味着 AdEx Lounge 可以帮助广告商实现"外科手术式精度"的广告定位，确保了广告投资回报率。

AdEx 利用区块链和智能合约技术消除了现有广告服务网络的复杂性和混乱性，AdEx 网络接受用户的监督，可以有效解决广告投标缺乏透明度的问题，同时避免对广告原因不明的错误举报，而这些正是当前广告客户面临的常见问题。具体而言，AdEx 利用区块链技术实现了以下几点突破。

（1）详细定位用户偏好，实现广告精准投放。

在 AdEx Lounge，用户可以查看 SDK（软件开发工具包，始终读取本地存储，不需要网络）收集的有关他们自己的数据，并可能根据自己的喜好对其进行修改。这些数据不会被上传到任何地方，只会影响广告定位。通过区块链技术，发生在区块链外的交易也可以使用其 OCEAN（离线事件聚合）上链，并使用 OUTPACE（基于 OCEAN 的单项无信任支付渠道）进行支付，使用户获得金钱奖励并可提取资金。区块链增加了数据的维度，实现多维度数据的交叉对比分析，提升了数据质量和用户画像的准确度。用户在 AdEx Lounge 中详细地描述自己的偏好，确保了用户接收到的广告全部为其感兴趣的内容。

对于广告主来说，这意味着用户定位和广告参数设置更精准，有利于将更多的用户转化为客户。对于发布商来说，这意味着可以更精确地发布目标，获取更高的投资报酬率。同时，精准的用户画像可使广告商、出版商向用户提供精确定向的非侵入式广告。通过这种方式，最终用户接收到的是自己感兴趣的广告，广告客户也可以获得更符合其喜好的广告视觉设计。因

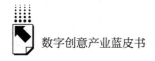

而，区块链净化了整个广告行业的生存环境，这种由用户自主选择偏好的方式为广告业解决精准投放提供了新的思路。

（2）监控广告流量，形成有效的反诈骗机制。

AdEx向广告主提供追踪诈骗、预防诈骗和无效广告流量机制，并将其与区块链技术相结合。区块链作为不可篡改、不可破解的数字账本，可以有效记录所有观看者和点击者的数字身份。当某一节点的数据被删除或者改写时，所有文件都会同步更新，保证了信息的透明度，防止数据被篡改。在这种情况下，想通过广告机器人或者人工刷流量的方式批量提高广告的点击量，或者篡改虚假IP地址会变得格外艰难，因为广告主可通过区块链追踪每一位观看者和点击者的数字身份来验证广告流量的真实性，有效地减少了广告欺诈带来的损失。

在这种广告交易平台上进行广告交易时，广告主也可以清楚地了解自己需要支付的广告位置费和支付方式，从而避免被中间商或发布商的虚假数据所欺骗。

（3）建立用户自治、公开透明的去中心化交易平台。

和大部分区块链应用一样，在AdEx平台上，交易将根据智能合约自动完成，消除了中心化交易的内部运营风险、商业道德风险和资产盗用等人为因素引起的影响用户安全的风险。通过区块链技术，可以瓜分中间商的巨大蛋糕，使广告主、媒体和用户三方受益。而且在这种去中心化的交易平台上，用户有决定对错的权力，这有助于从本质上过滤不良广告，这对用户、广告主和发布商都十分有益。

在AdEx平台上，区块链记录了观众的每一次点击和点阅，广告主可以在链上找到这些数据，检验广告活动中的所有元素（如参与者、广告位置、收视次数和点击量等），从而判断广告位是否真的将广告展示给了观众。广告主愿意为广告位支付的最高金额等信息都会通过区块链得到记录，按支付价格进行排序并进行公布，保证了招投标环节的透明度。去中心化也可以保证广告交易平台不会滥用或操控信息，广告商可以放心地根据实际结果进行支付。

（4）区块链技术保证可以低成本、匿名使用大数据。

AdEx 交易平台的区块链上可以记载大量数据，其中包括广告主的偏好和目标受众、广告观众的偏好、发布商的点击量、招投标过程中的各种数据。这些数据汇集起来形成了一个详细而全面的数据库，可以作为用户数据平台被所有用户随时使用，并且没有人员或组织可以随意改变它们。由于区块链技术可以隐藏数据信息的来源，这保证数据只能用于统计，但是不能追踪到具体的产生数据的个体。简而言之，区块链可以帮助广告主获取和处理目标受众和消费者的相关数据，但只能统计，不会侵犯消费者的隐私。这样一来，既保护了广告观众的隐私，又有利于发布商和广告主了解对方和观众的情况。智能合约的自动匹配也简化了广告合作伙伴的选择过程，免去了当前广告投放市场调研的时间和成本。

4. 区块链技术应用于数字广告业的风险分析

上文以 AdEx 为例，分析了区块链的使用能够为广告领域带来的巨大好处，这些好处足以改变当前广告行业的运作模式，使广告业生态环境得到良性发展。但是区块链不能解决所有广告业的问题，它的使用也可能给整个行业带来新的挑战。

（1）前期用户数据收集困难，宣传成本较高。

一个最主要的问题是，区块链固然能够储存大量信息，既使得数据能够被业内人士共享，又保证了用户的隐私，然而收集这些数据以形成一个足够反映行业面貌的数据库是一个艰巨的任务。收集这些数据需要一定数量的用户，因而这些平台的前期宣传推广工作需要花费大量的精力和资金。没有得到足够的合作伙伴和用户的支持，类似的平台不可能长久地运营。

（2）AdEx 当前支持的广告形式过于单一。

当前的广告类型丰富多样，广告主也总是想选择可以满足多种广告形式的发布商，如 AdEx 的广告交易平台需要针对不同类型的广告提供交易服务。但是这些平台多从某一种类型的广告开始做起，比如 AdEx 团队拥有视频点播和流视频背景，因而选择在现阶段只和视频娱乐发布商进行合作，这使它提供的广告形态单一，将很多潜在的客户拒之门外。这种发展战略不利于业务拓展，但是想做到广告种类齐全，又需要对多个领域有充分的了解，这给广告交易平台和广告网络带来了新的难题。

（3）平台运作流程复杂，让潜在用户望而生畏。

区块链是一种新的技术，很多广告主和发布商对它的工作原理缺乏了解，这可能使其不敢轻易与平台合作。除此之外，这种交易平台流程复杂，使用起来并不简单。对广告主而言，为了使用区块链技术，需要投资很多新的基础设施，业务重组的波及面和资金投入也很大。这些都阻碍了用户与交易平台的合作。

所以 TokenInsight 网站将 AdEx 评为 CCC 级，意思是该项目的技术基础或创新性存在一定问题，应用场景有限，受内外不确定因素的影响，项目风险较大。行业内大部分交易平台都存在类似的问题，如果不解决上述问题，基于区块链技术的广告交易平台很难真正得到推广。

（五）案例总结：细分场景区块链应用前景看好，但挑战众多

前文从四大细分领域扫描了区块链技术与数字创意产业结合的落点、机会与挑战，现将主要内容进行总结为表3。

表3　案例总结

区块链+	数字版权保护	自媒体	游戏	广告
行业背景	• 行业规模扩大 • "政策+司法"有力支撑 • 版权生态环境优化 • 区块链技术的发展	• 网民、移动端 • 商业模式成熟 • 野蛮生长,行业规范和监管不足	• 用户头部效应显著 • 玩法单一,生命周期较短 • 1.0→2.0时代	• 数字媒体广告媒介 • 广告程序化购买 • 新时代信任危机
行业痛点	• 侵权严重,原创者利益受损 • 中心化版权管理机制存在缺陷	• 新闻造假 • 著作权保护 • 流水式新闻,缺乏深度	• 开发商拥有道具所有权,资产无复用价值 • 玩家与商家相互对立	• 广告投放精确性低 • 广告欺诈 • 中心化的广告交易平台 • 用户隐私缺乏保障

区块链+	数字版权保护	自媒体	游戏	广告
案例概况	Po. et:已发展到3.0版本,获得了多轮融资,"区块链+数字版权保护"的领跑者	火星财经:集新闻、咨询、数据等于一体的区块链产业信息服务平台	Evolution:一款基于星云链的区块链沙盒经营策略游戏,单人模式与社会玩法结合	AdEx:帮助广告商实现"手术式精度"的广告定位
案例优势	• 连接出版业各方 • 技术先进,架构成熟 • 3.0版本专注"搜索"	• 新闻溯源性提高 • 技术提升倒逼内容质量提升 • 媒体、咨询、数据相结合	• 玩家拥有资产所有权 • 跨游戏复用资产且可交易 • 游戏机制公开透明	• 广告精准投放 • 有效的反诈骗 • 去中心化交易平台 • 低成本、匿名大数据
风险分析	• 多方协议,管理困难 • 信息繁杂,搜索引擎建立困难 • 存储空间容量要求高,成本高昂	• 区块链数据库构建成本太高 • 多元化信息存储的多方协议难以达成	• 盈利模式不甚明确 • 数字策划与代币经济交互 • 钱包支持工具服务尚不明晰	• 前期用户数据收集困难 • 广告形式过于单一 • 平台运作流程复杂

资料来源:根据前文分析自行制作。

1. 区块链赋能细分场景,需要针对行业痛点有的放矢

在数字版权领域,区块链的去中心化共识机制和基于"代码规则"的安全协作可以使原创记录不被更改,同时可以有效解决当前中心化管理机制中的诸多不便与弊端,切实提高管理水平。

在自媒体领域,区块链作为互联网底层技术,其显著的分布式数据存储特征和分布式计算特征能够让储存在其中的新闻文章和数据不被随意篡改;同时,区块链的加密计算技术允许媒体建立自身的区块链数据库,存储新闻数据和信息,从而将传统媒体行业的边界延伸到咨询行业和数据分析行业。

在游戏领域,区块链赋能使玩家的资产信息被上链存储在玩家独有的账户中,使玩家拥有游戏资产所有权。同时,在上链之后,区块链游戏道具具有复用性,便于开发商降低获客成本。此外,游戏的核心机制和规则上链后,游戏规则更加公开透明,从本质上改变了玩家与开发商之间的关系。

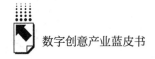

在广告领域，区块链增加了数据的维度，实现多维度数据的交叉对比分析，提升了数据质量和用户画像的准确度，从而使广告商能够更精确地接收到用户的偏好。同时，区块链作为不可篡改、不可破解的数字账本，可以有效记录所有观看者和点击者的数字身份，当某一节点的数据被删除或者被改写时，所有文件都会同步更新，保证了信息的透明度，防止数据被篡改。此外利用区块链去中心化的特点，可以建立去中心化的交易平台，用户有决定对错的权利，这有助于从本质上过滤不良广告。

总结来说，区块链之所以可以在各细分场景落地，主要是因为其具有去中心化、不可篡改、分布式数据存储、基于"代码规则"的安全协作等特点。区块链的赋能将为解决行业痛点提供思路，"区块链＋"前景光明，充满无限可能。

2. 区块链赋能细分场景，底层技术仍需完善，风险不可小觑

进入区块链 3.0 时代，各细分场景引进区块链虽然有着广阔的发展空间，然而区块链的底层技术，包括安全、分布式系统、点对点通信协议、共识机制、智能合约等都需要进一步完善，适用于特定垂直行业的区块链架构仍需进一步打造。同时，从上述 4 个细分场景的案例分析中可以看到，每一个行业在引进区块链后都面临着一定的风险。此外，区块链技术需要与应用场景和其他技术结合，需要支撑数字信息技术之外的其他复杂场景，在结合的过程中应妥善处理好各利益方的诉求，建立公平合理的平台。

三 数字创意产业领域区块链未来发展趋势前瞻：区块链 +5G + 人工智能

（一）区块链与5G技术结合的优势

5G 技术，全称为第五代移动电话行动通信标准，也称第五代移动通信技术。1G、2G、3G、4G、5G 是频率由低向高向超高发展的过程，频率资源有限，所有的频段都由国家来掌控分配，有专门军用的、运营商的、广电

的，低频传播距离远、传播速率低，适合广播及 1G、2G 电路域的要求；高频适合传播高清视频、高清语音等；超高频适合传播极清视频（VR、AR、超高清图像等）。5G 技术的优势在于数据信息传输的速率高、网络覆盖广、通信延时低，并允许海量设备介入，其愿景是实现万物互联，构建数字化的社会经济体系。前文立足 5G 本身的特性与优势探讨了其与区块链、人工智能等深度融合发展的空间，本部分则主要以区块链为本体对象，对这些新兴前沿技术的融合发展空间及其后果进行研讨。

1. 5G 技术能为区块链解决延时高、交易速率慢、基础设备要求高的问题

从根本上讲，5G 技术是一次信息传输领域的革新，无论是在信息传输速率、传输流畅性还是信息传输设备上，5G 对于原有的 4G 技术来说都是一次质的飞越。而在区块链的主链搭建和区块链数据库构建过程中，过低的信息传输速度、信息交互的延时问题以及对通信专业设备的高要求一直是区块链行业中的痛点问题和难点问题，区块链技术研究出现瓶颈，很大程度上是因为 4G 技术无法满足区块链技术的实验和应用测试，而 5G 技术可以很好地解决区块链技术发展中的问题。

2. 5G 技术能加速区块链应用层的研发和市场化速率，促进区块链应用研发落地

区块链技术从来都不是停留在理论上的研究，区块链技术相关的应用领域要比区块链理论研究领域广泛得多。但是在 4G 技术的限制下，许多区块链相关的研究项目和应用无法成为现实。5G 技术能够为区块链技术相关的应用落地提供强大的信息传输支持，能够很好地提高从研发阶段到应用阶段的市场转化率，也会带动具体应用场景的投资风潮，以资产力量促进更多区块链应用的研发和落地。

3. "区块链 +5G 技术"能大幅减少信息传输和储存成本，降低区块链数据库构建门槛

在 5G 技术强大的信息传输技术加持下，区块链主链构建和数据库构建过程中的信息传输和储存成本将会大幅下降，区块链相关企业将不需要花费大量的人力物力支付高昂的数据传输和储存成本，也不需要担心区块链数据

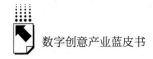

库因为数据传输问题而降低实际效益。这样一来，区块链技术将不再只是大资本独有的资源，更多的互联网企业和资金方都能够参与当中，从而降低了区块链数据库构建的门槛，提高了区块链技术的市场转化率和普及率。

（二）区块链与5G技术结合的痛点

1. 对5G技术与区块链技术的研究不够深入，相关理论研究尚未完善

目前关于5G技术的普及、5G网络下应用的适配性等问题还处于初始研究的阶段，区块链技术在虚拟货币领域之外的其他领域的应用开发还处在探索阶段，区块链研究中所设想的底层数据库共享链是否真的能够实现还有待考量。因此，区块链技术与5G技术相结合的应用落地还有很长的一段路要走。

2. 5G技术依旧没有解决区块链最核心的痛点问题

5G技术虽然给区块链带来了效果显著的底层传输技术支持，但是5G技术的进步不能给区块链带来除信息传输之外的正面效果，依旧未能解决4G环境下区块链的隐私信息安全、虚拟知识产权保护、虚拟交易信任缺失等问题。即使现在信息的传输速度已经达到5G的标准，在区块链主链搭建和数据库构建的过程中依旧不能保证隐私信息的安全；同时，互联网上的虚拟知识产权也不会因为5G技术进步而得到更高的保障；由于传播速度更快和传播范围更广，信息泄露和交易的不确定性也会增加，虚拟交易的信任缺失问题还是无法解决。

（三）区块链与人工智能技术结合的优势

1. 开放的数据市场

区块链能够有效解决数据的使用权和拥有权难以分离、数据隐私泄露等问题，构建一个开放的数据市场。通过区块链的赋能，用户可以自主决定将什么数据设置为私密，什么数据可以公开放到区块链上，每一次征用这些数据都在用户的掌控之中，不能轻易篡改，而数据价值变现也更加公开透明，从而有效地解决了数据的使用权和拥有权难以分离和数据隐私等问题。

2. 降低算力资源耗费

数链结合的智能网格化工作流将重新定义工作流程和条件，并将点对点的资源进行匹配，即算力与需求相结合，结合之后再进行任务协同，最终达成数据业务协同和数据计算协同。这样的设计让人工智企业能以更低的成本获得较多的算力，有效降低了算力资源耗费，解决算力成本高昂的问题。

3. 智能区块链管理

区块链与人工智能的结合并不只是区块链为人工智能单向赋能，人工智能也能反过来优化区块链。区块链需要大量的处理能力来完成任务，而人工智能自动化的业务处理和智能化的决策能够使区块链智能合约更加智能。区块链和人工智能目前仍处在发展的早期阶段，距离大规模的实际运用还有很长一段路要走，但我们仍能从目前落地的一些应用和正在进行的研究中窥见美好的未来，相信区块链和人工智能的结合在将来能实现"1 + 1 > 2"的结果。

（四）"区块链 + 人工智能"的应用场景分析

1. 安全验证

区块链安全需要对各个网络和应用层次进行综合保护才能实现，关注的重点为智能合约的安全性。由于智能合约属于软件代码，因此传统软件缺陷和安全漏洞可以通过形式验证（Formal Verification）的方法处理。同时，智能合约在分布式网络上以并发方式执行，因此需要在沙箱网络上引入动态攻防手段，验证动态安全性。

2. 智能合约代码生成

智能合约表现为使用编程语言撰写的程序，因此使用门槛较高会严重影响智能合约的可用性。不具备编程能力的一般用户必须聘请程序员完成合同编制工作，人工智能技术提供了自动综合代码的可能性，当前以微软DeepCoder为代表的深度神经网络已能够在专用领域根据一组示例自动产生代码。值得注意的是，虽然与针对任意问题的自动化代码生成仍然遥远，但智能合约本身已经呈现许多显著特色，例如程序具有比较清晰的状态（可以用有限状态机表示）、计算过程相对简单（主要是针对虚拟货币的算数运

算）、存在典型模式（例如存取款、投票、彩票等），使得针对性的代码生成具有较大的可能性。

3. 区块链自动治理

任意复杂系统在全生命周期过程中都要经历自身和环境的变化，因此需要一组规则决定在变化发生时怎样对系统自身进行改变。规则可以体现为代码（如智能合约）、法律、过程（如 X 发生时必须执行 Y 动作）和责任要求。系统治理就是创建、更新和放弃这些规则的决策过程。由于区块链具有去中心化特点，其治理过程涉及开发者、用户和商业实体的利益平衡。一方面，区块链系统传统上采用离线治理方式，即任何人均可以提出改变治理规则的建议，但是否采纳某项建议则需要按照一定的协议进行评估，最后通过多方投票的方式决定最终决策并修改相关代码。另一方面，目前也有不少人认为基于人工智能的自主、在线治理更适合高速变化的网络环境。在这种情况下，治理过程可以通过基于 AI 的增强式学习实现，DFINITY 区块链甚至提出使用 AI 代理作为用户代表自动进行投票。

（五）区块链与5G技术结合发展的趋势

1. 区块链行业需要主动拥抱5G时代

5G 技术将通过低时延、高速率、低成本来改变区块链的效率弱势，对于用户来说，这意味着更快的速度，以及更多、更纷繁的信息。5G 时代的信息与内容传播形态将更加碎片化，区块链技术的分布式架构和良好的系统可伸缩性，使它很适合被用作大量富余零散资源的管理、交易、存储、转发系统。在区块链技术支撑下，垄断分发渠道的传统巨无霸型的内容公司将逐步失去中心化优势，年轻人在内容产业将迎来更多的创新和创业机会。

2. 5G技术会带来通信与内容创作行业的连环效应

运营商的巨额投资必须追求更高额回报（约是 4G 投入的 2 倍），其不满足只当基础设施商，与内容方直接合作成为必然选择。以前总有第三方赚差价，未来优秀的内容创作者将获得新的福音，优秀的创业者也将获得新机遇。传统汽车公司有可能成为内容分发平台。随着 5G 技术的发展，过去的分发机制就会落伍，区块链技术将获得青睐，因为它是从各个节点、各个用户来进行分发的，可以建立透明的生态，各个垂直领域将迎来新的时代。

3. 区块链将在 5G 时代出现一些非常具有争议的应用

区块链叠加 5G 给我们的生活变革带来巨大的想象空间，如真正去中心化的高速沟通工具、海量存储且永不消亡的数据网盘、不可篡改规则的 VR 游戏、点对点传输的交互娱乐、充分共享的匿名交易平台、无须信任的影子银行、无法屏蔽的多点存储网站、无人维护的互助保险、组队打怪式的利益均享虚拟组织、智能合约保护下的无庄菠菜、各种奇奇怪怪的内容平台……当窗户都可能是观看电影的大屏幕，5G 的高速传输也将使区块链的技术安全性能重新被检验。

参考文献

［1］ 冯雯璐：《区块链在传媒领域的应用探索》，《科技传播》2018 年第 10 期，第 142 ~ 143 页。

［2］ 孔德云：《以去中心化之力，重塑生产关系——区块链行业研究报告》，36 氪研究院，2018。

［3］ 李鹏飞：《基于区块链技术的媒体融合路径探索》，《新闻战线》2017 年第 15 期，第 90 ~ 93 页。

［4］ 吴健、高力、朱静宁：《基于区块链技术的数字版权保护》，《广播电视信息》2016 年第 7 期，第 60 ~ 62 页。

［5］ 中国人民银行合肥中心支行科技处课题组：《区块链结构、参与主体及应用展望》，《金融纵横》2017 年第 1 期，第 43 ~ 53 页。

［6］ 张元林：《区块链引发文化产业变革》，《中国出版传媒商报》，2018 年 2 月 27 日，第 5 版。

［7］ Amanda Ahl, Masaru Yarime, Kenji Tanaka, Daishi Sagawa, "Review of Blockchain-based Distributed Energy: Implications for Institutional Development," *Renewable and Sustainable Energy Reviews*, 2019, p. 107.

［8］ Fabian Knirsch, Andreas Unterweger, Dominik Engel, "Implementing a Blockchain from Scratch: Why, How, and What We Learned," *EURASIP Journal on Information Security*, 2019, Vol. 2019 (1), pp. 1 – 14.

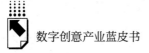
［9］ Georgiev, I., Dimo, S., Vanina, I., AdEx: A Decentralized Ad Exchange Whitepaper. 2018.

［10］ Minhaj Ahmad Khan, Khaled Salah, "IoT security: Review, Blockchain Solutions, and Open Challenges," *Future Generation Computer Systems*, 2018, p. 82.

［11］ Muneeb Hassan, Mubashir Husain Rehmani, Jinjun Chen, "Privacy Preservation in Blockchain Based IoT Systems: Integration Issues, Prospects, Challenges, and Future Research Directions," *Future Generation Computer Systems*, 2019.

［12］ Wei Feng, Zheng Yan, "MCS-Chain: Decentralized and Trustworthy Mobile Crowdsourcing Based on Blockchain," *Future Generation Computer Systems*, 2019, p. 95.

［13］ Wenbo Jiang, Hongwei Li, Guowen Xu, Mi Wen, Guishan Dong, Xiaodong Lin, "PTAS: Privacy-preserving Thin-client Authentication Scheme in blockchain-based PKI," *Future Generation Computer Systems*, 2019, p. 96.

产 业 篇

Industry Reports

B.6

转型与重构中的中国影视行业发展

金 宇 魏鸣钰 马紫涵 等*

摘 要： 2018年夏季的"阴阳合同"事件暴露了积存已久的各种行业
沉疴，政策监管趋严，热钱大量撤出，新兴技术力量作为底
层因素推动行业运行逻辑与整体格局的嬗变。本报告在对行
业整体发展状况进行扫描的基础上，着重从内容转型、院线
转型和艺人经纪转型3个维度管窥行业态势，为中国影视产
业突破重围提供思路。

关键词： 影视行业 行业困境 行业格局 电影院线 艺人经纪

---

* 执笔人：金宇、魏鸣钰、马紫涵、李星瑶、周书樾、周璐、陈爽、张轩玮、韩豫川、姜
雨薇。

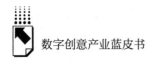

一 中国影视行业发展现状

（一）内因外因协同作用，影视内容产业危中寻机

1. "阴阳合同"搅乱一池春水，行业危机集中引爆

2018 年的中国影视内容产业可谓风起云涌。在经历了近 20 年的"野蛮生长"后，中国在 2017 年以 559 亿元票房成绩收官，成为仅次于北美的全球第二大票房市场并引发了资本的投资热情。2018 年 6 月风云突变，明星借"阴阳合同"逃税的问题爆发，揭开了影视行业灰色操作的遮羞布，其蝴蝶效应也波及了股市，与相关明星"沾亲带故"的公司相继受到冲击，股价纷纷下跌。随之而来的是政府部门的监管改革。2018 年 6 月，中宣部等多部门联合要求加强对影视行业天价片酬、"阴阳合同"、偷逃税等问题进行治理，控制不合理片酬，推进依法纳税，促进影视业健康发展。在政府的严厉监管之下，曾经的"避税天堂"霍尔果斯也接连爆出有明星资本撤出的新闻，传媒板块的上市公司 IPO 重组之路难上加难，影视行业的寒冬骤然降临。

"阴阳合同"只是这次行业变革的序曲，许多借由影视行业投机套利、钻空子、获取灰色收入的资本选择了暂时撤离，没有新的作品立项、开机率低、影视基地运营困难等问题逐一暴露，随之而来的电影票退改签风波等问题更是雪上加霜，一些无衣以御寒的影视公司面临严重的生存危机。

2. 库存积压严重

现阶段，影视剧公司剧集库存激增问题普遍存在，再加上如今视频网站会员量已经渐趋饱和，在影视作品采购上放慢了脚步，购买价格也不断缩水。2018 年 8 月 11 日，爱奇艺、优酷、腾讯视频、正午阳光、华策影视、柠萌影业、慈文传媒、耀客传媒、新丽传媒（3 家视频网站、6 家影视制作公司）联合发布《关于抑制不合理片酬，抵制行业不正之风的联合声明》。对于影视公司来说，视频网站的"不积极"表现加大了行业内影视公司的内容库存数量。

3. "IP＋流量明星"不再是"收视良药"

曾有一段时间，"IP＋流量明星"的搭配成为影视市场的"万金油"，但在2018年这种情况开始改变，各类"小鲜肉"出演的"大IP"，既不叫好也不叫座，对投资方和平台方的吸引力逐渐减弱，明星和流量的价值被重新评估。

4. 遭遇短视频弯道超车威胁

影视剧行业发展乏力、利润空间缩小、去库存压力大等现象背后与短视频行业迅猛发展对注意力市场的斜向切分有千丝万缕的关系。短视频内容生产和播放的井喷式增长对即时通信和在线视频、影视行业造成了一定的挤出效果，用户在对视频内容产品的选择上，偏向于观看时间短、内容更加丰富、节奏更明快的碎片化短视频内容。

5. 视频网站延伸至上游内容产业链

2018年各大在线视频网站持续加大对原创内容的扶持力度，平台不仅是影视产业链的播放端口，而且参与到影视剧生产的各方面，与影视制作方有了竞争关系而并非原先的产销合作关系，同时由于其对内容生产模式、盈利模式的不断创新，为整个影视行业带来了鲇鱼效应。

6. 资本退潮，融资艰难

过去大陆影视产业高速发展，资本的作用不可或缺。进入2019年，数以百计的影视私募公司都从主动出击转而规避这一领域，融资艰难成为常态。

7. 监管部门遏制片酬，推进税改

2018年10月，国家税务总局下发《关于进一步规范影视行业税收秩序有关工作的通知》，本次规范影视行业税收工作将从2018年10月开始，一直持续到2019年7月底。如若税收改革政策正式实施，影视工作室所面对的整体税率将会从6%一举跃升至42%，在负担加重、避税方式又遭遇限制的情况下，是明星转嫁税费到制片方还是明星集体降低成本，将面临一个长期的博弈过程。

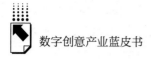
8. 内容监管，题材限制

近年来，监管部门对影视剧内容以及题材的限制越发严格，各类非现实题材和历史古装剧都受到了较大限制。通过对比各年度收视率数据可以看出，古装剧、历史剧是影视创收方面的"领头羊"，而对非现实题材影视剧的限制会导致相应收入的紧缩。

（二）转型重构中的影视行业发展态势

1. 高压监管态势或将持续，行业并购整合势不可免

2017 年以来，对影视行业的监管政策可以分为 3 条较为密集的主线。内容监管：严控偶像养成、亲子综艺节目，对引进境外视听节目的总量、题材和产地等进行调控和规划。艺人薪酬：明确制作成本配置比例，遏制天价片酬，严查偷税漏税。网络视听节目管理：对网剧监管趋严，网台统一标准成为大趋势，网上、网下一把尺子。广电机构调整后，在文化娱乐与经济效应的基础上，将更加重视影视产业的社会效应与思想宣传作用。

可以预见，2019 年监管机构将继续维持高压态势，这将对影视行业各个环节的产业生态造成巨大影响，明星薪酬降低将会在短期内带来影视公司生产成本的下降，为影视公司向高质量内容生产方向发展提供一个窗口期。对于视频平台来说，盈利的核心逻辑将会改变，商业模式有可能重构，视频平台迎来新的转折点。另外，资本寒冬和政策高压下一些业内公司抱团取暖，新一轮行业优胜劣汰、并购整合势不可免。

2. 内容生产与资本布局双向并行谋求破局

2018 年影视行业的调整，悲观者或许只看到了损失，但乐观者从中看见了新生与希望，行业开始去芜存菁，虽然会增加一些企业的短期压力，但对于创作本身可能是一种良性倒逼。在经济效应与文化价值、文化使命之间如何有机平衡成为考量业界智慧的地方。一批对艺术理解独到、对新元素接受迅速的新生代创作者逐渐被受众认可，新一代导演伴随着互联网成长起来，他们对新技术有着更深的理解，其审美旨趣与价值观也将为影视产业注入新的活力。当不良资本退去，影视行业不再急功近利，留下的将是真正懂

行的人。创作者可以慢慢沉淀下来，用心做影片。投资者也可以回归理性，回归价值投资。影视寒冬不是杀猪刀，而是试金石。

在行业整体转型进程中，业内公司也在做多方面的突围、探索、尝试。老牌内容生产企业光线传媒把发展视野从单纯内容生产向内容投资和资本运作转型。2018 年前三季度其净利润为 22.85 亿元，同比增长 263.7%，几乎等于分别排在第二、第三名的中国电影和万达电影的净利润总和。单就三季度财报来看，光线传媒似乎在资本寒冬中夺冠。然而，净利润的大幅增长主要是出售新丽传媒股份带来的投资回报，扣除这部分利润后净利润仅为 2.25 亿元。光线传媒不止一次依靠投资回报来推动盈利增长。2016 和 2017 年就曾分别出售天神娱乐和捷通无限获得巨大收入。从电视到电影再到内容投资，光线传媒依托资本层面的合纵连横布局"全内容＋全渠道"媒体集团。在渠道上，光线传媒引入了阿里的投资，并购了猫眼，并以猫眼为桥梁，合并腾讯微影，猫眼微影成为中国最大的网络在线票务平台；在内容上，光线通过猫眼数据，更加了解用户喜好，优化内容，持续打造优质 IP，形成产能矩阵。

3. 基于 IP 流转的影游联合体模式探索

新锐公司完美世界股份有限公司则在影游联动方面探索发展新模式。完美世界以打造影游综合体为战略目标持续布局，于 2014 年上市，其业务板块分为游戏以及影视两个。在影视内容方面推出了不少荣登大荧幕的影片如《钢的琴》《失恋 33 天》等，还打出网络剧与电视剧的组合拳，综艺节目也节节开花，《极限挑战》《向往的生活》《跨界歌王》《跨界喜剧王》等节目反响良好。游戏是完美世界最主要的业务板块。2018 年，完美世界确定了新的发展战略，从年轻化品牌出发，打造全新的完美世界 IP 生态系统。在开拓国际业务方面，2018 年，完美世界与 STEAM 游戏产品进行对接，同时把战略布局延伸至动画领域。完美鲲鹏作为完美世界旗下的动漫科技公司深耕动画和玩具行业，不断开发 3D 动画制作技术，多元化布局不断稳固和拓展。

截至 2018 年，完美世界拥有和运营的 IP 产品数量不低于 20 款，同时还有大量尚未形成完整产业链的 IP，未来仍然可以在原有 IP 衰落的基础上依靠成熟的模式重新发展，成为后生力量。与其他游戏公司不同，完美世界在进入市场初期就注意到了女性游戏市场，并且很早就推出了不少颇受女性群体青睐的与影视、动漫 IP 结合的游戏产品。由于定位准确清晰，无论是 2017 年推出的《梦间集》还是 2018 年与阿里进行深度合作推出的《烈火如歌》，都创下了不小的营收。

4. 跨屏融合趋势显著，"瘦身出精"优化产出结构

《2018 中国网络视听发展研究报告》显示，截至 2018 年上半年，中国手机视频用户数量已达到 5.78 亿人，越来越多的网民倾向于在手机端观看视频。电视剧不局限于在电视台播放，电视剧跨屏现象越来越常见。由于电视台播出时间相对固定，而现代观众的娱乐时间又呈碎片化分布，因此很多受众会选择放弃通过电视端观看电视剧，而转向互联网。互联网平台不仅能调节倍速播放，还可以发布弹幕与他人进行实时讨论，相比于电视，拥有更强的交互性。此外，越来越多的网剧开始申请电视剧的许可证，比如《烈火如歌》，同时大多数电视剧会选择网台联播。这些现象说明媒介的屏障对于优质电视剧来说是不复存在的，电台与互联网的联合为观众提供了更多的选择空间，同时也为影视创作者提供了更多的盈利渠道。

从国家新闻出版广电总局、广发证券发展研究中心对 2013～2017 年影视剧销售额、投资额及增速的总结来看，自 2017 年资本涌入影视剧制作行业以来，行业销售额及投资额都经历了空前的增长。随着市场竞争加剧，行业整体利润率正在被挤压，到 2017 年，影视剧投资毛利率甚至跌破 10%。2018 年上半年影视剧发行的单部集数维持平稳，经过时间的沉淀、市场的检验，短剧集依然长盛不衰。从用户角度来看，短剧集迎合了用户利用互联网消磨碎片化时间的需求；从供应商角度来看，长剧集不仅成本高，而且收益具有不确定性，短剧集成本较低，且收益回报前景较好，试错成本也不高。这些现象将倒逼影视剧公司更加注重内容生产，加剧行业生态的重构。

近年来，监管部门对影视剧内容题材的要求更加严格。影视剧的内容"红线"越发收紧，如反对拜金、炫富主题的现实主义题材，反对盲目篡改

历史定论、历史主题和历史人物的虚无主义历史题材，反对"娱乐至上"观念的"荒诞"英雄主义题材等。从国家新闻出版广电总局发布的一系列政策可以看出，影视制作公司在影视寒冬中将面临更加艰难的处境，创作的空间将受到更大限制，之前热门的题材（比如古装剧题材）也将会减少播出。

二 转型重构中的中国电影院线行业

（一）院线发展面临瓶颈，转型升级迫在眉睫

2008～2018 年 10 年间，中国电影产业高速发展，电影票房以年均 35% 的速度节节高升，堪称"黄金十年"。2013～2017 年各线城市票房 5 年平均复合增速数据中，四、五线城市的票房增速接近一、二线城市的两倍。虽然一、二线城市的票房增长速度虽然仍保持中高速，但已经落后于三、四线城市的增速。这意味着，原先支撑一、二线城市票房继续向上增长的动力，即观众增长和消费升级，已经开始逐渐转移到三、四线城市。

1. 人均观影增速不及银幕数量增速

票补时代的结束使得低价电影票减少，三、四线城市的主流观众群体即"小镇青年"对票房的带动作用放缓。消费者的注意力被多渠道分流，银幕数量不断增长，上座率和观影人次没有随之提高。近些年，尽管国内票房大盘增幅持续，但由于新建影院数量剧增，影院市场逐渐进入"红海"。竞争加剧，造成现阶段影院的平均上座率低。尤其是在银幕扩张后期，院线主要进军四、五线城市，但这些地域的观众数量增长非常有限。2018 年，全国平均上座率从 2015 年高点时的 15% 下滑至 13%。营收乏力，成本高企，影院投资、银幕数量扩张也将逐步趋于理性。

2. 头部影片票房集中，"口碑"碾压"流量"

电影市场票房集中度不断提升，单片票房的马太效应加剧。从观众的角度看，2018 年的电影市场可谓"口碑"碾压"流量"的转折点。国庆档，著名导演张艺谋集结一众一线明星奉上的武侠片《影》和喜剧知名品

牌开心麻花团队出品的新作《李茶的姑妈》市场反应平平，流量明星和IP效应式微，反倒是口碑不错的香港犯罪动作片《无双》获得了观众的青睐。此外，《快把我哥带走》《一出好戏》等口碑不俗的现实题材影片票房表现亮眼。可见，随着阅片数量和种类的激增，观众的审美水平日益提高，对影片质量的识别能力和对口碑的重视程度越来越高，观影行为日趋谨慎理性。

3. 行业风险集中暴露，资本退热

在实体经济并不景气时，电影行业高增长吸引了大量资本进入，也催生了大量泡沫。2018年风险集中暴露，"圈外"资本纷纷赔钱退出，"裸泳者"渐渐浮出。主力资金出走，市值、估值降低均是资本退热的表现。客观来说，电影投资属于高风险投资。在诸多内容产品中，电影因其创作、上映存在不确定性，分账系统复杂，回款周期长，预算执行不透明，变现渠道单一等问题，成为风险最高的一种内容形态。同时，伴随行业政策收紧、后票补时代来临、内容争夺白热化等一系列问题，电影投资人也将渐趋理性。不过，问题的暴露也让行业升级到了某种临界点，必须向良性发展转变。

4. 院线产业迎来拐点，行业洗牌在所难免

在过去几年间，受国内票房持续增长并达到峰值的刺激，作为下游基础设施建设能带来稳定现金流的影院投资一时风头无两，众多影视公司及互联网巨头、跨界资本纷纷布局下游"跑马圈地"，如2016年阿里影业花1亿元买下星际影城，第二年收购南京派瑞55%股份，2017年完美世界以13.53亿元买下今典院线等。但"跑马圈地"很快出现了副作用，快速并购的院线资源并不能得到妥善经营，随着电影市场的波动，行业洗牌迅速到来，大批量资源被整合，被大批量打包出售。

截至2018年6月底，全国银幕总数达到55623块，已位居世界第一，其中县级影院银幕总数占37%，五线城市新增影院数量同比增长10.3%，渠道向三、四、五线城市下沉趋势显著，单银幕票房持续下降。国内院线已趋近粗放型向集约型转折的拐点。

（二）国内电影院线行业发展趋势

1. 院线行业"一超多强"格局渐成，营收结构趋向多样化

就目前国内电影院线整体格局而言，万达影业凭借庞大的院线规模稳居营收第一位，其非电影收入占比正在不断攀升。万达依靠自身品牌价值与商业配套优势，营业额远远超过其他院线。万达院线上市公司自 2017 年更名为万达电影后摆脱"院线"之名，全产业链已经初步形成，对放映业务的依赖已经不像其他院线公司那样严重。同时，院线商业模式进入低毛利业务引流、高毛利业务变现时代，非票业务开始替代电影放映成为院线重要的利润来源。院线的业务已经越发趋向于多元化，衍生品有小商铺、VR 体验、咖啡厅、点唱机、抓娃娃机、书店、酒吧等。除了这部分卖品收入以及场景娱乐收入，非票房收入还包括场租收入、映前广告收入等，共同构成了院线公司对营收结构多样化的探索。院线要做的是在布局线上的同时深挖线下渠道优势，不断改善销售模式，探索更多可能。

2. 电影院线的转型探索：打造多维度场景化社交平台

随着人口红利逐渐式微，各大影院比拼的不再是数量而是消费体验，呼唤影院精品化差异化运营，从连锁标准化的模式转变为后台标准化、场景个性化的模式，要从产品设计思维转变为服务设计思维，要从等客上门转变为主动营销。票房的增长已经很难通过人口红利、资本驱动、新建影院等外生因素获得，未来电影市场的持续性增长更加需要通过内容和服务质量的提升带动人均观影次数的提高来实现。

《点播影院、点播院线管理规定》于 2018 年 2 月 12 日在国家新闻出版广电总局局务会议上审议通过，在行业引起极大关注。国内 90% 以上的票房来自传统影院，而相对成熟的北美电影市场，除了首轮播映的传统影院，二轮点播影院以及家庭端的蓝光碟租售模式也比较成熟，商业形式丰富且完整。当影视消费逐渐增长，"升级"是必然趋势。按照好莱坞的测算，后票房市场能够占到整个票房市场收益的 70%。而在国内，一部影片的票房主要来自头轮票房。影院可以发掘自身作为社交场所的属性优势，通过弹幕电

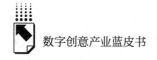

影、电影交流、私人观影等手段满足网生代电影观众的社交观影需求。影院带给观众的不仅是看一场电影，更需要营造成为一个温暖"走心"的社交场景。

三 模式重塑中的艺人经纪行业

相较于日韩完善的工业化"造星"模式，中国艺人经纪行业起步较晚，发展也不甚成熟，但已经历了多次转型迭代。在市场规模、受众规模不断扩大，市场版图日渐扩张的大背景下，"云"经纪的新技术、网络定制剧等不断为行业注入新的生机与活力。

（一）艺人经纪1.0时代：既是"保姆"又是"大家长"的家庭作坊模式

中国经纪人界的元老，是以王京花、常继红、李小婉等为代表的中国第一批专业经纪人。2000 年，王京花加盟华谊兄弟，正式开启中国艺人经纪1.0 时代。在这一阶段，经纪人全权负责艺人的所有工作与生活，掌握着所有的沟通渠道和影视资源，与艺人之间也有着亲密的合作关系，不仅是提供全面服务的"保姆"，同时也是对艺人的一切掌握绝对话语权的"大家长"。但随着艺人自身不断壮大，艺人与公司间的冲突加剧，家庭式的关系和公司化的经营发生对抗。显然，此种模式已不适用于快速发展的行业。

（二）艺人经纪2.0时代：艺人离巢的明星工作室模式

伴随大量资本进入影视娱乐行业，经纪人不再拥有对资源的绝对把控权，随着明星个人品牌的不断壮大，艺人也不需要公司的过多支持。所以，明星们纷纷离开公司，成立了个人工作室。此后的几年，二、三线艺人也纷纷加入该阵营，艺人经纪步入 2.0 时代。至此，经纪人不再是"保姆"和"大家长"，艺人的话语权大幅上升。经纪人、宣传人员、助理等开始各司其职，服务更加明确、精准、专业。这一时期经纪人行为的个人色彩依然浓郁，经纪人素质也相差很大。另外，传统公司的艺人经纪业务和经纪公司衰落，也导致了资源的过度分散，很难形成专业成熟的艺人经纪体系。

（三）艺人经纪3.0时代：明星加入资本运作的股份制、合伙人模式

如今，市场急需高专业度的经纪人及创新完善的艺人经纪经营模式。好莱坞标杆性的经纪公司 CAA（Creative Artists Agency）实行的经理人联盟和合伙人制模式颇受认可。CAA 将经纪、管理和制作各项业务分离，整个公司团队要为服务每一位艺人而协同工作。这种模式促进了国内艺人经纪的资源重组与变革，催生了一批专业化、流程化、体系化、规模化的新生代经纪公司，艺人经纪行业进入 3.0 时代。在竞争激烈的市场中，资本的联结和利益的绑定才是留住艺人最稳定可靠的方式。在利益的驱使下，明星们纷纷投身资本运作。在互联网冲击和选秀新模式不断涌现的当下，艺人经纪无疑正在面临新一轮转型和变革。

1. 新技术驱动新模式，艺人经纪行业的新气象与新探索

在新媒体环境下，素人可以在短时间内迅速成名。比如在抖音上蹿红的费启鸣，没有任何作品，只凭短视频就可以吸引成百上千万的"粉丝"。各类网红、主播对流量和市场的抢占，对传统的艺人经纪模式造成了强烈的冲击。

在互联网造星时代，艺人经纪行业进入转型期，原有市场份额释出，新增市场潜力无限，企业数量爆发式增长。泛娱乐产业资本纷纷入局抢滩，艺人经纪行业市场版图在扩张中不断重构。面对更大范围的忠实用户，艺人经纪行业有可能通过多元化的方式推动艺人的商业价值变现。

2. "云"经纪：线上平台造就素人新星，线下活动协助网红明星化

网络红人正在明星化，线上、线下结合的"云经纪"模式也崭露头角。网络红人早就为大众所熟知，但网络平台通过系统化的运作将网红打造成偶像明星的行为才刚刚开始：办比赛，选拔优秀网红；邀请明星站台，让网红和明星同台表演；为优秀网红定制单曲、网剧，将其送上电视节目等更大的

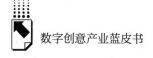
舞台。流量集中的地方就会有价值，而头部网红的走红对网络平台自身的品牌宣传也有积极作用，线下活动和定制剧集拍摄为一些素人、网络红人走出网络圈、走向娱乐圈提供了成本相对较低的平台。

3. 新生代技术突出重围，AI、区块链创造更多可能

技术变革叠浪再起，行业迎来掘金新机遇和新挑战，区块链等新兴技术正在为行业模式创新提供新的想象空间。2018 年 7 月 30 日，内地组合凤凰传奇正式登陆 FansTime 明星时间交易所 DAPP，并于 7 月 30 日中午 12：00 正式开启申购。公开资料显示，FansTime 是基于区块链技术和"粉丝经济"打造的全新生态系统，致力于搭建一个人人皆明星、人人皆"粉丝"的新型去中心化社区。"粉丝"可以通过购买专属 Token 来表达对偶像的情感，而这些专属 Token 既可以行权，也可以流转，"粉丝"情感变现有了现实载体。FansTime 包括时间交易所、"粉丝"权益商城和专属 Token 交易所在内的 3 种应用场景。在功能方面，支持"粉丝"使用 IFS 在 FansTime DAPP 行权，同时还能帮助"粉丝"获得增值红利。除 FansTime 本身具有的完整生态系统及丰富的应用场景，一线明星的加盟也让 FansTime 得以快速成长。凤凰传奇作为中国家喻户晓的流行歌曲组合，"粉丝"不论是从数量还是从年龄段分布来看都具有优势，借助这种模式可以实现明星个人 IP 价值的多元变现。

参考文献

［1］《华谊十万倍收购冯小刚公司》，2015 年 11 月 27 日，http：//www. chinatimes. net. cn/article/52006. html。

［2］犀牛娱乐：《嘉行传媒 2017 年净利润 1. 94 亿，头部作品 + 当红艺人引领利润暴增近 50%》，2018 年 4 月 2 日，http：//www. sohu. com/a/227077319_ 100109496。

［3］铅笔道：《撤！娱乐圈逃离新三板：38 家影视公司扎堆摘牌，融资困难遭科创板分流》，2018 年 11 月 17 日，http：//www. sohu. com/a/276081664_ 649045。

［4］新剧观察：《芒果超媒中报：净利润 5. 73 亿大涨 93%，芒果 TV 付费会员 600

万》，2018 年 8 月 31 日，http：//app. myzaker. com/news/article. php？pk =
5b88ffdf5d8b54434401130c。

［5］圈内评幕：《从选秀到养成，探寻成功造星的法则》，2017 年 5 月 18 日，http：//
www. sohu. com/a/141580816_ 162577。

［6］艺恩网：《艺恩 2018 中国艺人经纪行业趋势洞察》，2018 年 3 月 21 日，http：//
www. entgroup. cn/report/f/2118182. shtml。

［7］贾国强：《万达电影拟 116 亿元收购万达影视 96. 83％股权　后者估值两年
缩水 250 亿元　王健林"左手倒右手"为了啥?》，《中国经济周刊》2018 年
第 27 期。

B.7
中国数字阅读产业分析

刘桐 徐红 林淑怡

摘　要： 2011～2018年，中国数字阅读产业处于高速发展阶段。数字阅读从个人站点起家，随后发展至文字内容，其在互联网等多方助推之下蓬勃发展，不断探索出独具行业特色的商业模式。2017年，中国移动阅读市场规模达153.18亿元，同比上涨29.61%，随着用户阅读习惯的不断培养，数字阅读观念逐步加深，相信未来数字阅读将会步入应用成熟期，IP开发产业链趋于成熟，行业盈利逐步稳定。在这样的大背景下，行业领先者如何稳固地位？新进入者又能否分一杯羹？本报告以中文在线、掌阅、阅文3家数字阅读集团为代表，梳理数字阅读产业情况，并预测行业未来发展趋势。

关键词： 数字阅读 中文在线 掌阅 阅文

一 中国数字阅读产业发展历史及市场现状

起源于个人站点的数字阅读，以呈现小说内容为主。在互联网产业高速发展的当代，数字阅读经过几年的发展，逐渐摸索出了一套成熟的运营模式，在其发展过程中，数字阅读的内容逐渐由单一化向多元化演进，并在载体方面完成了从PC客户端向移动客户端的飞跃。

（一）发展历史回顾

1. 萌芽阶段（1995~1999年）：实体内容数字化

互联网发展之初，虽然传输率较低，传输内容也较为稀缺，但是网络传输的两大特性——资源共享及免费空间，为数字阅读的出现及发展提供了机会。

数字阅读发展之初，个人站点大量出现，但此时其内容大部分是转载的或是对实体内容的扫描，到后期才衍生出一些含有互联网元素的传统小说作品。

2. 探索阶段（2000~2008年）：商业模式清晰化

随着网络技术的进一步普及，用户数量猛增，内容需求与供给之间的矛盾随之出现。21世纪初，网络泡沫的破裂以及用户个人书站潮流的逐渐消退，为电子阅读市场提供了更多的探索创新机会。

在技术进步的背景下，网络上将论坛作为资料库的专业网络书站大量出现，这些网络站点经过不懈的探索与转型后，逐渐实现了商业化运营。在这个时期，网络上的有声读物得到了进一步发展，与网络文学小说及传统小说一起填补了市场空白。此时市场上也涌现了不少成功的公司以及全新的运营方式，如2000年成立的中文在线。

3. 转型阶段（2009~2013年）：阅读设备移动化

移动互联技术的进步、智能手机的普及、用户获取信息渠道的拓宽，进一步促进了碎片化娱乐消费市场的开启及拓展。

技术的进步，促使网络数字阅读从电脑端迅速向移动端迁移，众多移动阅读平台随之产生，三大运营商相继完成了产业布局：2008年，盛大文学成立并在线下出版和发行领域开展业务；在同一年，移动阅读分发平台掌阅成立；一年后，移动、电信以及联通分别成立了数字阅读基地。

4. 升级阶段（2014年迄今）：内容变现多元化

数字阅读进入移动互联时代，其中重要的推力就包括移动终端的普及、4G商用进程的进一步推进以及移动端网民数量的激增。

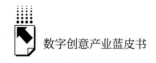

数字阅读市场不断发展，互联网巨头也在此时开始入局发力，市场竞争格局形成并趋于稳定。

2014～2015年，百度、阿里、腾讯三大互联网界巨头分别成立了自己的网络阅读平台，一年后，腾讯收购盛大文学，并将合并后的阅读平台称为阅文集团。2017年，掌阅集团完成集资并成功上市，阅文集团不甘示弱，也在同年上市。这个时期，在数字阅读市场越来越发达的背景下，泛娱乐概念被普遍认可，IP联动成为开发的重点项目。

（二）市场现状浅析

1. 消费升级时代，娱乐市场极具潜力

国家统计局数据显示，2017年我国居民人均可支配收入达2.6万元人民币，人均消费能力稳步上升，在人均消费支出构成中，教育文化娱乐支出占11.4%。

根据上述数据，我国居民的购买力正在不断提升，与之相随的是消费者对精神消费品的需求日益扩大。除此之外，这些年来电子科技技术的不断发展、内容监管制度的进一步完善、消费者版权意识的提升，也为文化产业的发展提供了许多利好条件。

2. IP全产业链开发是移动阅读市场规模稳步增长的有利推手

由于2016年企业版权收入和付费阅读收入大幅增加，2017年我国移动阅读市场规模达153.18亿元，相较2016年上涨29.16%（见图1）。

目前，市场正在努力挖掘小说IP开发的价值。随着IP全产业链开发的推进，它带来的经济效益将推动市场规模进一步扩大。可以预测，未来知识付费的观念将在全社会普及，并促进文学、动漫、影视等产业的聚合，IP全产业链开发将会进一步推动市场规模增长。

3. PEST全方位利好推动行业发展

（1）政治环境：政策倡导全民阅读。

自2014年起，"全民阅读"5次被写入《政府工作报告》。来自国家层面的政策支持，进一步推动了全民阅读的普及，并在社会上形成了良好的阅

读风尚。2018 年 3 月 22 日，《政府工作报告》通过新华社播发，倡导全民阅读，并强调要"建设学习型社会"，这也将是政府未来文化建设方面的重要工作内容。

（2）社会环境：用户付费观念逐步培育，IP 全产业链开发。

随着社会的进一步发展，人们的版权意识不断提升，知识付费的大氛围正在形成，相信在未来，网络阅读付费市场还会进一步发展。除了上述背景，网络文学作品的 IP 开发也是文学全产业链发展的重要板块，近年来也有如《微微一笑很倾城》《幻城》等有着广泛受众的作品被改编成电视剧、电影等衍生作品的成功例子出现。

（3）经济环境：居民收入水平提升，宏观经济进入调整期。

随着改革的深入，我国宏观经济结构进入了调整与升级阶段，与之前粗放型的经济发展模式不同，在新的时期，第三产业将作为重点发展产业，而文化娱乐产业就是重中之重。经济水平的进步，促进了我国居民收入的进一步增长，收入的增长带来了更多品种的消费，其中，用户在文娱领域的消费能力也在不断提升。

（4）技术环境：智能技术全面发展。

VR、AR 等技术的发展，催生了不同数字阅读方式的产生。新技术的出现不仅拓宽了用户阅读、互动场景，更进一步地通过"接触式"阅读最大限度地激发用户的阅读兴趣；在大数据推算的技术背景下，进一步挖掘用户的个性化需求，针对用户的偏好进行精准的用户推荐；通过区块链技术的发展，未来"去中心化"将成为主流，网上阅读内容更加丰富，并且还将加强对数字版权方面的建设，解决行业痛点。

我国 2017 年网络阅读市场规模不断扩大，其主要推力就是 2016 年大幅增加的企业版权收入以及知识付费收入（见图 1）。

2017 年，我国移动数字阅读产业发展的重点由平台内容积累逐渐转移到原创内容的进一步孵化及 IP 全产业链开发上。进入 2018 年，业界普遍认为平台原创内容的孵化及 IP 全产业链的开发需要多线业务的联动及协同发展，因此，加大自身生态化布局力度成为各大厂商的选择。

图1 2013~2017年中国移动阅读市场规模

本报告选取的三家公司分别为：中文在线、掌阅科技与阅文集团。其成立时间大致对应了上述的探索、转型与升级阶段。中文在线依托清华大学成立于21世纪初，数据库技术作为当时的技术主流被广泛应用，中文在线可谓典型代表之一；掌阅科技发家于智能手机普及阶段，移动网络的应用与阅读设备的变更催生了像掌阅一样的移动阅读平台；阅文集团背靠腾讯，依托原腾讯文学与盛大文学丰富的IP资源，乘着移动4G技术发展的东风，不断拓展其业务版图，引领了网络文学新一波升级阶段的浪潮。

二 数字阅读领域标杆公司发展概况

（一）中文在线——"中文数字出版领导者"

1. 公司战略定位

（1）主营业务。

中文在线的主营业务是依托其庞大的文学资料库，对文学内容进行收集、整理，并在网络阅读平台上呈现给读者。除此之外，中文在线还为一些数字出版集团提供数字出版以及相关的运营、推广服务。

（2）发展战略。

拓展自身业务——新 IP 的引入和已有 IP 的开发。中文在线目前重点推进的业务之一就是对原创作品 IP 的进一步产业化开发。目前，中文在线多部自有 IP 的开发以及与其他文化产业公司的联合出版、出品计划已经在公司未来计划中体现，或是处在推进期中。除此之外，公司与其他文化产业公司的联合开发产品也陆续上线，如《天盛长歌》《橙红年代》等。此外，由中文在线承制的 IP 再开发项目《新白娘子传奇》也将于 2019 年 1 月在爱奇艺平台上映。同时，中文在线旗下多部现实题材的 IP 再开发项目也正在推进中。

向不同领域进军——中文在线旗下游戏、影视作品的发展。目前，中文在线代理的游戏《斩龙》《绝世唐门》均已在网络平台上线，并取得了较好的业绩。除了旗下游戏业务的开发，中文在线也致力于推进中国影视行业海外业务的发展。据了解，公司的影视项目《天盛长歌》已经被全球知名网络娱乐平台 Netflix 以其原创剧集形式收购，还将被翻译成数十种不同语言在全球范围内播出。

差异化发展——视觉小说平台的发展。中文在线的国际业务也在报告期内取得了阶段性突破：取得快速发展的有其旗下的视觉小说平台 Chapters、晨之科、"引得"（CBDB 中国历代人物传记资料库）等业务。

据了解，Chapters 是中文在线旗下排名全球前三、也是中国最大的视觉小说平台，在海外推出之后，市场反响非常不错，评分高达 4.5 分（5 分满分）。

中文在线的海外业务中，Chapter 平台上的网文创新是一种全新的模式。在这个平台上，单线文字可以通过图文并茂的方式呈现在用户面前，这一功能大大提升了其交互性。截至 2018 年 9 月末，此平台累计用户较年初增长了2.9 倍，用户活跃度增长了 1.73 倍。可以说，中文在线数字出版内容储备的多样性、出色的国际业务推广能力都为 Chapters 进一步扩展海外业务提供了有力支持。

2. 报告期业绩

数据显示，2018 年 11 月，中文在线股票发行价格 6.81 元，最新收盘

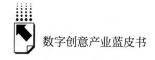
价 5.32 元，总市值 41.07 亿元。

根据中文在线半年报，2018 年上半年，公司实现营业收入 42394.12 万元，较上年同期增长 42.66%；实现归属于上市公司股东的净利润 5215.54 万元，较上年同期增长 140.80%。

公告指出，营业收入的大幅度增加得益于两大关键因素。第一，报告期内公司经济效益有所增长的业务板块包括数字阅读及广告业务两大板块。这是因为中文在线不断拓展及完善 "文化＋""教育＋" 战略布局，促进生成多重业务结构，并且中文在线前期开发的影视、游戏等项目也在持续稳定发展，获得了可观的收益。中报显示，中文在线文化业务板块不断壮大，实现文化业务收入 38，065.50 万元，较上年同期增长 43.36%。公司教育业务实现营业收入 4114.83 万元，较上年同期增长 30.03%，主要业务板块包括教育阅读平台及教育服务平台。

第二，营业收入涨幅较大的重要原因还包括中文在线对晨之光的并购及其广告收入的增长。报告期内，公司实现投资收益 8137.69 万元，同比增长 1135.87%。

3. 未来发展意向

未来，国际化业务将会是中文在线重点开发的业务。中文在线秉持 "引进来" 与 "走出去" 并重的发展理念，除了前文提到的 Chapters，中文在线的另一海外业务——"引得" 也将落地。除此之外，中文在线还对目前英文世界最大的中国网络文学网站 Wuxiaworld 进行了战略投资。

事实上，中文在线的海外业务不局限于文学项目。据了解，中文在线旗下全资子公司 "晨之科" 开发的多款二次元游戏已经在日本、北美市场上线。晨之科日本公司正致力于进一步优化《深渊地平线》等游戏，力求给玩家提供最佳的游戏体验。2018 年第四季度，晨之科将持续秉持 "研运一体，全球发行" 的发展理念，在全球进行产品推广，扩大业务版图，预计在一年内实现新游戏《Deck Wars》在中国大陆外其余区域的上线。

与此同时，中文在线也在持续增加对优质原创内容的采集，推进以优质原创内容为中心的 IP 一体化业务建设，加强对自有平台全新业务的开发，并对 IP 衍生转化产品进行海外推广。

（二）掌阅科技——"全球最专业的阅读平台"

掌阅科技股份有限公司于 2008 年 9 月正式成立，随后在 2015 年进军海外市场，成功为全球 150 多个国家和地区高达数亿的用户提供智能数字阅读服务。2017 年 9 月 21 日，掌阅科技股份有限公司在上海证券交易所上市，股票代号为 603533。掌阅科技专注于技术研发和创新，以及业务的推陈出新，始终将提高用户体验作为公司的发展和经营战略，贯穿发展过程。

掌阅先后当选中国版权协会、中国音像与数字出版协会、中国出版协会常务理事单位。2016 年，掌阅入选成为国家新闻出版广电总局第一批新闻出版业科技与标准重点实验室。

1. 公司战略定位

（1）主营业务。

2015 年，掌阅文学初创阶段，公司曾表示第一步要成功培育出 10 位年收入超过 500 万元的作者，50 位年收入超过 100 万元的作者，100 位年收入超过 50 万元的作者，并发放上千本精品网络文学作品。

到 2017 年，掌阅整个平台稿费支出超过 3 亿元，拥有 40 位以上位通过分红年收入达到 100 万元的内容生产者，累计平台签约作者达到 5.5 万人。截至 2017 年底，掌阅平台拥有总量超过 4 亿数字阅读用户，同时引入知识付费的新形态。

（2）发展战略。

开拓新业务模式——"IP 销售 + 自有开发"。在数字阅读平台，全版权衍生是 IP 的归途，掌阅亦是如此。内容虽然占据着极为重要的地位，但其本质一直随着商业模式不断变化，今时今日，衡量内容的标准已发生裂变，好的内容意味着适合出版和进行漫画影视改编。从以往简单的 IP 销售导向，掌阅逐步演变为"IP 销售 + 自有开发"的全新组合模式。2018 年掌阅开发

了十几个项目，同时不少项目都在开发过程中。

产品的内容扩展——掌阅进军漫画界。除了上述提到的开拓新业务模式，掌阅还在漫画领域着重发力布局，它有单独的漫画 APP，该软件除了具备常见功能，还有游戏、视频等多种颠覆性玩法，以实现它"两年内成为行业翘首的独立漫画平台"的宏大目标。

在目前快看漫画和腾讯漫画抢先布局漫画市场的情况下，掌阅科技致力于打造定向世界观体系，构建富有自身特点的结构架势，团队定向开发 IP，有望异军突起。

高质量、多元化内容发展——与高校达成合作。充分挖掘高校资源，与之达成可持续合作关系也是掌阅的重要战略之一。2018 年，掌阅成立了"北大网络文学研究论坛—掌阅文学原创人才基地"和"中传—掌阅 IP 研究基地"，与北大、中传两所高校建立友好合作关系，一方面能给掌阅持续性输送创作和内容生产人才，另一方面为产业链下端的内容分发、衍生品设计等培育技术人才，全方位覆盖了从文字创作到内容输出的整条产业链。

差异化发展——独特的营销策略。2018 年初，王俊凯成为掌阅品牌形象代言人，同时掌阅科技有限公司还冠名央视《中国好书》栏目，增加曝光量和知名度。为了进一步差异化发展，公司还加大各种广告投入，独特的营销策略在受众中定下独具一格的基调。

2. 报告期业绩

2018 年 11 月 5 日，掌阅科技股份有限公司的股票发行价格为 4.05 元，最新收盘价为 19.93 元，总市值 79.92 亿元。

掌阅科技在 2018 年 8 月发布了公司半年度的业绩数据，2018 年上半年营业收入达到 9.37 亿元，同比增长 18.20%；归属于上市公司股东的净利润为 7845.71 万元，同比增长 15.33%。平均 MAU 持续增长，公司发布了 iReaderT6 新一代电子阅读器产品，进一步提升产品品质，优化用户使用感受。2018 年上半年，公司自有数字阅读平台"掌阅" APP 的平均月活跃用户数约 1.1 亿人，相比 2017 年年报披露的 1.04 亿人，用户规模持续增长，继续保持行业领先地位。但同时需要注意的是，业务扩张导致毛利率下降、费用率提升，公司前两季综合毛利率为29.26%，同比下降3.69%，究其原因，主要是生态布局使得业务扩大，系列成本随之增加。销售费用率为15.30%，同比增长0.95%；管理费用率为8.49%，同比增长0.93%；财务费用率为-2.04%，上年同期为-1.14%。

3. 未来发展意向

两年前，掌阅已计划从传统的网络文学向更广阔的领域，包括IP孵化、实体出版、有声读物等拓展，加速实现抢滩布局。从公司披露的信息可以看出，掌阅新目标为未来一年内出版160本实体书、5万小时的有声读物，落地十几个优质的影视项目。

掌阅主要在下列4个方面进行了战略布局，第一，在资本上，2017年成功登陆上海证券交易所主板，建立资本优势；第二，在内容生产上，对外强化内容的海外输出渠道，对内不断举办内容创作比赛吸引优质内容生产者，同时开通了有声频道；第三，通过引入知名度高的流量明星，提高用户黏性；第四，在产品上，不断推陈出新，阅读器更新换代，APP也随之应运而生。

（三）阅文集团——"引领行业的正版数字阅读平台和文学IP培育平台"

2015年3月，腾讯文学与原来的盛大文学实现优化整合，成立了全新的阅文集团。2017年11月8日，阅文集团在香港联交所主板正式上市，股票代号为0772。目前阅文集团为数字阅读行业的佼佼者，旗下拥有强大的中文数字阅读内容品牌矩阵。

1. 公司战略定位

（1）主营业务。

阅文集团的主营业务包括内容生产者培育发展、版权商业化并为用户群体提供免费或付费的阅读服务、数字技术变现内容活动等。

（2）发展战略。

新业务开拓——文学版权改编及影视作品投资。2018年上半年，阅文集团提出"传播文化，让创意实现价值"的口号，积极构建自身网络生态体系，平台用户和作者数量稳健增长。同时，公司还将作品改编为影视剧、动画、漫画等其他形式，通过增加投资比重，多渠道实现内容触达用户，同时提高创收。在这一时期，阅文集团将数十部网络文学作品改编权授予合作伙伴，加快改编成新娱乐形式以变现。另外，阅文产品线中还有 10 个动画项目正在开发。

寻找战略合作伙伴——与其他企业合作。除了拓宽途径，阅文集团还深化与华为、Vivo 等手机主流品牌的合作，将 APP 预装在特定机型上，如 Oppo FindX 系列和 VivoY67 系列。2018 年 3 月，阅文集团与腾讯视频建立良好合作关系，文学内容与视频平台有机结合在一起，实现两者共赢。

引进优质内容——举办征文比赛。内容上，阅文秉承多元化内容快速发展理念，在市场上吸引各种用户群体，为内容持续健康发展奠定基础。其与各大机构合作，在比赛中吸纳人才，导流到平台，引进大批优质内容供平台使用。

差异化发展——强化平台属性。结合最新大数据分析技术和算法结构，阅文集团优化调整自身系统，同时平台的社交属性不断增强。举例来说，阅文帮助受众建立个性化书单，并向同类群体推荐喜好书目。同时，公司还鼓励就相同话题和喜好创建社群，通过社群运营，如内容打赏、评论、投票等活动，加强用户与用户之间以及用户和内容生产者之间的交流，提高用户对平台的黏性。

2. 报告期业绩

阅文集团股票发行价格 4.05 元，最新收盘价为 19.93 元，总市值 79.92 亿元。

截至 2018 年 6 月 30 日，公司的总收入达到 22.829 亿元，同比增长 18.6%。同期毛利达到 11.965 亿元，同比增长 24.4%。经营盈利达到人民币 5.674 亿元，同比增长 142.2%。

在线阅读是阅文集团的主要收入来源。2018 年上半年在线阅读业务收入同比增长 13.3% 至 18.509 亿元（2.797 亿美元），收入占比 81.1%。从阅文财报具体数据来看，在线阅读依旧有增长潜力，但相比之下，根据网络文学 IP 开发影视剧、动漫作品等版权开发模式更有增长点，这也成为阅文集团下一步的发力重点。

3. 未来发展意向

在 2018 年年中阅文 IP 生态大会上，公司创新提出"IP 全链服务"模式，旨在更深入地挖掘版权价值，达到各方共赢的局面（见图 2）。

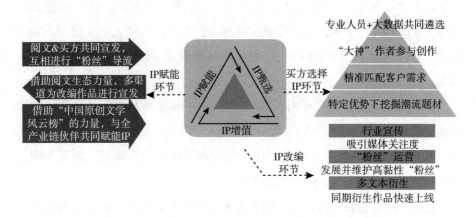

图 2　阅文集团从"IP 销售"升级为"IP 全链服务"

除此之外，阅文集团通过多种形式来扩大用户数量，如通过生产与版权作品相结合的图文资讯、短视频等内容来吸引用户；持续通过社群提升读者黏性；进一步完善包含在线阅读、"粉丝"运营及版权改编的整体版权开发运作形式，充分释放作品活力和张力。

相信在不久的将来，阅文集团会不断提升自身规模和实力，衍生出独具特色的网络生态体系，从而给市场用户带来更新、更好的体验。

（四）3 家标杆公司对比分析

1. 阅文集团：行业龙头上、中、下游全面出击

在 2018 年举行的 UP 大会上，腾讯集团进行了文娱板块的生态升级——从"泛娱乐"升级为"新文创"，而阅文集团凭借其上、中、下游联动的完

整产业链理所当然地成为腾讯升级后的"新文创生态"的起点。其借力腾讯旗下的各个平台（如 QQ 音乐、腾讯视频、游戏等）进行宣传推广，从内容生产、宣传分发到作品衍生各个环节都持续发力，不断为新生态提供精品 IP。

其中最引人注目的便是阅文集团的 IP 开发模式。如图 3 所示，2018 年，阅文集团升级了 IP 共营合伙人制度，其拥有超过 200 家的 IP 改编合作伙伴，并聚合多个内容生产与分发平台，做到文、漫、影三方联动。IP 产业链被纳入阅文集团的文化主体，充分贯彻腾讯新文创生态的"产业＋文化"二元价值体系，朝着 IP 价值开发最大化、精品内容旗舰化、运营共生生态化的方向努力。

在二次元领域，阅文集团于 2018 年采取了相应的战略举措：推出了以漫画创作和轻小说为主打内容的 APP——元气阅读。该应用聚焦于"90 后"与"00 后"的新生代青年受众群体，深刻把握该用户群体对二次元与网络的依赖特征，着力打造网文动漫新阵地。

此外，阅文在版权运营方面也有着不小的成就。在经过前几年的持续发酵后，版权运营在 2018 年获得了市场各方特别是移动阅读厂商的重视，市场竞争不断加剧。而阅文由于布局较早，在早期便取得了版权运营的阶段性领先。2018 年其为了保持自身在版权市场的领先优势，从作家、作品和平台三方面入手，力争实现体系化的造星作者、次元化的内容作品、丰富化的 IP 入口。

2. 掌阅科技：深化运营基础，形成市场优势

（1）注重精细化运营，加大对年轻用户的培育力度。

从此前掌阅科技的发展线来看，其一直以数字阅读为产品核心，近几年一直在积累优质内容作品，注重提升用户体验，因此其平台的用户黏性较高，有着良好的市场表现。值得一提的是，掌阅在移动阅读的硬件方面持续发力，不断对其阅读硬件进行升级，丰富用户的使用场景。2018 年，掌阅在版权运营板块的投入继续加大，并精细划分了针对年轻用户的内容布局。掌阅此次布局更新是基于其未来发展战略进行的重要举动，内容细分、精细化运营与培育年轻用户群体有利于集团的长远发展。

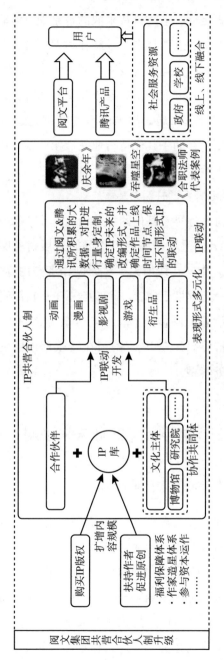

图3 阅文集团 IP 共营合伙人制

资料来源：易观。

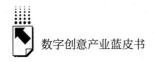

（2）依托原有作品版权，加强版权运营。

与行业内业务模式相近，掌阅科技采取的也是上下游联动、内容生产与版权开发齐头并进的策略。近两年来，掌阅在付费阅读方面一直有着良好的发展态势，其不断加大对版权运营的投入，积累了丰富的内容资源与用户资源，但由于起步较晚，在此方面还是略逊于阅文集团。此外，掌阅不断加强在二次元等年轻领域的产业布局，加强内容的精细化运营，并加速内容出海，不断扩展业务版图，有助于其保持行业发展第一梯队的有利地位。掌阅科技商业化模式如图 4 所示。

3. 中文在线：坐拥老牌资源并努力转型

中文在线的成立时间远早于其他两家公司，起步于数据库的早期移动阅读时代。其于 2014 年开始重视精品内容作品并开展付费阅读业务，取得了一定成绩。2017 年末，中文在线加大了对原创作者与内容作品的版权保护，构建了原创体系，在一定程度上掌握了较为丰富的内容与作家资源。此外，中文在线还不断优化读者的阅读体验，并与年轻化的 APP 合作，丰富宣传渠道，不断拓展用户群体。其在 IP 改编与在线教育市场也持续发力，力争实现新发展阶段的业务转型。

三　数字阅读产业未来预期

（一）IP 联动开发将成为厂商重点

《三生三世十里桃花》《楚乔传》等 IP 改编作品取得了巨大的影响与经济效益，影视剧、游戏等改编形式都引发了大量的用户关注。如今，各厂商都意识到了 IP 的重要性并不断加大对该方面的投入。发展态势迅猛的 IP 改编市场吸引了大批厂商加入这场旷日持久的版权资源争夺战。

从 2016～2017 年 IP 改编作品的来源分布看，小说是 IP 改编的主要源头，且占比呈现不断上升的趋势。因此，移动阅读厂商的地位也水涨船高，各大影视、动漫、游戏公司都将会不断加强与其的合作，以求获得优质 IP。

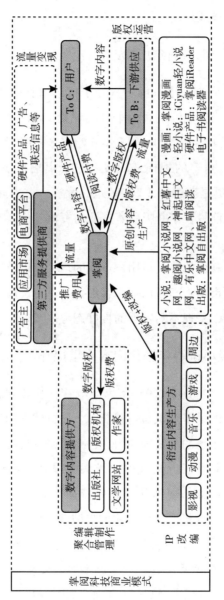

图 4 掌阅科技商业化模式

资料来源：易观。

阅文集团与掌阅科技已于2017年相继上市，其背后有着较为充足的资金支持，也便于其在未来发展中加大对IP衍生发展的投资力度，保持自身在上游内容生产的优势地位。

（二）有声阅读细分市场快速发展

2012～2017年，有声阅读市场一直处于持续增长的状态，市场上的产品也是层出不穷：当当云阅读上线两个月就积累了超5万小时的听书内容，点播次数高达1000万次；掌阅于2017年开始试水有声听书板块，并在发展计划中不断加大有声内容的规模；2018年初，著名配音演员王凯创办的"凯叔讲故事"节目更是获得了1.56亿元的融资……由此看来，有声阅读市场有着巨大的发展前景，不断吸引着资源与资本的流入，其规模将会不断扩大。

伴随着知识付费观念的普及与用户习惯的培养，以及用户对碎片化时间日益重视，有声阅读市场将不断加强内容细化、垂直发展，借助阅读场景优势和较低的成本优势，呈现不断发展的良好态势。

（三）漫画、轻小说等年轻化内容比重提升

新生代网络用户（特别是"95后""00后"）由于观念的变化与用户习惯的培养，有着更强的付费意识与付费能力，该群体对网络的依赖程度也较高，将成为移动阅读市场的主要推动力，也是未来发展的主要目标受众。这部分年轻的用户对个性化、互动性的要求大大提高，对亚文化有着显著偏好。因此，移动阅读厂商们要抓住其爱好特征，加强对二次元（漫画、小说等）内容的投入，以此提升年轻用户的忠诚度与使用体验。

2018年以来，多个网络平台为了吸引年轻用户，不断加深内容垂直化建设：掌阅投资了墨瞳漫画并更名为掌阅漫画；爱奇艺开发了爱奇艺动漫APP；阅文集团上线了主打漫画和轻小说元气阅读APP……

无论是与其他平台联动，还是加快垂直内容领域的发展，对二次元内容领域的布局都已成为行业内各方重视的焦点。

国内在线音频市场分析

——"耳朵经济"引领新风潮

蓝伟良　杨宇雷　雷云超

摘　要：　本文对我国在线音频市场的行业发展背景、现状、模式进行了系统介绍，并以喜马拉雅 FM、蜻蜓 FM、荔枝等为案例，对业内头部企业的定位、战略、盈利模式等进行横向与纵向的对比，通过分析认为：就企业规模而言，喜马拉雅 FM 平台独占鳌头，头部效应明显；就发展模式而言，蜻蜓 FM 为PGC 内容原创平台，而喜马拉雅 FM 自主开创了 PUGC 发展模式；在发展战略上，喜马拉雅 FM 强化泛音频场景，积极与其他互联网公司合作，打造跨界 IP；蜻蜓 FM 深耕睡前场景，主打明星大咖品牌。最后在对比分析的基础上对未来音频市场发展态势进行了预测。

关键词：　音频平台　喜马拉雅 FM　蜻蜓 FM　荔枝

一　我国在线音频行业整体发展状况

易观国际研究报告披露，截至 2018 年，中国音频用户的规模已经达到3.6 亿，预计两年后用户规模将达到 5 亿。在线音频软件累计下载量高达5.2 亿次，在线音频市场的规模约为 100 亿元，其中总营收的 50% 以上来自内容付费，其余由广告营收、打赏等构成。喜马拉雅 FM 和蜻蜓 FM 是国内最大的综合音频平台，为受众提供移动电台和有声阅读等多项内容服务。

根据速途研究院的数据，到 2020 年中国移动电台市场用户规模将达到 3.51 亿，并且仍将保持 10% 左右的年增长率（见图 1）。速途研究院 2017 年的数据显示，移动电台的人均单日启动次数为 4.02 次，人均单日使用时长约为 67 分钟；有声阅读 APP 应用人均单日启动次数约为 6 次，人均单日使用时长约为 95 分钟。

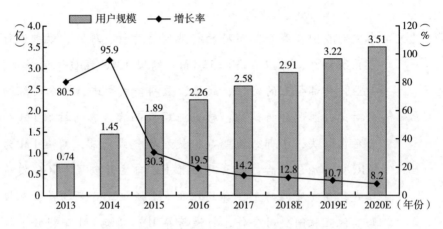

图 1　移动电台市场用户规模及预测

资料来源：速途研究院。

关于用户使用移动 FM 的时间段，50% 以上的用户选择在睡前使用移动 FM，47% 的用户选择在上下班的路上（不含开车）使用移动 FM，还有很大部分的受众选择在运动健身、做家务、开车时使用移动 FM。由此可见，移动音频的使用场景主要为听众听觉感官没有受到限制而又对娱乐和音频有需求的场景。

二　UGC、PGC、PUGC——在线音频企业内容生产模式对比解析

在内容生产领域，主要有以下几种模式：（User-Generated Content，UGC）

是指用户原创内容的经营模式，任何用户均可制作原生内容产品；（Professionally-Generated Content，PGC）是指专业生产内容，依托专业制作团队和专业平台进行内容生产与组建运营机构；（Professional User-Generated Content，PUGC）是指专业用户生产内容，同时具有用户原创和专业制作两个特点，代表有传统电台主持人、知名电台主播、声优、配音演员等。

UGC、PGC、PUGC 几种内容生产模式各自的主体差异和特点如表 1 和表 2 所示。

表 1　中国移动电台内容制作形式分类

名称	内容来源
用户原创内容（UGC）	任何用户均可录制
专业生产内容（PGC）	专业机构生产内容
专业用户生产内容（PUGC）	由传统电台主持人、知名电台主播、声优、配音演员、播客主等生产

资料来源：易观智库 2015。

表 2　中国移动电台内容制作特点

UGC	PGC	PUGC
内容制作成本低	内容版权成本高	内容广度提高、精品化、规避版权问题
内容质量参差不齐	内容质量高	用户参与度高
用户流量大	用户留存率高	独特 IP 资源，流量变现容易
广告主投放意愿不强	品牌影响力大，广告主投放意愿强	播主拥有大量粉丝，易于衍生品生产
上传非原创内容易引版权纠纷	内容缺乏个性	主播资源流动性大

资料来源：易观智库 2015。

喜马拉雅 FM 是 PUGC 经营模式探索平台，蜻蜓 FM 的 PGC 发展程度较高，具有专业的内容生产制作团队；荔枝则为纯 UGC 社区，用户原创内容和直播互动成为荔枝的主要内容。

三 在线音频产业生态圈与产业链解析

1. 在线音频市场产业链解析

在线音频平台的产业链参与方分为主参与方与副参与方。主参与方包括内容生产方、移动音频平台与用户，副参与方包括移动音频的服务支持方与智能硬件的生产合作商。内容生产方主要包括内容提供方与内容制作方，内容提供方的主体主要有出版机构、网络文学平台、资讯平台和车载平台，内容制作方主要包括制作机构、自媒体等。移动音频平台通过广告投放与购买版权的方式与内容生产方合作，然后通过移动手机端和车载端以及其他智能终端等渠道将产品输送给用户。在手机端方面，用户通过智能手机收听，并且进行购买支付、点赞打赏；在车载端方面，移动音频平台通过和汽车厂商合作搭载在车载设备上供用户收听，或者通过智能家居产品抢占线下收听入口。

2. 在线音频产业生态圈的构成

文字内容授权方、有声内容制作方、平台运营方、服务支撑方共同构成在线音频产业生态体系。在线音频产业生态圈是建立在其他已经成熟运营的文化产品生态体系之上的，其中文字内容授权方是成熟的图书出版机构和网络文学平台，有声内容制作方也是基于新旧媒体内容制作平台运作。行业发展的硬件设施和配套服务也是在线音频行业完整生态圈不可或缺的构成因素，在线音频平台运营方通过整合资源、再创造的方式将原有内容转化成音频产品，并通过多渠道营销和推广扩大传播范围，带动行业相关领域共同发展。

3. 移动音频行业上下游构成与关系

移动音频行业分为上下游，内容生产和制作方是音频行业的上游，主要由一些专业的音频制作方等构成，下游主要由平台运营方构成，平台运营方是移动音频的核心。下游平台运营方大致可以分为三类：内容为主的平台，主推付费内容和有声读物，以喜马拉雅 FM 为代表；场景为主的平台，主要聚焦具体的场景刻画与需求满足，例如车载场景和睡前场景，以考拉 FM 和蜻蜓 FM 为代表。在这些平台运营方中，平台拥有的音频品牌、专业知识都能够成为商业化的付费产品，经过展示推广与包装以及用户的信息筛选触达特定用户。

四　头部在线音频企业发展战略对比分析

在线音频行业市场空间巨大，运营模式也五花八门，主要取决于平台运营方的核心资源、积累优势和运营理念差异。为更好展示产业发展整体格局与当下特点，下文对几家头部企业的发展战略进行对比分析。

（一）喜马拉雅 FM 的发展战略

喜马拉雅 FM 的业务模式是 "PUGC + 大数据算法 + 硬件分发"，换句话说，就是上游整合 PGC 和 UGC，中游产业链通过算法承上启下，致力于提升平台搜索精准率和推荐匹配满意度，下游围绕各种场景和智能硬件建立全面的内容分发体系。

1. 上游："UGC + PGC"

简而言之，即 UGC 拓展内容丰富性，贡献流量与曝光度；PGC 维持内容优质性，树立品牌、持续变现。

UGC 以优质主播为核心竞争力。迄今为止，喜马拉雅 FM 累计有 400 余万名主播入驻，还专门设立 "喜马拉雅大学" 对招募的主播进行培养，储备优质后备力量。而负责内容变现的则是大批细分领域的人气 IP 如马东、吴晓波、葛剑雄、龚琳娜等。主播培养与人气 IP 创建双管齐下，构成了UGC 组合的闭合循环。

PGC 以版权协议为核心竞争力。为了维持内容优势，喜马拉雅 FM 必须在版权甚至版权垄断方面持续大力投入。喜马拉雅已经和多家公司签订了独家内容合作协议，并与很多自媒体人签署独家排他协议，许多脍炙人口的知名IP 如郭德纲、罗辑思维等的音频内容只能在喜马拉雅 FM 平台上独家收听。

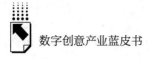

喜马拉雅 FM 平台大力强化社交属性，其社交基础功能包括：用户可自由创建个人电台，同时应用多种背景配乐，达到一定条件的用户可以申请加"V"。"找听友"功能这一社交模式吸引了大量的自媒体用户在喜马拉雅 FM 上开播专属频道，借力提升了喜马拉雅 FM 的启用率。

2. 中游：算法支撑

喜马拉雅 FM 是国内音频行业最早应用大数据技术的公司，用户的点击记录和搜索痕迹都会被后台记录下来产生数据，喜马拉雅 FM 再基于用户的年龄、性别、地域、职业等编码维度绘制用户兴趣图谱，提供精准化服务，最终大幅提升用户黏性。

3. 下游：开展广泛合作

喜马拉雅 FM 与非硬件厂商开展广泛战略合作，是苹果、腾讯、今日头条等数百家平台的首选战略级音频合作伙伴，并且联手宝马等 60 家整车厂商从事内容批量分发。

喜马拉雅 FM 与硬件厂商也展开合作营销，产品包括随车听、听书宝、舒克智能儿童故事机等多款。硬件销售、APP 广告、内容付费已经成为喜马拉雅的三大营收来源。

在喜马拉雅决定采取知识付费之前，其收入主要来源于流量广告、社群和硬件三部分。而到 2016 年下半年，喜马拉雅整个内容付费收入已经超过了其他板块收入的总和。对"90 后"来说，付费阅读、订阅课程等为内容买单的消费行为早就习以为常，内容消费正成为这些年轻人的消费新宠。据统计，"90 后"人群更偏爱购买教育培训、商业财经、个人成长类的课程，教育培训、人文历史、儿童、女性情感类课程同样受他们欢迎。随着知识经济大潮的涌动，消费者已经从当初的冲动埋单到更多地为优质内容做出理性选择。如喜马拉雅 FM 平台上以陈志武、蒙曼等为代表的传统教育行业专家学者凭借其独特吸引力受到了用户追捧。

（二）蜻蜓 FM 的发展战略

就业务模式而言，蜻蜓 FM 最重要的特点是坚守 PGC 护城河。蜻蜓 FM

专注于专业原创音频内容生产，通过跨界合作来开发内容价值进行变现。蜻蜓 FM 拥有专业的音频内容制作团队，在整个互联网音频行业中，蜻蜓 FM 和传统广播的关系是最融洽的。迄今为止，蜻蜓 FM 整合了超过 4000 家传统电台，从与电信运营商合作的收费内容中抽成获利，这种盈利模式相对被动却比较稳定。

蜻蜓 FM 将变现聚焦在"付费精品订阅 + 名人大咖直播"上。例如，微视听与蜻蜓 FM 展开跨界合作，联合推出观剧模式，用户可在蜻蜓 FM 收听《锦绣未央》正版同名小说；再如，蜻蜓 FM 联手天津航空，打造国内首个航空品牌电台——"天津航空带你听世界"，首创"线上机上"双平台媒体跨界合作模式。蜻蜓 FM 早在 2016 年就发力付费内容，推出了精品付费专区和直播专区，吴晓波、金庸武侠全集、"蒋勋细说红楼梦"等头部内容颇受欢迎。蜻蜓 FM 在深耕内容产业的同时，通过跨界合作探索内容分发和内容变现新模式。

蜻蜓 FM 通过有声书的制作与独家播放打造核心 IP 竞争优势。在蜻蜓 FM 已经拥有的有声书中，网络文学作品占到 70%。网络文学作品更新速率快，用户容易形成收听惯性，在用户对优质内容形成付费思维的价值观下，有声阅读与网络文学之间有着共同创造价值的利益链条，从而延展了 IP 的广度和宽度，能够有效地放大作品的价值。

在场景选择上，蜻蜓 FM 专注于睡前场景。对于收听睡前音频的受众而言，听音频不再是单纯的娱乐享受，而是类安眠药，也是一天劳累后自我疗愈的过程，这是睡前音频产品有别于其他音频内容或收听场景的独特作用。蜻蜓 FM 着力满足睡前场景的独特需求，不断增强的"睡眠暗示"强化了用户的依赖感，有利于企业形成稳定的用户流量和特定的企业文化特色。但睡前场景自身规模承载量较小，只着眼于睡前场景不利于企业对潜在市场的发掘和潜在用户的吸收，也会掣肘蜻蜓 FM 从纯粹的 PGC 模式转向 PGC 与 UGC 结合放大平台品牌优势的可能空间。

（三）考拉 FM 的发展战略

考拉 FM 也是一个非常有代表性的音频平台，主要特色在于其一直在车载端深耕发展。它背靠车语传媒，在产品上针对用户习惯，覆盖车辆十分广泛。产品完善度非常高，内容库丰富，合作品牌齐全。主要业务包括：（1）场景化＋智能电台流。考拉 FM 开创了场景化＋智能电台流的车载音频使用方式，能够利用 AI 核心技术，结合人物置身的不同场景将新闻资讯的内容融合场景主动推送给车主。（2）深耕车载音频。考拉 FM 在分析用户习惯的点播模式的同时，通过强大的 AI 交互技术，最大限度优化用户体验，增强用户黏性。（3）精准广告投放。考拉 FM 在全媒体广告平台开放广告，在流媒体智能平台进行内容标签化处理，利用大数据技术，结合用户习惯场景变化实现智能推送。针对车载用户精准投放广告是考虑到车主个人特点明显，且多为优质用户，车载用户属性明显，广告能够更精准直达用户，这种精准推送也提高了考拉 FM 的变现能力。

五 "耳朵经济"该何去何从？——行业发展趋势展望

（一）行业发展前景看好，竞争渐趋激烈

1. 在线音频市场待开发空间巨大

艾媒咨询 2017～2018 年中国手机网民使用在线音频情况调查显示，45.3% 的手机网民使用过在线音频，而 54.7% 的手机网民尚未使用在线音频，这说明在线音频市场待挖掘空间巨大。

2. 在线音频内容付费符合用户预期

2017～2018 年中国在线音频付费用户月均花费分布调查显示，月均花费 11～20 元和 21～30 元的用户最多，分别占 34.2% 和 33%；其次是月均花费 31～40 元和 10 元及以下的用户，分别占 14.6% 和 10%，85.4% 的用户认为费用合理，认为不合理的仅占 8.2%，剩下 6.4% 的用户尚不清楚。

3. 行业竞争差异化趋势更加显著

一方面，在线音频平台的争夺逐渐激烈，同时音频内容资源不断丰富，音频平台的产业发展模式趋向于多元化和差异化，不同的场景都有广阔的发

展潜力。另一方面，用户对内容的专业性要求不断提升，知识付费和专业内容的制作团队需要针对用户的不同需求推出更为精准化的内容，从而深耕垂直市场。

4. 车载场景发展前景广阔，入局平台将增多

车载场景一直是音频平台的主要战场。人们在开车的过程中，音频收听成为主要的内容接收和资讯获取方式，当下车载环境下的音频方式略显单调，随着私人汽车的保有量不断增多以及车联网技术的不断发展，车载端的在线音频用户需求不断提升，并且车主均有一定的付费能力，属于优质用户，因此车载场景的发展前景被广泛看好，入局的平台将会更多，车载场景的音频平台也会出现差异化和多元化的发展趋势。

5. 产品智能化程度将提高

目前音频平台所生产的产品智能化程度尚不尽如人意，在内容精准投放以及与用户的交互方面都有较大的提升空间。随着人工智能技术的不断发展，以及 5G 时代的到来，在线音频市场将进一步扩大，产品的智能化程度和交互体验都会进一步提升。

6. 平台内容朝专业化方向发展，内容付费成趋势

随着在线音频平台的竞争逐渐激烈，专业化程度的提升便成为音频平台寻求突破的重点。随着硬件平台逐渐增多，音频内容逐渐广泛化，平台之间的竞争一方面体现在版权和原创 IP 资源积累规模上，另一方面也体现在平台内容的专业性和制作团队的专业性上，专业化程度、体系化服务都将成为竞争壁垒。

7. 在线音频市场在整体注意力市场中的占有率有望进一步提高

可以预见的是，移动端的广泛使用和普及使得用户的碎片化时间不断增多，这也就意味着音频媒介能够适应的伴随性场景不断增多，例如开车、运动、通勤等，"耳朵经济"的市场发展空间广阔。移动端的技术发展与终端普及、用户碎片化时间的开发利用、音频平台内容的逐渐丰富和交互手段提升用户体验优化等因素都将吸引更多受众，从而形成良性生态循环。

（二）机遇与挑战解读

1. 机遇

用户层面：老年人群体和未成年人群体的陪伴性需求是音频行业可以深入开发的潜在市场；对于社会化知识的获取需求同样是音频行业应当深耕的领域。目前，社会上整体的版权保护意识逐渐形成，拥有正版优质内容资源的音频企业占据了主动地位，劣质、盗版等行业乱象将逐步被遏制，这有利于整个行业健康发展。用户付费意识增强则为音频行业内容和渠道形成完整的变现链条提供了保障。

环境层面：整体产业环境在国家政策的扶持下暖风频吹，背靠成熟的视频直播行业，既可以借鉴已有的经验和思路，也可以提早预判和避开视频直播发展历程中相似的"雷区"，平台用户较强的黏性为行业发展提供了沃土。

技术层面：人工智能技术的运用和音频制作工具的发展使得音频行业日新月异，移动网络的普及和网络资费的降低将推动音频产品更加渗透到寻常百姓的生活场景中去。

2. 挑战

如何打造平台特色内容是现有各大电台亟待解决的问题，任何新兴市场都终将迎来红利消退的那一天，最先被淘汰的就是同质化产品。对产品使用场景的认知越深刻、越及时，就越能把握住用户的痛点。对于内容质量的把控，一是从业道德要过关，二是要坚守匠心，提升从业人员素养是关键，打造梯队化人才队伍形成多点支撑，才能让高质量爆款 IP 不止昙花一现。

参考文献

［1］罗梓菲：《PUGC 战略下喜马拉雅 FM 的商业化发展策略》，湘潭大学硕士学位论文，2017。

［2］冯帆:《PUGC 模式下的互联网电台内容生产——以喜马拉雅 FM 为例》,《青年记者》2017 年第 17 期。

［3］项勇:《媒体融合中的广播纵向价值》,《传媒评论》2018 年第 2 期。

［4］汪勤:《国内移动网络电台内容生产模式研究 ——以荔枝 FM、蜻蜓 FM、喜马拉雅 FM 为例》,《视听》2018 年第 7 期。

［5］马澈、穆天阳:《一种新的互联网知识传播范式:"知识付费"的逻辑与反思》,《新闻与写作》2018 年第 4 期。

［6］李唯嘉、杭敏:《移动媒体时代"耳朵经济"的整合营销传播》,《新闻战线》2018 年第 12 期。

［7］敖雅倩:《"喜马拉雅 FM"的盈利模式与盈利策略探析》,《新媒体研究》2018 年第 13 期。

［8］国秋华、钟婷婷:《喜马拉雅 FM 基于知识付费的价值创造》,《新闻知识》2018 年第 5 期。

［9］夏世西珍、汪勤:《车联网时代云南广播内容生产模式研究》,《传播与版权》2017 年第 6 期。

［10］王玉辉:《我国视音频信源编码的标准及发展》,《硅谷》2011 年第 17 期。

B.9
中国电子游戏行业发展分析

周玉峰　郑王桢

摘　要： 电子游戏行业从 20 世纪末起步，至今已有近 20 年的历史。在这期间游戏行业一跃成为最吸金的行业之一，大量资本涌入，行业逐步走向成熟。智能移动终端的普及，给游戏行业注入了新的发展动力，游戏行业重心开始从 PC 端转到移动端。但近年人口红利式微，游戏行业陷入发展瓶颈期，同时政策性因素的限制也加大了产业运营风险，游戏厂商纷纷寻求破局之道。本文在对电子游戏产业发展脉络整体回顾的基础上，结合标杆企业表现管窥行业升级路径，并对中国电子游戏产业未来发展趋势进行了预测。

关键词： 游戏产业　产业链　区块链

一　中国游戏行业近况

（一）行业背景：高速增长软着陆，游戏行业进入瓶颈期

2018 年上半年，中国游戏市场实际销售额为 1050.0 亿元，较上年同期增长了 5.2%，用户规模 5.3 亿人，同比增长 4.0%（见图 1、图 2）。中国游戏市场中，移动游戏市场实际销售收入 634.1 亿元，占中国游戏市场实际销售收入比重为 60.4%；客户端游戏市场实际销售收入 315.5 亿元，占 30.0%；网页游戏市场实际销售收入 72.6 亿元，占 6.9%；社交游戏市场

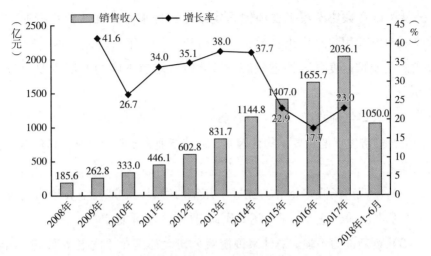

图1 中国游戏市场实际销售收入和增长率

资料来源：中国音数协游戏工委和伽马数据。

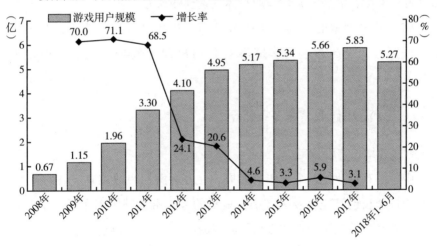

图2 中国游戏用户规模与增长率

资料来源：中国音数协游戏工委和伽马数据。

实际销售收入 22.6 亿元，占 2.2%；家庭游戏机游戏市场实际销售收入 4.2 亿元，占 0.4%。①

---

① 中国音数协游戏工委：《2018 年中国游戏产业报告》，2018 年 8 月 13 日，http://www.cgigc.com.cn/gamedata/20391.html。

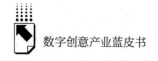
从中国音数协游戏工委和伽马发布的数据来看，虽然游戏行业的实际收入和游戏用户规模仍在增长，但相较于前几年的高速发展，2018年游戏行业增长速度已经接近触底。游戏行业增速下降的原因主要有以下几点。

（1）人口红利式微。这个因素影响的不仅仅是游戏行业，也成为影响我国整个经济发展的重要结构性因素，游戏行业发展降速只是人口红利式微的表现之一。

（2）游戏市场基本饱和。经过十几年的发展，游戏行业在现有的条件下已经基本饱和，进入存量市场时代，用户规模基本稳定。

（3）创新能力不强。总体来说游戏公司大都是在"吃老本"，PC端收入最高的游戏仍然是十年前的LOL、DNF和CF，移动端则是PC端的移植，玩法并没有太大突破，游戏行业整体缺乏创新动力。

（4）政策因素的限制。2018年3月，国家新闻出版广电总局开始停发游戏版号，受此影响，多家游戏公司出现了股价下跌、市值锐减的情况。

（二）游戏行业"寒冬"将至

1. 高速增长的后遗症

中国游戏行业经过十几年的发展，在互联网用户数难有突破的背景下，游戏用户增长也已经触及天花板。最早的客户端游戏吸引了游戏的重度用户，突破客户端限制的页游吸引了游戏的中度用户，突破空间限制的移动游戏将游戏轻度用户抓到手，至此中国游戏用户已被瓜分完毕，在现有条件下用户规模不会再有太大的变化。同时，移动游戏的快速增长也分流了一部分页游和客户端游戏用户。

这个现象在客户端游戏用户中尚未得到很好的体现，但是在本就以便捷性抢占市场的页游市场表现得淋漓尽致，从2015年开始页游的用户规模一直在下降，而2014～2015年正是移动游戏发展最快的时期。预测未来几年，由于页游游戏可玩性和丰富性不如端游，便捷性不如手游，页游用户规模会一直下降，最终只会保留一些核心用户，页游市场将走向衰退。客户端游戏虽然并没有出现如页游一样的大规模用户流失现象，但也很难再有所增长（见图3、图4）。

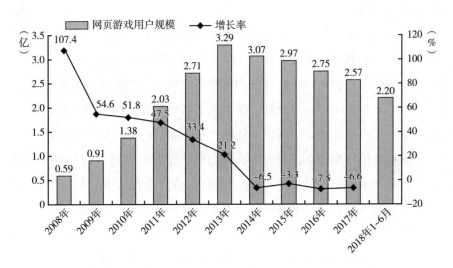

图3　中国网页游戏用户规模和增长率

资料来源：中国音数协游戏工委和伽马数据。

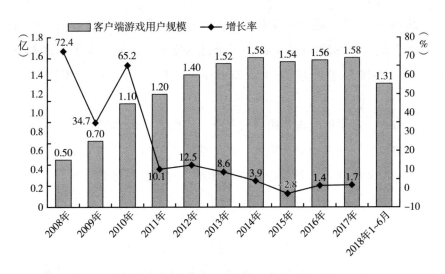

图4　中国客户端游戏用户规模和增长率

资料来源：中国音数协游戏工委和伽马数据。

189

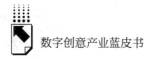

根据 SuperData 发布的 2018 年 9 月全球游戏收入排行榜，客户端游戏前五名都为十多年前的游戏，分别是地下城与勇士、英雄联盟、穿越火线、梦幻西游 2 和魔兽世界。在技术层面难有突破的情况下，客户端游戏用户规模和收入将保持稳定。

游戏行业高速发展过后剩下的都是难啃的骨头和后遗症。移动游戏从智能手机普及开始高速发展，至今不过几年，销售收入却已经破了千亿元大关。如此暴利的行业，各大游戏公司自然不会放过，大量的资本进入让移动游戏的核心竞争力不再是可玩性，而变成了如何圈钱，这样的后果是移动游戏成为流水线产品，难以出现优质作品，新作品的发布依靠买量吸引一批用户，后期运营以维稳为主，形式得不到创新，逐渐走上客户端游戏的老路，同质化竞争严重，如"吃鸡"手游前前后后总共推出了十几款，最终活下来的不过少数几家，大量的资源被浪费在了恶性竞争中。从目前来看，移动游戏发展速度开始放缓，进入了发展的拐点，一方面同质竞争和存量市场是影响移动游戏发展的最大因素，另一方面用户需求逐渐明确也给游戏公司带来了契机。

2. 政策因素

2018 年 3 月，游戏版号审批工作开始受到限制。受此影响，腾讯股价持续下跌，10 家游戏公司市值 7 个月蒸发近万亿元。除了国内游戏公司外，一些国外游戏厂商（例如 Nexon 和任天堂）也有不同程度的跌幅。

在游戏行业本就发展不顺的情况下，网络游戏版本号和备案的审批冻结，让游戏公司的发展更为艰难。对于游戏版号审批遭到冻结的影响，二级市场中游戏股的走势是最为直观的体现。游戏股持续性下跌，其中 IGG 一度跌 8.7%，为 2018 年以来最大跌幅，网龙跌 5.6%，巨人网络一度跌 4.18%。

各游戏厂商绞尽脑汁解决这个问题，这其中可能性最大也是最普遍的方法就是购买已经死去的游戏的版号。但这种方法有很大的弊端，首先这种版号售价十分高昂，而且常常有价无市，其次使用这种版号也需要承担风险，必须将游戏名字改成版号上的游戏名，许多中小厂商很难承受这种压力。

2018年8月30日，教育部、国家卫生健康委员会等八部门联合发布了《综合防控儿童青少年近视实施方案》（以下简称《方案》），该《方案》表示：国家新闻出版署将对网络游戏实施总量调控，控制新增网络游戏上网运营数量，这无疑让本就处于下行区间的游戏行业雪上加霜。从中国端游时代到如今，政府对游戏的监管从未如此之严。2018年11月，由中宣部指导的网络游戏道德委员会在北京成立，12月7日，网络游戏道德委员会对首批存在道德风险的网络游戏进行了评议。

从停发版号到网游总量调控再到成立网络游戏道德委员会，2018年政府针对游戏行业出台的政策显示出加强游戏行业监管的决心，过去游戏行业监管缺位的现象将一去不复返，整个游戏行业将一扫过去的无序状态，进入更加制度化、更加规范化的新时期。

游戏行业无疑正迎来历史上最大的变革期，发展速度开始放缓、高速增长过后各种后遗症也开始显现，同时正值史上最严的游戏监管期，各种问题综合起来给游戏行业带来了一场"寒冬"。如何度过"寒冬"则是所有游戏公司都需要考虑的事情，腾讯、网易等大厂商尚有余粮可以过冬，但中小厂商就不那么好过了，熬得过去方能期待柳暗花明，熬不过去只有黯然退场。

二 从腾讯游戏的发展管窥行业趋势

在短短十几年时间里，腾讯从一个名不见经传的小公司一步步成长为中国游戏产业的龙头，时至今日腾讯已经打造出一个属于自己的"游戏王国"。全球诸多游戏厂商背后都有腾讯资本的影子，腾讯资本将这些本来并无关系甚至相互竞争的企业织成了一张大网，2018年，腾讯还在继续拓展自己的投资边界（见表1）。

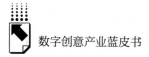

表1　腾讯近年来海内外游戏公司投资一览

年份	投资公司	公司类型	占股比例	投资金额
2007	永航科技(北京)	PC游戏公司	63.9%	—
	VinaGame(越南)	PC游戏公司	30.2%	—
2008	Outspark(美国)	PC游戏公司	—	1100万美元
2010	网域(深圳)	PC游戏公司	100% 占股比例均未披露	总计1.56亿元
	GH Hope Island	PC游戏公司		25亿韩元
	Eyedentity	PC游戏公司		39.9亿韩元
	Redduck	PC游戏公司		15亿韩元
	NextPlay	PC游戏公司		15亿韩元
	Topping	PC游戏公司		15亿韩元
	Reloaded Studios	PC游戏公司		54.95亿韩元
	Studio Hon	PC游戏公司		14.5亿韩元
	(以上均为韩国公司)			
2011	Riot(美国)	PC游戏公司	100%	16.79亿元
	漫游谷(北京)	网页游戏公司	62.5%	7.64亿元
	Epic Games(美国)	主机游戏公司	48.4%	20.87亿元
	金山网络(北京)	PC游戏公司	14.28%	7.41亿元
	银汉科技(广州)	移动游戏公司	15%	数千万元
2012	Level Up International (新加坡)	出版游戏公司	100%控股	3.48亿元
2013	动视暴雪(美国)	PC游戏公司	第一次投资占股6%,后联合占股24.7%	14亿美元
	乐逗游戏(深圳)	移动游戏公司	20.4%	1500万美元
	Plain Vanilla(冰岛)	移动游戏公司	未披露	联合投资2200万美元
2014	Aiming(日本)	移动游戏公司	联合占股16.8%	—
	CJ Games(韩国)	移动游戏公司	28%	5亿美元
	擎天柱(广州)	移动游戏公司	B轮投资	1.5亿美元
	TapZen(美国)	移动游戏公司	天使轮投资	800万美元
2015	Glu Mobile(美国)	移动游戏公司	14.6%	1.26亿美元
	Pocket Games(美国)	移动游戏公司	20%	600万美元
2016	Supercell(芬兰)	移动游戏公司	84.3%	86亿美元
	Paradox Interactive(瑞典)	PC游戏公司	5%	1.38亿元
2017	西山居(珠海)	PC游戏工作室	—	1.43亿美元
	掌趣科技(北京)	移动游戏公司	—	4.9亿元
	Frontier(英国)	PC游戏公司	9%	1770万英镑

续表

年份	投资公司	公司类型	占股比例	投资金额
2018	盛大游戏(上海)		—	30 亿元
	Kakao Games(韩国)		—	500 亿韩元
	斗鱼(武汉)	游戏直播	—	6.32 亿美元
	虎牙(广州)	游戏直播	—	4.6 亿美元
	育碧(法国)	主机游戏开发商	5%	4.52 亿美元

资料来源：根据游戏葡萄数据和网络资料整理制作。

从表 1 中可以看出，过去十年中腾讯参与的游戏领域并购案近 40 起，总金额达到 900 亿美元。

从腾讯十年来投资的公司来看，可以大致分为三个时期，第一个时期大致为 2007~2013 年，在这期间腾讯投资了大量的 PC 游戏公司，包括 Riot 和动视暴雪等知名公司，腾讯旗下有名的端游大都产生在这一时期，如长盛不衰的 LOL、DNF 和 CF 三巨头。这十年同时也是腾讯异军突起、后发制人的时期，腾讯独到的眼光开始显现，在其他游戏厂家还在 RPG 游戏市场争得火热时，腾讯开始推出各种类型的游戏，回合制、RPG、MOBA、FPS、RTS、横版过关游戏等，腾讯系游戏蓝图慢慢铺展开来。凭借着做社交积累起来的用户，腾讯在 PC 游戏阶段逐渐发力，成功赶超盛大、网易等老牌游戏巨头，并坐上游戏行业的头把交椅。腾讯游戏发展的模式也在这一时期定形，庞大的资本和用户基础再加上腾讯自称的"微创新"，使这种模式无往不利。

第二个时期大致为 2014~2016 年，这几年是智能手机逐渐普及的阶段，也是移动游戏发展最迅速的时期，腾讯在这几年投资了大量移动游戏公司，其中投资最大的一笔就是对芬兰 Supercell（皇室战争、部落冲突制作公司）的收购，斥资约 86 亿美元收购其 84.3% 的股份。腾讯在手游阶段开始国内外齐发力，一方面将自身积累的优质 IP 从 PC 端搬到移动端，另一方面通过对海外游戏公司的投资推出符合国外用户偏好的产品。更多资本涌入的手游市场无疑比 PC 端竞争更加激烈，但腾讯靠着"资本 + 流量"的专属模式，进一步稳固了自己的地位。2016 年腾讯推出《王者荣耀》，之后迅速火爆，成为移动端第一款现象级游戏，并且其性质已经脱离一般的手游，带有强烈的社交属性。2017 年腾讯再次将 QQ 飞车移植到移动端，也获得了很大的成功，QQ 飞车上架便进入手游排行榜前十，与《王者荣耀》长期霸占前两名。2018 年腾讯又推出两款正版"吃鸡"手游，同样带起了国内的"吃鸡"风潮，"吃鸡"手游的国际版 PUBG Mobile 在国外也一度登上移动游戏下载量榜首，不过由于版号问题，国内"吃鸡"手游尚未给腾讯带来盈利，但凭借抢下的大量市场，在版号问题解决后，未来收入可期。

第三个时期就是 2017～2018 年，游戏行业发展逐渐乏力，腾讯的投资也更加多元化。抛开游戏公司本身，腾讯开始更多地关注游戏产业链的下游。2018 年腾讯同时对游戏直播行业的两大巨头斗鱼和虎牙进行投资，立足游戏本体，布局整个游戏产业链。面对行业"寒冬"的来临，腾讯选择将鸡蛋放到不同的篮子里，多方发力。从游戏直播到电子竞技再到产业融合，处处可见腾讯的影子。腾讯已经不满足拘泥于游戏行业内，其想要打造的是一个完整的生态系统。从投资范围来看，腾讯资本涉及整个游戏生产链，从上游的游戏制作厂商到下游的游戏直播、游戏赛事；从细分行业市场来看，无论是 PC 端还是移动端，腾讯都处于领先地位；从游戏类型来看，腾讯游戏几乎涵盖了市面上所有类型的游戏，从休闲的纸牌游戏到 RPG、FPS、MOBA 等；从产业布局来看，腾讯不仅出台 WebGame 平台、极光计划等巩固传统游戏地位，并且先后上线手 Q 玩一玩和微信小游戏等寻找新的突破口。毋庸置疑，腾讯已经成为一个"游戏王国"。

三　中国游戏行业发展新兴增长点前瞻

电子竞技与游戏直播成为产业新兴增长点，发展呈现良好势头。

1. 电子竞技

2018 年 1～6 月，中国电子竞技游戏市场实际销售收入 417.9 亿元，同

比增长16.1%。移动电子竞技游戏市场实际销售收入增长明显，超过客户
端电子竞技游戏（见图5）。①

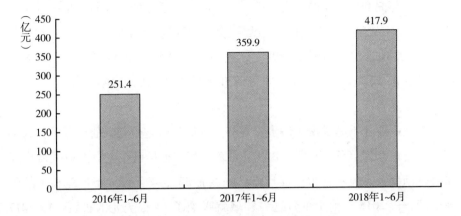

图5　中国电子竞技游戏市场实际销售收入

资料来源：中国音数协游戏工委和伽马数据。

随着越来越多的人开始接触游戏，电子竞技赛事市场也在不断扩大，受
众人数不断增加，电子竞技方兴未艾。横向来说，电子竞技赛事的成功举办
有利于提升游戏本体的知名度，赛事赞助和广告费用也是游戏收入重要的组
成部分。反过来游戏玩家人数增加也会提高赛事的知名度，进而提升其商业
价值，吸引更多的资本入驻，形成一个良性的循环。纵向来说，电子竞技赛
事是对游戏的"深加工"，延长了游戏产业链，催生出游戏下游的一批相关
产业，如赛事所需要的场地、赛事直播等。

2016年，国家发改委明确指出：在做好知识产权保护和对青少年引导
的前提下，以企业为主体，举办全国性或国际性电子竞技游戏赛事活动；教
育部开始将"电子竞技"增补为专业；国家体育总局发布的《体育产业发
展"十三五"规划》将电竞作为具有消费引领性的健身休闲项目重点。
2017年，文化部印发《文化部"十三五"时期文化产业发展规划》，将指

---

① 中国音数协游戏工委：《2018年中国游戏产业报告》，2018年8月13日，http：//www.cgigc.
com.cn/gamedata/20391.html。

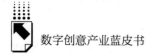
导行业协会举办游戏游艺竞技赛事作为文化产业升级的重要任务之一，将电子竞技列为促进游戏业发展的重要创新业态。[①]

2018年是我国电竞的丰收之年。在雅加达亚运会的《英雄联盟》《王者荣耀》《皇室战争》三个项目中，我国选手取得两枚金牌、一枚银牌；在同年7月的《绝地求生》世界邀请赛上，我国战队OMG成功取得第一个世界冠军。最后IG战队斩获《英雄联盟》S8世界冠军，给2018年电竞画上一个完美的句号。

电竞产业在不断发展，诸多资本势力开始投入这个新兴的产业中，许多互联网公司都想着分一杯羹。BAT、京东、苏宁也早已在电竞产业领域广泛布局。高盛数据显示，2013年以来，一共有33亿美元投入了电竞相关的创业公司，仅2018年前十个月这一领域就吸纳了14亿美元的投资，较2017年几乎翻倍。

2. 游戏直播

国内直播平台保持稳定增长，游戏直播市场销售收入持续提升。数据显示，2017年中国游戏直播市场规模达到80.9亿元，同比增长103%；用户规模达到2.8亿人，增长率为29%[②]。随着直播市场的成熟，直播行业的格局将趋于稳定。直播平台将更加注重内容领域的细分和多渠道的布局，以解决获客成本迅速攀升、模式逐渐固化、用户增长速度放缓等问题。[③]

游戏直播与游戏之间为良性互动关系，游戏内容的直播是游戏重要的推广方式，优质的游戏也是直播的重要内容，两者相互依存，深度融合。目前来看，游戏直播仍然是直播平台最为主要的直播内容，直播人数最多、流量最大的游戏也是市面上最火爆的游戏。同时，游戏内容的直播对新游戏的发布推广具有很大促进作用。

---

① 国家发改委：《关于印发促进消费带动转型升级行动方案的通知》，2016年4月15日，http://www.ndrc.gov.cn/zcfb/zcfbtz/201604/t20160426_799488.html。

② 中国音数协游戏工委：《2018年中国游戏产业报告》，2018年8月13日，http://www.cgigc.com.cn/gamedata/20391.html。

③ 中国音数协游戏工委：《2018年中国游戏产业报告》，2018年8月13日，http://www.cgigc.com.cn/gamedata/20391.html。

同时，直播能够为游戏赛事提供新的变现方式。游戏赛事与传统体育赛事类似，但尚未成熟，仍处于发展时期，需要大量资金的投入。游戏公司向直播平台出售游戏赛事的转播权也是赛事重要的收入来源，比如《英雄联盟》《守望先锋》等全球知名游戏，直播平台一年为赛事转播权所付的费用高达数百万美元。此外，直播平台可以深度挖掘粉丝经济，增强游戏用户黏性，延长游戏的生命周期。

参考文献

［1］中国音数协游戏工委：《2018 年中国游戏产业报告》，2018 年 8 月 13 日，http：//www. cgigc. com. cn/gamedata/20391. html。

［2］创业邦：《博弈论："区块链 + 游戏"是创新还是伪命题?》，2018 年 10 月 1日，https：//www. cyzone. cn/article/470590. html。

［3］翟慧霞、黄传斌：《2017 年度中国企业海外形象调查分析报告——以东盟六国为调查对象》，《对外传播》2017 年第 12 期。

B.10
国内在线音乐流媒体平台行业分析

行家玮 李 昕 麻钟元

摘　要： 2010～2018年，是国内在线音乐平台蓬勃发展的时期，随着互联网技术、通信技术和无线网络技术的发展，技术的更迭为数字音乐市场打开了基础性的大门。近年来，云音乐技术的发展，VR、AR科技的不断推出为用户打造了无限的虚拟音乐空间，提供沉浸式服务，用户与音乐的黏性不断提高，高科技智能化的体验推动音乐产业不断向高端技术迈进。本文选取在线音乐行业三大巨头——QQ音乐、阿里音乐和网易云音乐作为分析样本，梳理在线音乐行业发展战略、变现模式和发展困境，并对在线音乐行业未来进行预测和指导，以期推动行业良性发展。

关键词： 在线音乐平台　腾讯音乐　阿里音乐　网易云音乐　版权

一　中国数字音乐行业发展态势

（一）中国数字音乐行业发展历史——十余年曲折发展，寡头格局初呈现

中国数字音乐行业经过十余年的成长期和快速发展期，至今已经达到发展相对成熟的一个时期，数字音乐在产业内的地位凸显，商业模式日趋成熟，越来越多的互联网公司巨头都在布局音乐产业。梳理中国数字音乐的历

198

史，可以发现贯穿始终的两条脉络：一是版权问题；二是整合问题。我们通过这两种视角来梳理中国数字音乐行业发展历程。

1. 版权历程：从盗版横行到版权争夺，监管推动市场良性发展

2009 年文化部发布了《关于加强和改进网络音乐内容审查工作的通知》，有关部门开始加强网络音乐知识产权保护。监管的收紧提升了平台的版权费用，平台收不抵支，在线音乐平台在 2010 年开始迎来"倒春寒"，好听音乐网、巨鲸音乐网等相继关闭。

版权监督的加强加大了资源版权的竞争力度，这一现象也影响了下游用户的听歌体验。紧接着，国家版权局在 2017 年提出要避免对独家版权的双向授予或采购。

2. 整合历程：CMC 和腾讯合并，市场格局收拢

线上音乐平台也曾经历过一段大规模的整合期，这其中最重要的当属海洋音乐集团的合并。

2010 年彩虹音乐成立，2012 年海洋音乐成立。2013 年和 2014 年海洋音乐先后并购了酷我音乐和酷狗音乐，并在 2014 年连同彩虹音乐、源泉音乐，5 家公司组成了海洋音乐集团，即中国音乐集团（CMC），这是音乐发展史上最大的合并。

中国数字音乐行业经过数次整合兼并后，市场格局由星空式分散不断收拢并转向几家独大，形成了以腾讯系为首的寡头局面。

（二）数字音乐市场规模分析——规模庞大，增长迅猛，资本向头部应用集中

中国数字音乐随着互联网的发展形成不断扩张的趋势。2012 ~ 2017 年，国内数字音乐市场规模从 18.2 亿元扩张到 180 亿元，形成了惊人的涨幅（见图 1）。虽增速不断放缓，但市场已经达到较大体量。而对于在线音乐企业来说，通过对比多方数据可知，腾讯音乐目前的市场占有率高达 60%，扮演了行业巨头的角色。

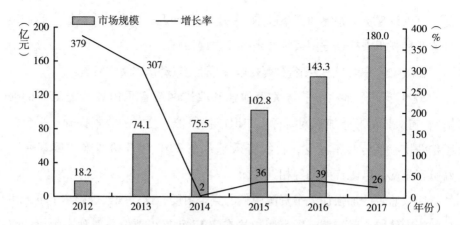

图1　2012～2017年中国数字音乐市场规模及增长率

资料来源：民生证券。

（三）数字音乐用户规模分析——用户体量进入存量博弈，付费市场仍有空间

2013～2017年，国内在线音乐用户规模从2013年的3.0亿增长到2017年的5.6亿，行业用户已经很难再出现大规模的增长，行业进入存量博弈阶段（见图2）。

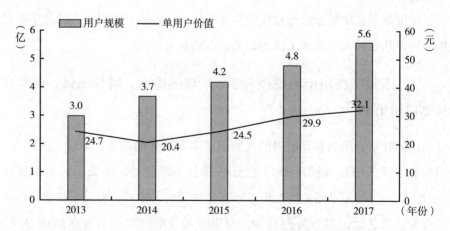

图2　2013～2017年中国数字音乐市场用户规模及ARPU值

资料来源：民生证券。

虽然在线音乐平台具备变现的一大优势——用户规模，但很可惜国内对网络资源的付费利用并没有形成健康的环境，再加上各大平台在上线之初就采用免费模式，用户付费习惯很难培养和改变。

腾讯音乐招股说明书显示，截至 2018 年三季度末，腾讯音乐旗下三大平台付费用户数 2490 万户，付费率为 5.2% ~ 5.8%，远低于 Spotify 45.5% 的平台付费率。因此我国音乐行业仍有很大的付费空间。

（四）行业产业链结构和生态圈布局——产业链生态上游分散，中游渠道一超多强

1. 上游：国内唱片公司相对分散，缺乏发行渠道，独立音乐人生存困难

音乐产业的上游是唱片公司，公司通过制作实体售卖、转化为数字资源售卖和售卖版权三种方式进行变现。国内的唱片公司发展时间较短，也未形成规模化运作的方式，没有成熟的经验，因此，国内的在线音乐平台仍有机会和空间培养更强的议价能力。

除此之外，对于上游产业独立音乐人部分，根据鲸准数据库数据，截至 2018 年 2 月，在中国成立的独立音乐相关企业共有 424 家，以举办现场音乐会、整合音乐资源、举办音乐节为主。从经济收入的角度来看，如图 3 所示，从未获得过融资的企业有 282 家，而获得融资的企业多停留在 A 轮及以前，二次投资甚至三次投资的现象少之又少。而且，由于国内独立音乐人缺乏成熟的企业对其进行宣传和推广，他们大多通过微博、朋友圈这种社交性质的媒体进行音乐交流和推广，专业性和集中度都比较差，很难抓住好的商业机会。

2. 中游：分发渠道已高度集中，腾讯广布局泛音乐内容服务

数据显示，酷狗音乐、QQ 音乐、酷我音乐和网易云音乐这四大行业巨头公司，渗透率分别为 63.8%、48.6%、23.8% 和 20.4%，MAU 分别为 3.54 亿、2.70 亿、1.32 亿和 1.13 亿。由此可见，这四大平台可以说垄断了用户。

而在版权方面，根据腾讯音乐招股说明书，当前腾讯音乐曲库拥有众多

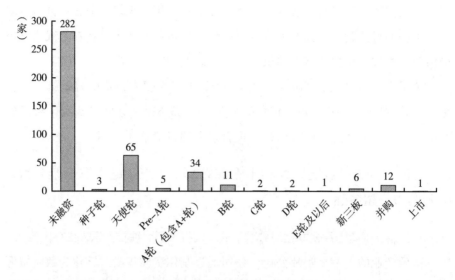

图3 独立音乐相关企业不同融资阶段数量分布

资料来源：36 氪、鲸准数据库。

国内外唱片公司的大量资源，其中包括索尼、环球、华纳、帝王娱乐、中国唱片集团，同时很大一部分的版权是腾讯独家拥有的。

在内容服务布局方面，腾讯音乐不光布局音乐客户端，还投资了 FM 电台类企业、在线 K 歌类企业、直播平台、厂商播放器和票务服务等多家公司，从音乐内容到音乐服务布局整个中游产业，可谓泛音乐类产业广撒网。

（五）行业盈利模式分析——版权付费大势所趋，多元变现打开盈利空间

随着对版权保护的不断加强，音乐付费观念随着版权保护的重视在"80 后""90 后"中逐渐被认可。高度集中的平台加上越来越多的年轻用户（网络原住民）已经培养了良好的版权意识和付费习惯，各大平台将开始有自己的议价能力，从而逐渐提高支付率，版权付费大势所趋。

经过十余年的发展，国内在线音乐平台为了实现多元变现获得收益，开

始广泛进行跨界融合。除了强有力的霸占"耳朵经济"外，音乐平台也更加注重视觉上的拓展。音乐直播融入视觉观赏，全民 K 歌激发用户主动性，音乐票务的拓展能够促进产业线下发展，衍生品的 IP 营销更是自带话题和热度。这些途径，都有利于国内音乐平台更好地融入多元消费场景中，从而实现多元变现。

（六）行业发展痛点：竞价推高版权成本，内容产出者收益低下

1. 盗版问题亟待解决，成本推高使平台陷入囚徒困境

由于我国盗版成本低，处罚力度不够，音乐盗版现象大大挤占了版权费用的盈利空间。以华研国际为例，2015 年虾米音乐以 2000 万元的价格买下华研三年独家代理权，而三年后华研的版权易手网易云音乐时，已经高达 5 亿元。因此，高额的版权价格和较低的付费率形成两大矛盾的对立，从两个重要的方面影响了平台的盈利能力。

2. 内容产出者收益低下，独立音乐人发展空间有限

在流媒体音乐服务行业中，内容产出者面临的窘境是：音乐人收益被产业中间商环节大大挤占。正如前文所分析的那样，当今音乐产业平台原创内容产出者缺少发展平台和推广平台，同时由于缺乏相应资源所得利益也被出版方、唱片公司和零售商等大幅侵占，不利于我国音乐内容服务走向高质量和原创性道路。

二 三家标杆企业的发展模式对比分析

（一）腾讯音乐："大"而"全"的泛娱乐生态王国构建

腾讯音乐现在可以说是国内在线音乐市场中当之无愧的王者。自 2005 年 2 月 2 日推出 QQ 音乐，到 2016 年将旗下的 QQ 音乐与旗下拥有酷狗、酷我两家企业的中国音乐集团进行合并，成立腾讯音乐娱乐集团（TME），再到 2018 年 12 月 12 日晚正式登陆纽约交易所，市值达 213 亿美元，比肩全

球最大的音乐流媒体 Spotify 总市值。如何从一个简单的音乐播放器一步步杀出重围，打造成如今中国化的社交娱乐生态王国，腾讯音乐娱乐集团的巨无霸之路值得我们深入探究。

1. 多端产品延伸消费场景

招股书中将腾讯音乐定位成一个"一站式"音乐娱乐平台，综合结合听、唱、看、社交等消费场景，用户可以通过在多个消费场景之间及时切换来满足多样化的需求。腾讯音乐多个场景的完美结合，与其名下的众多应用密不可分，QQ 音乐、全民 K 歌、酷我音乐、酷狗音乐等，并且这些应用在齐头并进的同时又相互区隔。通过数字音乐、直播、K 歌的三条主线的勾连，完美地圈画出了腾讯音乐的生态闭环（见图 4），为腾讯音乐在音乐市场中占据半壁江山奠定了基础。

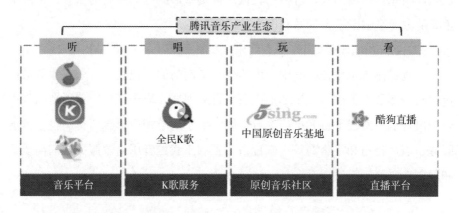

图 4　截至 2018 年 9 月腾讯音乐生态产品矩阵

资料来源：广发证券发展研究中心。

2. "音乐 + 社交"高度结合剑指音乐泛娱乐生态

腾讯将音乐的联结能力发挥得淋漓尽致，通过"音乐 + 社交"，腾讯音乐陆续推出 K 歌及直播平台，通过音乐这一纽带，腾讯由单纯的音乐流媒体播放平台转变成腾讯音乐泛娱乐生态，避免了音乐平台由于单一性而受硬件、版权限制的问题。

（二）酷狗直播：独特造星链条为音乐人搭建成长阶梯

1. "数字专辑" + "直播"

相比于传统的直播平台通过粉丝为主播打赏、送礼物等形式赚取利益的方式，酷狗直播打造出"数字专辑" + "直播"的转换方式，创造了一条独特的造星链条。通过主播直播的吸引力，集中粉丝的注意力，继而推出数字专辑，用音乐直播的手段在原创音乐版权以及数字专辑的销售发行之间搭建了一条通道，实现原创音乐的有效推广和数字专辑的快速传播。

2. 粉丝积累

直播形式在一定程度上解决了一些音乐人"昙花一现"、后续粉丝积累乏力的问题。一首歌爆红之后，由于受众注意力有限以及展示机会、资源的缺乏，很快便会淹没在众星之中。通过搭建直播平台，在酷狗直播中展示的歌手，一方面可以通过直播平台进行演唱，吸引粉丝；另一方面也可以通过直播，更加全面地展现自己的个性，促进与粉丝之间的了解。总而言之，直播可谓是一个"圈粉"利器。

3. 大范围传播

面对目前渠道多但受众注意力有限的状况，酷狗直播与酷狗音乐实现联动，首先借助直播平台在短期内获得大量的关注，而后酷狗音乐平台上线，使歌手以及歌曲得到快速的大规模传播。同理，如果人们在酷狗音乐平台上发现喜欢的歌手以及歌曲，可以直接跳转至该歌手的直播间，实现更加深层次的互动与交流。音乐平台与直播平台的联动，发挥"音乐" + "直播"的双重推动作用，为酷狗音乐带来无限的盈利想象空间。

音乐人的作品变现更高效。变现一直是困扰许多音乐平台的问题，酷狗直播开通了打赏功能，用户通过对数字专辑进行付费，或者对喜爱的歌手、歌曲进行打赏，使音乐人作品快速变现，为许多音乐人提供了进一步创作的支持和可能性。

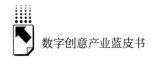

4. "综艺曝光"

背靠酷狗音乐大平台，一些在直播平台成长起来的音乐人可以借助酷狗音乐的大量机会和资源，获得更大的表演平台，而这些，都是单靠音乐人自己的力量实现不了的。

5. 酷狗自制综艺

酷狗直播利用自身资源推出多个自制综艺节目，为音乐人搭建更大的曝光平台和提供机会，也同时可以进一步锻炼音乐人的能力，提升其素养。另外，酷狗直播还联合其他音乐综艺，通过与主流歌手合唱、合作创作的途径提升平台音乐人的曝光率，从而获得粉丝的注意和喜爱。

6. 大型盛典

除此之外，酷狗直播年度盛典也提供了曝光机会。借助大型盛典的影响力，音乐人可以更快、更深地走入观众的内心，为他们的形象、作品助力。

7. 原创音乐基地

酷狗以造星为核心，打造了"酷狗音乐""酷狗直播""5sing"三大平台联动的生态闭环。通过酷狗音乐传播音乐作品，再通过直播平台进行互动沟通，而音乐的诞生地是5sing原创音乐基地，三者形成闭环，为原创音乐人打造全方位直通道路。

目前大量受众包括制作人非常看重原创音乐，但一些没有机会和条件进行独立创作的音乐人往往难以有生存空间，酷狗音乐通过各大平台，如全民K歌、酷狗直播等，为热爱音乐的人提供机会。一首歌被不同歌手传唱时，可以反推原创作品受到喜爱，得到传播，从而实现"歌手＋作品"的双赢。

酷狗直播在未来仍有巨大的增长空间，对标同行业上市公司虎牙直播，截至2018年第一季度，虎牙直播的月活跃用户数是9290万，是酷狗直播的2.32倍，但虎牙直播注册用户为2亿，少于坐拥3.5亿注册用户的酷狗直播，这与酷狗音乐的强大导流作用是分不开的，高用户注册量无疑可以为酷狗直播未来月活的提升提供动能（见表1）。

表1 2018第一季度酷狗直播对标虎牙直播

单位：万人

平台	月活跃用户规模	注册用户数	付费用户数	月活跃主播
虎牙直播	9290	20000	340	66
酷狗直播	4000	35000	—	—

（三）网易云音乐：深耕平台忠实用户，打造视听社交圈新玩法

相比于腾讯音乐的帝国版图，网易云音乐的一大特色便是"新"，2013年才出生的网易云音乐，已经在慢慢崛起着，并且呈现与腾讯音乐"大而全"的生态模式不太相同的发展路径。网易云音乐与其他音乐类 APP 最大的不同，便是其极高的用户参与度，网易云音乐试图借助这一优势，打造基于高频词互动，涵盖短视频、音频、好友状态等的视听社交圈，进一步深耕APP 内的忠实用户，着力于平台运营，不仅从功能设计上，更借助多种有新意、与用户产生共鸣的品牌营销方式，促使用户进行积极的评论、点赞、分享，从而培养良好的社交氛围。网易云音乐热门歌曲评论数量动辄达到百万数量级，其中周杰伦的《等你下课》评论量超过100万条，《晴天》的评论量更是突破210万条。

1. 创新产品模式，重新定义移动音乐产品

当网易云音乐出现在人们的视野中时，恰好处于互联网的转型期，但当时音乐市场的发展并不乐观，企业多以打造音乐播放器、用于播放本地音乐为主，功能类似于 MP3，因此并不能为用户带来多少便利。网易云一上线便吸引了受众的眼球，陆续推出针对不同用户的多样歌单，并上线评论等功能，打造"音乐＋社交"的全新音乐平台模式，给用户带来全新的体验。

网易云音乐的用户定位与腾讯音乐、阿里音乐等有所区别，其定位于音乐群体中的中高端用户，并且旨在将这些用户连接起来，构建音乐社区。根据2017年4月11日的数据，网易云音乐用户日均评论150万条，评论总数达4亿条，日均分享量达到500万条，点赞量达到2000万次。通过这些数

据可以看到，网易云起到的绝不是简单而传统的音乐播放器作用，而更像一个交流音乐的社区，内容与用户之间、用户与用户之间都是紧密相关的。

2. 全方位扶持原创音乐，构建音乐传播生态

网易云音乐作为国内最大且最为年轻的音乐平台，其竞争优势并不在于版权以及用户的依赖度上，而是对原创音乐的创作与扶持。其致力于打造多项有前瞻性、有市场、有受众的音乐计划，助推原创音乐的传播以及音乐人名气的积累。比如其所推出的"石头计划""云梯计划"等，不仅打造了多款优质原创音乐作品，也推出了多位原创音乐人。

截至2018年9月，网易云音乐上入驻独立音乐人超7万。为进一步帮助广大的独立音乐人，网易云音乐自2018年10月起将每周二设为"网易音乐人推广日"，集中推广资源，加大扶持力度，为原创音乐提供更好的成长土壤，构建音乐传播生态。

3. 个性化推荐：综合两种推荐算法，推荐应景音乐

个性化推荐是网易云能够迅速在音乐市场占领一席之地的重要助推因素。近两年来，由于互联网的快速发展，用户获取各项信息的途径越来越便利，因此形成了信息、资讯爆炸的现象，人们每天被大量无用信息所淹没，无法快捷地获取符合自己个性的音乐。而网易云音乐由此入手，借助大数据、算法等科学技术手段，精准获取用户喜好，为用户画像，把握用户音乐偏向曲线，进而形成个性化推荐歌单，一方面满足用户快速获取音乐的需求，另一方面将有相同喜好的用户进行划分，形成社群效应，提高平台用户黏性（见图5）。

作为网易云音乐的核心竞争力之一的个性化推荐，恰好解决了用户耗费大量时间和精力去寻找自己喜欢的音乐的痛点，除推荐歌单以外，网易云音乐还上线了跑步FM、私人FM等频道，连接不同的受众生活、工作、娱乐场景，并且以其高精准度和高效率收获用户的一致好评。

（四）阿里音乐：依托阿里大文娱，线下演出拓展盈利渠道

阿里音乐作为阿里布局大文娱战略的重要一环，寄托着阿里集团向娱乐

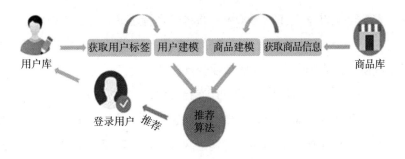

图5 网易云个性化推荐算法

资料来源：庖丁开发、广发证券发展研究中心。

版块进军的希望，而依靠阿里集团的助力，虾米音乐也与多个平台开展合作，如大麦网、优酷土豆、阿里体育等板块，向构建文娱大平台的目标不断靠近，并且阿里音乐的整个盈利模式都是脱胎于阿里大文娱战略，实行紧密联动，通过音乐打开视频和票务的变现之门（见图6）。

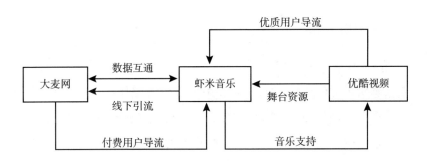

图6 阿里系大麦网、虾米音乐、优酷联动模式

资料来源：虾米音乐APP。

1. 与大麦网联动实现双向引流

虾米音乐与大麦网实行联动，通过推出以粉丝为核心的双向引流措施，打造"线上与线下"相结合，"平台、粉丝、艺人"三方联动的独特音乐传播和营销模式。

2. 高科技大数据赋能商业化拓展

虾米音乐背靠阿里集团大生态，试图从科学技术角度实现突围，布局大数据、人工智能以及云计算等领域，并将虾米音乐平台与各项技术手段相融合，利用 AI 进行伴奏、编曲甚至作曲，在技术端进一步重构用户行为和培养使用习惯，探索出一条不同的商业变现之路。

3. 发展瓶颈：定位模糊，资源利用有待加强

虾米音乐在这三家音乐客户端中存在感最弱，前两年由于战略失误阿里音乐逐渐掉队，在流量上远远少于其他两家。这与阿里对其定位有关，阿里支系众多，产品繁杂，在虾米音乐投入的资源较少，且作为音乐播放器虾米音乐未能在阿里大文娱生态链中扮演中枢角色，虾米音乐的发展一直很被动。日后与其他产品形成联动是虾米音乐的破局之道。

三　横向对比：音乐生态构建各显神通
一超多强局面形成

（一）用户差异

1. 用户下载量

根据必达咨询的数据，2017 年，中国音乐流媒体平台的下载量腾讯占据超过一半的市场份额，高达 65.2%。这主要由于腾讯在社交上具有优势，为腾讯音乐提供了强大的流量导入，拥有庞大的用户基数，TME "三巨头" 市场地位进一步巩固。网易云音乐虽然成立于 2013 年，入场比较晚，但是增长迅速，目前已经占据了 15.4% 的市场份额，成为用户增速最快的音乐客户端。

2. 用户活跃度

2018 年 11 月，腾讯音乐在美公开招股。在 2018 年第二季度，腾讯音乐的月活动量达到 8 亿次。2018 年上半年，腾讯音乐在多个音乐综艺上发力，为腾讯音乐带来了较高的热度和用户活跃度。网易云音乐由于版权问题，在活跃率上稍低。虾米音乐由于没有找到很好的发力点，以及其歌曲不能在其他社交平台上分享等原因，活跃率有些萎靡，甚至被 MIUI 音乐赶超。

3. 用户年龄分布

音乐流媒体平台用户以青年人为主。艾媒咨询的数据显示，2018 年 Q1，酷狗音乐和 QQ 音乐 24 岁以下用户占比都达到了 40% 以上，网易云音乐高达 64.4%，大量的独立音乐人使网易云音乐在长尾音乐布局上优势突出，吸引了众多口味多样的年轻用户，用户数呈倍数增长。虾米音乐在 25～30 岁用户中占比较高，达到 29.8%，可以看出虾米音乐高音质、AI 黑科技的特点，更吸引年龄较大的小众音乐发烧友的喜爱。

（二）内容建设

自 2015 以来，音乐版权集中在几家头部音乐流媒体平台，各音乐作品 99% 以上的版权互相转让，1% 的独家版权成为平台构筑版权壁垒的关键。此外，随着版权格局的基本稳定，独立音乐人成为各大音乐平台竞争的焦点。原创音乐成为版权差异化竞争的关键。

1. 腾讯音乐打造最全音乐版权平台，巧用社交因子扶持原创音乐

腾讯音乐拥有最全的音乐版权，华语乐坛具有影响力的唱片公司的独家版权被其收入囊中。腾讯音乐还拥有多家综艺的音乐版权，缺乏唱片版权的歌曲也会用节目 live 等形式补全。在原创音乐上，腾讯音乐通过腾讯音娱集团的平台联动实现资源整合，巧用天然的社交优势突破原创音乐发展掣肘。腾讯音娱旗下的六大平台已经打通，在腾讯音乐人计划的多环节提供一站式服务。值得一提的是，腾讯音乐矩阵中的全民 K 歌也助力原创音乐人的成长。并且，全民 K 歌还用"原创音乐＋社交"等模式进行推广，深化用户互动程度以及体验感。

2. 网易云音乐发力日韩潮流文化，原创音乐成为最大内容护城河

在追求差异化音乐版权方面，网易云音乐由于以"95 后"用户为主，因此选择布局年轻用户喜爱的日韩潮流音乐，发力二次元音乐文化，巩固和吸引更多的年轻用户。2018 年，网易云音乐与日本多家知名唱片公司与二次元音乐厂牌达成合作，在日式二次元音乐文化领域的优势凸显。同时，网易云音乐也与韩国知名偶像公司达成版权合作。

目前，网易云是中国最大的独立音乐人平台。众多网络爆红的民谣和原创音乐人的版权都为其平台独家所有，大大增强了平台的用户黏性。目前，原创音乐人已经成为网易云音乐最大的屏障。

3. 虾米音乐：原创音乐栏目细分，紧贴用户喜好

虾米音乐在版权资源的争夺上稍落下风，并且和一些老牌唱片公司合约到期没能续约也使其元气大伤。

作为中国较早扶持原创音乐人的客户端之一，虾米音乐细分"寻光音乐"栏目，突出原创音乐在虾米音乐中的重要性，并于2018年发行寻光音乐人专辑。虾米音乐进一步利用智能 AI 电台、优化算法，增强音乐人曝光度，并对用户行为进行深度学习，更精确预测用户喜好，打造用户个人专属电台。

各大平台都大力扶持原创音乐的发展，打通上下游，提供从发掘、包装、唱片制作、推广的全方位服务，并且通过举办线下演唱会，连通线上线下。原创音乐人 IP 成为各大平台构建内容生态的重要砝码。网易云音乐通过强化音乐社区的打造、歌单推荐等模式，营造了浓厚的原创氛围，音乐人数量以及原创作品的发布数量在各大平台遥遥领先。腾讯音乐依托丰富的音娱产品矩阵，以及丰富的流量资源在原创音乐挖掘、培养、宣发推广上都有巨大优势。虾米音乐背靠阿里大文娱，并利用新的传播技术，通过深度学习用户行为，深耕个性化推荐，使原创音乐的曝光与用户喜好结合。

（三）用户体验

现阶段，我们所讲的用户体验已经不仅局限于对音质、曲库的比拼，更多的是指音乐客户端在吸引、留存用户方面具有独特的闪光之处，各个音乐平台不断加入新功能、引入新科技，为用户提供更贴心的服务、更完美的体验。

1. 网易云：通过活跃的内容生态，打造音乐社区

网易云音乐以音乐社区起家，社交氛围在各个音乐客户端中是最浓的，紧紧抓住用户对音乐分享、讨论的喜好，优化用户的体验，不断强化用户在社区中的参与感。内容社区形成后，用户在听歌后能够及时交流互动，极大

地优化了用户体验，增强了用户的黏性。

在加强内容社区建设方面，网易云还推出用户自制歌单、电台、私人FM等功能，成为一个用户个性化移动音乐社区。此外，网易云也十分擅打感情牌，例如歌单在情感上的细致分类，对热评的宣传运用以及经常走心的H5；等等。网易云通过细腻的情感体验，增强情感共鸣，获得年轻用户的青睐。

2. 腾讯音乐：打造泛娱乐生态，覆盖"听唱看玩"多维体验

目前，腾讯音乐不仅是一个音乐播放器，而且成为音乐媒体平台，为用户提供泛娱乐化体验。在听上，正版曲库强大，无损音质覆盖了平台大部分音乐；还推出了QPlay与车载音乐、分类电台等功能；在看上，拥有丰富的直播、演唱会O2O专辑、音乐综艺、数字专辑MV等视频资源；在玩上，加入了音乐弹幕等功能，并且举办了多场线下演出；在唱上，腾讯音乐娱乐集团旗下的全民K歌占据了K歌领域绝大部分市场份额。

腾讯音乐率先尝试自制综艺，实现从单纯的"听"到"听＋看"的转变。QQ音乐独家上线了《见面吧！电台》《见面吧！爱豆》，配合泛娱乐布局，利用音乐版权的优势使音乐和综艺更紧密结合，增加了用户的活跃度和留存率。在与综艺节目的合作上，依靠它们强大的资本实力以及腾讯视频的资源基本垄断了市面上最火的音乐综艺节目的歌曲版权资源。此外，腾讯音乐在数字专辑视频播放、演唱会直播等方面形成垄断，在视频领域也处于绝对领先地位。

3. 虾米音乐：背靠优酷，依托阿里大文娱进行联动

虾米音乐依托阿里文娱的资源，联动同为阿里系的优酷共同打造音乐IP，参与优酷自制综艺的音乐制作，例如《这！就是歌唱》《这就是街舞》等，并且音乐类综艺节目内容还可以在虾米音乐平台上呈现。优酷不仅为虾米提了自制节目的音乐版权，并且可以为虾米音乐旗下的艺人提供舞台资源。此外，虾米还通过大麦网连通上下游，举办线下音乐会，并进行直播。AI黑科技被虾米率先引入音乐领域，引导用户进行音乐场景化尝试，打造了独特的调性和科技风。

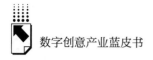
（四）融资模式

1. 腾讯音乐：社交板块为腾讯音乐贡献大部分收入，促使其率先实现盈利

2018年12月12日晚，腾讯音乐集团在美国纽交所正式挂牌上市。截至2018年三季度末腾讯音乐旗下产品未去重MAU为8.8亿，对应单MAU市值为24.2美元；音乐和直播付费用户数共计3480万，对应单付费用户市值612美元；TTM营业收入和净利润分别为172亿元和32.4亿元。腾讯音乐2017年和2018年前三季度分别实现营业收入109.8亿元和135.9亿元，同比分别增长152%和84%；实现净利润13.2亿元和27.1亿元，同比分别增长1452%和245%。

腾讯在社交板块的强大优势使腾讯音娱在社交运作上优势凸显。根据招股书的数据，社交板块成为拉动腾讯音娱盈利的最大板块。2017年和2018年前三季度腾讯音乐在线音乐业务实现收入31.49亿元和40.2亿元，占总收入比例分别为28.7%和29.6%；其中，2017年和2018年前三季度腾讯音乐在线音乐订阅收入分别为18.4亿元和18.1亿元，占总收入比例分别为16.8%和13.3%，音乐社交娱乐业务实现收入78.32亿元和95.7亿元，占总收入比例分别为71.3%和70.4%。

2. 网易云音乐：开启多元付费模式，评论区商业建设成亮点

在盈利模式上，网易云音乐开启了评论区广告的新模式。网易云音乐充分利用社区优势，品牌广告主在符合品牌调性的歌曲评论区以评论的形式发布广告，减少用户对广告的排斥心理，实现"听歌"到"看评论"到"看广告"的引流。

除了传统的会员支付外，网易云音乐还打造多元盈利模式。网易云引导用户为电台进行知识付费，形成付费氛围。以场景为核心的付费电台成为网易云打造的重点，付费电台共有18个频道，涵盖不同的场景、不同的主题，在音乐之外探索新的内容变现模式。此外，网易云音乐还涉足电商，围绕"网易云音乐"这个IP，推出网易云音乐蓝牙耳机，网易云音乐热评书等相关系列产品。

3. 阿里音乐：依托阿里大文娱，线下演出拓展盈利渠道

虾米音乐背靠阿里大文娱，作为阿里大文娱的关键一环，与大麦、优酷视频等整体联动，通过音乐环节促进其他环节的盈利变现。依托阿里集团，虾米音乐逐步转型为泛文娱平台。虾米音乐通过与大麦网在票务资源领域进行合作，将触角伸向音乐演出这一重要的下游产业链。并且，凭借阿里在AI、大数据上得天独厚的优势，虾米音乐在众多线下场景实施了商业化拓展，为其创造了新的变现空间。此外，阿里所具有的独特的电商基因也被虾米利用。比如，崔健因保温杯走红，虾米炒高热度，联合大麦不仅为崔健开办演唱会，还在淘宝卖起保温杯，探索多元盈利模式。

四　行业发展趋势

（一）上下游做增量音乐客户端，深度参与产业链

目前，随着版权格局基本稳定，各平台开始竞争下半场，对原创音乐人的争夺愈演愈烈。这要求平台深入音乐产业的上下游环节，参与并整合音乐制作、艺人培养以及宣发等环节，获得更多话语权和主动权。未来，音乐平台对音乐产业链的参与将越来越深入，一方面将促进音乐产业向更适合互联网的形态发展；另一方面，也体现了平台差异化竞争的需要。各大音乐平台竞相推出音乐人计划，与票务平台合作，争夺对上下游的把控权。

（二）"音乐+视频"将深度融合，成为未来的新战场

未来，音乐客户端面临的竞争者不仅来自内部，也来自外部力量。抖音等视频网站不断推陈出新，频频产生爆款歌曲。短视频的发展非常迅速，推动其成为泛娱乐的重要组成部分。虽然手握大量音乐版权，但是引爆音乐短视频这一细分领域的是抖音等短视频平台，导致流量和用户分流，削弱了音乐客户端原本在歌曲宣发方面的优势。但是从另一个方面看，短视频可以有效地增强音乐客户端的黏性。目前，音乐客户端在短视频的建设上，还处于

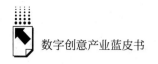

起步阶段，存在许多痛点。未来，是否拥有高质量的短视频内容是打开缺口的关键之一。

（三）跨界合作成新常态，线下场景应用更加多样化

用户对音乐的需求越来越多元。在移动互联网时代，音乐将伴随于用户工作生活的场景中，更高的场景契合度以及更丰富的场景应用将成为音乐平台未来发展的关键。各音乐平台 APP 都在试图突破音乐播放器的单一形态，通过加码社交营造消费体验，使音乐渗入生活化场景，打造线上线下融合运营生态。

新技术的应用也将助推线下音乐场景向更加沉浸化、多样化的方向发展。AR、VR、人工智能的入场，智能终端的普及，5G 时代的到来，使音频传输速度实现质的飞跃，音乐有向"流化"发展的趋势，给音乐平台提供了更多的可能性。"音乐＋"的应用场景越来越多，玩法越来越多样，如何与场景更好地结合，提供更沉浸式的体验，让用户产生消费需求，将成为音乐平台的面临的新命题。

（四）技术革命解锁行业新声，区块链破解三大难题

区块链技术越来越成熟，应用也越来越广泛。区块链技术体系的核心价值在于实现了价值的可信流通，对于音乐行业来说，则是版权价值的可信流通。区块链技术总体来看有三大特点。第一，去中心化。分布式数据库和共识机制让数据存储实现去中心化。第二，数据防篡改，可追溯。密码学技术与哈希追溯可实现链上数据的防篡改和可追溯。第三，可信任的点对点传输。P2P 网络满足了去中心化形势下的点对点传输方式，智能合约通过可编程的代码，让被触发的合约自动执行，从而构建信任机制。基于以上三个特点，区块链技术为音乐版权保护提供了最有效的方式，它让所有形式的数字内容实现了分散控制，并提供透明性，有助于实现可执行的版权、保证支付，以及促进版税的透明。目前，音乐行业存在的问题或多或少都与版权有关联，促进区块链技术与音乐版权的结合，三大问题即可迎刃而解。

1. 解决音乐版权及版税分配问题

由于音乐行业长期缺乏透明度，以及音乐人的权利界限不透明，粗略估计每年有 25 亿美元的音乐版税漏洞。很难确定哪些歌手、制作人、演员、作家、出版商真正拥有歌曲的权利，以及如何在他们之间分配版税。真正的艺术家通常需要两年或更长时间才能收到他们的欠款或付款。由于所有权和信息缺失等问题，未支付的版税往往会被暂停或延迟。

而随着在区块链音乐中引入智能合约，版权将更加具有可执行性。利用区块链的分布式数据和智能合约，记录并实现所有信息的不可篡改、不能删除，打开传统音乐行业的暗箱，让所有参与者的权利和利益透明化，并能把运作过程以及后续产生的所有与版权相关的收益按规则分配给相关创作者、制作人。

2. 解决不同参与者的利润及价值转换等问题

在音乐界的生态体系里，一条稳定的"食物链"早已形成：发行一首歌至少要有三方参与——词曲版权代理方、音乐平台、唱片公司，那么一位歌手要获取应得的酬劳，就先要经过这三个参与方分账，最后留给歌手的只是蛋糕的一小部分。目前，出版商、人才中介机构、流媒体频道、音乐标签等都会分得一份收入。

运用区块链技术的分布式账本与智能合约，可以打造出一个以透明度为基础的音乐权利数据库，使艺术家和消费者之间建立直接关系来解决这个问题，逐渐摆脱中间商，并确保费用是即时支付的。利用区块链技术，音乐制作人、艺术家、编曲者以及用户，在创作或发行的过程中都能获得一定的奖励；粉丝在音乐的传播、聆听过程中，也能获得一定的奖励。

3. 打击音乐盗版问题

区块链技术能够用于未经授权的内容分发，其中一种方法是在区块链上对专辑的音轨进行编码，确保每次播放歌曲都有一个独特的记录。利用区块链技术，音乐原创者将音乐上传到元界区块链系统中，系统对专辑的音轨进行采集编码，确保每次播放歌曲时都有一个独特的记录，如果接下来再有音

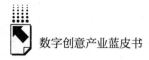

乐上传，智能合约会自动与之前上传过的音乐做对比，若检测出涉嫌侵犯音乐版权，则审批不会成功。

因此，一旦区块链技术应用到音乐行业，将给音乐行业带来翻天覆地的变化，即解决版权问题，从而合理分配经济利益，并且可以自动追踪财务数据，并使其透明化。这是音乐行业商业化发展道路上的一大改革。

专　题　篇

Special Topics

B.11
数字融媒体背景下中国报业
集团转型发展研究

廖一繁　李靖

摘　要：　在急速更迭的互联网时代，报业转型之路变得更加艰难。在
　　　　　过去的几年中，有的报业集团期望破釜沉舟迎来复苏，最终
　　　　　却在寒冬中举步维艰，悲凉退场；有的报业集团积极拥抱新
　　　　　生态，在结合自身优势的基础上开发了独具特色的发展模式，
　　　　　逐渐走向温暖春天；更有报业集团剑走偏锋，在无数次的尝
　　　　　试无果后触碰"高压线"，留下的只是一声长长的叹息。资
　　　　　本寒冬叠加纸媒寒冬，报业转型究竟路在何方？本文主要对
　　　　　几大主流报业集团在数字化、网络化、融媒体化大背景下的
　　　　　发展路径、特点和方向进行分析，为业界同人提供借鉴。

关键词：　报业集团　媒体转型　资本运作　媒介技术

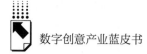

百舸争流，千帆竞发。这是一个最好的时代，也是一个最坏的时代，在急速更迭的互联网时代，报业转型之路变得更加艰难。在过去的几年中，有的报业集团期望破釜沉舟迎来复苏，最终却在寒冬中举步维艰，悲凉退场；有的报业集团积极拥抱新生态，在结合自身优势的基础上开发了独具特色的发展模式，逐渐走向温暖春天；更有报业集团剑走偏锋，在无数次的尝试无果后触碰"高压线"，留下的只是一声长长的叹息。

在新媒体高频猛烈冲击下，报业集团纷纷寻找自己的转型之路，经过一次次的试错和失败，很多纸媒还是在这场变革中走向消亡。2016 年 11 月，《京华时报》正式宣布停刊，如果说在这之前，"纸媒将死"只是猜测，那么这之后，"纸媒将死"已然变成了现实的画像。进入 2018 年，纸媒报刊行业变动加剧，多家报纸杂志关停并转。同时，不少纸媒开始在新媒体领域探索，一步步试错，一步步积累，大获全胜、转型成功者也不在少数。逆流而上的纸媒，要么被激流裹挟着消失不见，要么变成有着"三头六臂"的新型媒体，在不断融合和触碰中探索着更多维更开放的发展路径。在黎明还没有来到的时候，那些泥泞的坎途已经有人走过，陈尸无数的荒野已经为残酷的竞争划好了竞技场，报业转型已经进入了一个越来越难却不得不走的阶段。

一 报业集团的发展案例分析

（一）南方报业传媒集团

1. 集团概况：线上线下深度融合，打造新型文化业态

南方报业集团基于《南方日报》发展起来，2005 年南方日报报业集团更名为南方报业传媒集团，进行了大量媒体融合的尝试，为该集团日后的长期发展奠定了基础。

2018 年，南方报业传媒集团决定向"智慧化"融合方向发展，这是转型发展的开端。在这一年中，集团通过三个"一体化"——"内容一体化生产""技术一体化支撑""经营一体化统筹"形成了新的体制，推动了内容的制作

和传播。南方报业传媒集团的转型发展主要呈现以下的特点：（1）新型主流媒体平台初步呈现；（2）主力军向融媒体主阵地转型；（3）融媒体精品生产能力不断提升；（4）推动城市智慧转型。

2. 发展创新：深入实施智慧转型，打造新型主流媒体

转型策略多管齐发，南方报业传媒集团不断成为报道城市经济、文化、政治生活的主体，成为城市发展的亮丽名片。正式上线的集团中央数据库和大数据服务中心，推动其融媒体中心不断迭代升级；作为"广东第一权威移动发布平台"，"南方＋"下载量突破 4700 万次，"朋友圈"越来越大，入驻南方号机构自媒体超过 4700 家，金字招牌越擦越亮。

此外，南方报业传媒集团也通过做强"三个平台"不断进行着融媒体的尝试。

（1）做强党媒宣传平台。集团以《南方日报》、《南方杂志》、南方网、"南方＋"客户端为主，向内整合资源，向外服务各级党委政府中心，成为重要的党媒宣传平台。

（2）做强立体传播平台。线上——顺应互联网传播移动化、社交化、视频化、互动化趋势，借助个性化、差异化的精准推送方式，统筹报、刊、网、端、微、屏、图书出版等多种传播渠道，实现资源共享、信息互通、传播互补；线下——通过举办多种类型的活动进行浸入式体验传播。线上全媒体，线下多场景，线上线下相互协同、密切联动，构建起聚合集团所有内容、所有渠道的立体传播平台，实现内容产品与服务的多样化展示、多介质推送、多元化传播。

（3）做强数据服务平台。大数据既是内容生产的构成要素，也为我们提供了洞察用户需求、优化受众体验的有力手段，还是建设传媒智库、实施智能传播的重要依托。构建大数据平台，能够助力国家治理体系和治理能力现代化建设，为广东省的发展做出新的更大贡献。

3. 以内容智库化为方向，建设南方传媒智库矩阵

南方报业传媒集团顺应互联网发展大潮，不断推进以"智库化""智能化"为特征的智慧转型，打造新型主流媒体，建设传媒智库矩阵（见图 1）。

集团中央数据库和大数据服务中心已正式上线，融媒体中心不断迭代升级，报、刊、网、端融合改版改革成效显著，初步形成了内容一体化生产、技术一体化支撑、经营一体化统筹的全新运营模式，展现出在全媒体时代强大的传播力、引导力、影响力、公信力。

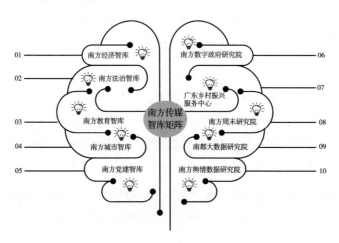

图1　南方报业传媒集团智库矩阵

（二）南方财经全媒体集团

1. 集团概况：全国首家全媒体集团，后发优势显著

2016年11月17日，由南方报业传媒集团和广东广播电视台共同发起组建的南方财经全媒体集团在广州正式揭牌成立。在省委、省政府和省委宣传部的直接谋划和大力推进下，以国家利益高于一切为己任，按照"媒体、数据、交易"的业务布局，快速推进融合发展步伐。集团已经形成全媒体架构，规模及影响力稳居国内财经媒体首位；积极推进新型智库和数据库建设，组建中国自贸区信息港和粤港澳大湾区研究院，对数字政府建设、构建开放型经济新体制和湾区建设决策咨询发挥了积极作用；并购南方文交所和横琴国际商品交易中心，成为广东省要素市场建设的生力军。

2. 战略定位：做中国金融市场建设参与者

南方财经全媒体集团立足全国，聚焦东南亚，影响全世界。为满足社会对优质财经资讯、权威财经数据、高效交易平台的需求，着力开展"媒体、数据、交易"三大核心业务。从战略定位层面上看，南方财经全媒体集团成为国内综合金融资讯服务商，成为国内财经媒体向金融信息服务商转型的排头兵、金融市场建设的参与者；成为现代金融文化产业新引擎——把握"互联网+""媒体+"趋势，积极培育文化产业，实现由单一媒体建设向媒体与文化产业发展并重的转型，由人才密集型向人才、技术、资本密集并重的转型。

3. 业务布局："媒体""数据""交易"三管齐下

做强主业——加快旗下媒体的融合发展，进一步巩固和壮大主流舆论阵地；做大产业——以"自主研发+外部合作"的方式，尽快切入数据、交易领域，做大市场份额；盘活资本——加快旗下资产证券化步伐，通过资本运营为既有业务提供支撑、开拓新业务；实现多元发展。大力发展文化娱乐等产业，将之打造成集团战略业务体系的重要组成部分。

在媒体业务方面，南方财经全媒体集团以"中央厨房"为平台，全面整合报、网、端等优质内容和传播渠道。在此基础上，南方财经全媒体集团正在构建具有强大竞争力的财经全媒体集群，将目光聚焦于全球经济治理问题，为国家参与全球经济治理提供更多有中国特色的方案，提高我国在全球经济治理中的话语权。

南方财经全媒体集团是全媒体融合发展模式的一个成功案例，媒体、数据和交易三大业务的融合发展促进了南方财经全媒体集团的传播力、公信力和影响力的提升，助力其早日成为国内领先、国际知名的财经媒体集团和新型的金融咨询综合服务商。综合来看，南方财经全媒体集团能够在融媒体时代成功转型发展，得益于其定位：落脚在推动地区发展，助推广东省文化、经济建设发展，促进"创新驱动"发展战略在广东省的落地实践，助力提高中国在全球经济治理领域的话语权。

（三）浙江日报报业集团

1. 总体概况：追兵迫近，急转弯投向互联网数字文化产业

《浙江日报》系中共浙江省委机关报。2000年6月25日，成立浙江

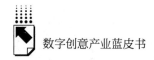

日报报业集团。2009 年，成立浙报传媒控股集团公司。2011 年，集团媒体经营性资产在上海证券交易所成功上市，是全国第一家媒体经营性资产整体上市的省级报业集团。

在互联网大潮下，浙报也在寻求转型之路，逐渐向互联网数字文化产业进军。目前，公司名称已变更为"浙数文化"，名称的变更代表着公司定位和主营业务的变动。未来，公司将着力发展基于互联网的数字文化产业，主营业务重点布局在数字娱乐产业、竞技直播业务和大数据业务三个方向。

2.战略布局：智能云开发建设，文化体育两开花

（1）以融合视角构建媒体云服务生态圈

浙数文化构建融媒体平台，在基于传统"中央厨房"理念基础上，利用大数据、云计算、人工智能等技术，对传统平台搭建方式、内容聚合方式、运营方式、扩展方式进行重新梳理，采用全新云生态视角创建四层立体式平台框架，以 B 端与 C 端多种产品形态为传统媒体提供全方位服务，打造符合传统媒体和新媒体发展需要的创新云服务机制。

（2）分离传统新闻类资产，集中数字文娱产业

2017 年，浙报传媒集团剥离传统业务后，游戏及电竞业务、大数据业务和投资业务板块三大事业群发展布局更加清晰。数字娱乐和数字体育发展稳健，将成为公司短期业绩的主要支撑。

2017 年 3 月，公司通过重大资产重组剥离了报刊媒体类资产，旗下原有 21 家一级子公司从 2017 年二季度开始均不再并表，公司业务结构发生了较大变化。主业开始围绕以优质 IP 为核心的数字娱乐产业、数字体育产业、"四位一体"的大数据产业三大板块展开，企业性质由原有的传统报业公司转型为新兴的互联网企业。在毛利润构成方面，资产重组前后，在线游戏运营业务均贡献了最多的毛利润，2017 年在线游戏运营业务毛利润占比为 71%，较 2016 年的 43% 有显著的提升。

目前，浙江日报报业集团也在加快从内容生产者向城市服务商转型，开拓"流量蓝海"。

一方面得益于互联网和大数据的发展，另一方面政府部门的积极作为，

使浙报以媒体转型势能，投身"数字浙江"的宣传和实践中。依托技术和权威数据，以及"数说浙江"打造的城市名片理念，将进一步助力"数字浙江"建设成果的呈现，同时也为其他城市打造了一份可供借鉴的样本。

从产业发展的角度来看，单纯依托企业广告的商业模式已难以为继，利用内容生产优势向城市服务商转型，通过政务服务、旅游策划、创业咨询等衍生产品，向文化传媒集团转型，也是传统商业模式转型的路径之一，浙报正是在"数字浙江"建设的浪潮里，抓住了时机。

二 转型成功者的经验谈

从媒介自身发展变迁逻辑和我国现存的传媒政治经济生态、传媒体制来看，可以将促使媒体深度融合的三大动力归为以新媒体为首的传播介质迭代、以市场机制为首的市场力量推动和以地方政府政策为首的行政权力主导。在移动互联网占主流的新媒介生态环境下，传统媒体特别是传统纸媒，赖以生存和发展的以"传者为中心"的媒介环境被迫重构，继而引发纸媒发展的市场逻辑的嬗变。媒介市场的弱势导致政治权力的边缘化。在"转型中国"的时代背景下，中央高层适时提出推进传统媒体和新媒体深度融合，打造新型主流媒体和新型媒体集团的传媒改革意愿，以期实现舆论场重塑，推动传媒经济逆势上扬，具有双重属性。

（一）扎根新媒体平台，创造新价值＋新路径

优胜劣汰的自然法则在传媒发展历史上起着不可否认的作用，传播变革时代报业如何才能具有随时代变迁的能力？在到达下行通道末端的阶段如何寻求突破？从本文分析的传媒集团转型案例来看，数字化转型是一种必然趋势；在这种趋势下，报业转型有多种路径，除建立数字版之外，最主要的是打造独立的新媒体平台。

首先，在报媒之外创建以数字化为轴心运转的传播新平台是报业转型的一大重点。不同报媒其新媒体定位应不同，找准定位才能做出有效的发展规

划。不论是发展新的数字产品或移动产品，是否将其产品及服务置于报业集团战略的中心地位都值得思考，其传播平台均应是以数字化为轴心运转的新平台。有些报媒的新媒体尝试是充分利用采编团队的采编能力，挖掘线索、组织专题，并以新的媒介形式如微博进行传播。

有效转型的要点不在于纸媒借助新媒体以求整合传播，乃至体现融合的优势，而在于通过新平台以数字化为轴心运作，因循守旧其发展必将受到限制。比如，开发手机应用、采用收费阅读是一种类型的新媒介运作模式，其关键要素之一在于该项目内容着重原创，要避免内容与纸版重合。由传统媒体脱胎或衍生的新媒体机构注定受体制的束缚，其革新也会遭到路径依赖的挑战。毫无疑问，体系层级多、流程长即会造成效率低、成本高、客户感知较差等问题。如何摆脱桎梏？从体制上看，跳出传统局囿才能获取更多的发展资源，只有进行大刀阔斧的变革才有创造新价值的可能。作为新媒体，在报媒的业务生态之中，应以网状结构与其交织，既非上游与下游也非主线和支线的从属关系。对报媒而言，可以以内容推广及用户互动为突破口，将其经营与新媒体初步融合，再行演进。应打造多网多屏化的新媒体平台，以数字化为轴心运转，并能与多种终端对接，有效整合多终端数据。此外，一旦读者进入以导航网站、社交网站或新媒体平台为入口的传播平台，就进入了新平台打造的闭环互联网生态系统，增加黏性，从而实现最大化的平台价值。

其次，以新媒体平台为基础整合资源。报纸所具有的内容优势是其新媒体价值源泉之一，新媒体应将其作为吸引资源的重要筹码。与传统纸媒对比，数字传播在编采队伍及流程大大简化了，在线消息的传播更利于进行事件营销。新型数字化媒体的成功之处在于个体价值的发现。个体受众在得到更便捷传播工具的同时，进一步促进了"自媒体"和"自营销"的发展。人工智能技术与网络技术的结合，将为信息精准传播提供介入口，并不断出现新型的、个性化的样式。即便是广告，也应更好地融入媒介环境。

最后，与第三方平台形成战略联盟。在数字化背景下，要形成媒介竞争优势离不开与互联网企业的战略联盟，这是互联网时代合理配置资源的必然选择。只有了解目标受众，才能完成产品定义，并保证有专业深度。大型互联网占据了信息的制高点，与之合作可提高市场洞察力，进一步触及目标群体，实现与受众浏览行为、消费行为的匹配，进而提高广告信息的转换率。可与主流渠道平台进行资源置换战略合作，以期实现品牌优势在互联网与移动互联网渠道的转化。此外，新媒体平台还可与电子商务平台合作，充分利用对方掌握的大数据及强大的分析和处理能力，以完成对目标受众的精准投放，在数字化基础上进行创新。

（二）摒弃纸媒复制思维，培育固定黏性受众

虽然纸张与屏幕都是内容的载体与媒介，但如果转型只是进行内容搬迁，那么前景定然不妙。尽管某些报业试图进行报网一体化运营，但毕竟报、网有不同的发展路径。报纸成功向互联网转型，靠的不是"复制"；转型不是内容的搬迁，一样的内容也需要不一样的展现形式。如果新平台展现的仍是报纸或母报的痕迹，只能说明转型并未成功，新平台还未收获自身的影响力。传统报业的衰落是全球化现象，以美国为例，2007年以来有十余家历史悠久的报纸关闭，余者大多风光不再，或从日报改版为周报，或从大报走向免费阅读。个中原因自然包括替代性信息来源的指数级增长。新媒体平台和新内容模式要实现自身价值，创新传播形式、渠道、内容和手段，培育新型运营模式，是必然操作。

诺贝尔奖获得者赫伯特有言："随着信息的发展，有价值的不是信息而是注意力。"相对于信息的过剩，注意力已成为一种稀缺资源，这种局面给媒介传播带来了巨大压力。而步入大数据时代，内容稀缺已转变为信息过载，尽管从注意力的选择性入手，信息并未成为累赘，且为媒介编辑中的新闻选择保留了渠道，但纸媒时代的编辑策划、记者实施的生产方式已不适应基于互联网或移动互联网的新媒体平台运作。目标人群的消费行为告诉我们，报业在向移动互联网的迁徙过程中不能有既定思维，不能总想在智能手机上复制报纸的物理阅读体验。要实现数字时代的以大数据说话的变迁，利用新媒体平台以人工智能来计算、分发、推送讯息是转型的关键。尽管顺利

实现转型的新媒体也许能获得或承袭纸媒与官网的采编权，但如果不与历史做法拉开距离，它注定不能走得更远。在数字产品开发与技术运用中，要积极关注内容类型及其与盈利方式、经营形式结合的变化。从传统媒体的发行策划到新媒体时代的发行策划，从发行广告的滥发到微信发行信息的定制，从等客上门的传统发行到利用大数据发行，这种转型就是在与以往模式话别。

（三）内容营销的体系化，培育强大体系力+连接力

对于媒体立身，创造优质内容是关键。传统媒体核心竞争力仍是内容生产能力。但事实上内容生产者们应该看到，读者愿意为优质内容和精彩诱人的形式埋单。这种形式很大程度上以营销为驱动力，在于实现内容营销的体系化，形成强大的体系能力。

要关注内容营销对优质内容生产的带动。在数字化的大众传媒时代，资本控制与文化控制是共生的。资本并不以强权方式来实现自己的主张，远较政治控制令受众感到宽松。但惯性使然，报业在享受政策优势及由此产生的权威性、影响力乃至公信力整体上仍拥有未被撼动的优势。优质的内容本身会使之无论在何种传播平台上都能吸引和拥有新的受众群，更何况有定向推送的效益。但从媒介形态看，越来越多的人通过网络来消费其中的优质内容，而其他形态将囿于过去而在影响力与效益上不幸沦于末次。式微的报媒通过与互联网的结合或许能获得重生的机会，但其砝码仍离不开内容生产。遗憾的是，传统媒体负载了过多无法摆脱的难以构成真正新闻产品的内容物，貌似强大的资源中优质内容相当有限。因此，内容的生产机制与组织结构的嬗变是不可避免的。尽管相比于传统平台，内容优先在新媒体平台不再拥有绝对地位，但在报业进化这一过程中，必须时刻关注内容营销对内容生产的带动能力与效果。

（四）转型不忘内容初心，发展基于用户驱动

全媒体时代，党报集团发展新媒体的优势在于品牌、公信力、人才、内

容生产优势；媒体应着力于提高党报权威性、公信力、政治把关能力和舆论引导能力，使后者在新媒体上得以延续放大。传统媒体有着内容优势，但仅有内容是不够的，内容的流动还取决于它对社交关系发展所能起的作用。要坚持"以人民为中心"和"以人为本做新闻"，牢牢树立"用户第一"意识，适应用户接受环境和心理的变化，提供最能满足他们个性化阅读需求的资讯和精神食粮，在最能打动受众思想感情方面着力。

（五）瞄准数字化方向，技术加持数据驱动

推动媒体深度融合过程，应该在几个技术上下功夫。

一是移动优先。我国手机网民已达 7.5 亿，手机已成为人身体的一个外在器官。习近平总书记曾指示："人在哪里，新闻舆论阵地就应该在哪里。"媒体融合首先应该占领移动网络，打造党媒主导的移动新闻客户端。因此，要不断利用数据＋技术手段实现移动高效传播，创新传播手段，丰富产品形态，优化用户体验。

二是人工智能。无论是从新华社、《人民日报》等国家队来看，还是从商业网站新媒体平台来看，今后一个时期，人工智能将广泛用于用户标签处理、内容自动化生成、新闻素材的自动化分类和语音化的入口改造。

三是云平台。云平台可以将全媒体平台上的技术、内容、生产、渠道能力全部释放出来，加快媒体融合创新和融媒生态生成。

四是大数据——用好大数据，既可以通过对热点和舆情的数据挖掘，实现对内容生产的全方位支持，也可以打通媒体和用户之间的互通能力，实现基于海量用户的智能匹配，实现精准化传播，精细化运营。

三 转型失败者的经验总结

（一）行业整体洗牌加剧，步步维艰

2018 年伊始，包括《北京娱乐信报》《渤海早报》《球迷报》《大别山

晨报》《皖南晨刊》《白银晚报》《台州商报》《湘潭晚报》等在内的 10 余家报纸正式宣布休刊；2018 年年中，中国记者网发布了《关于统计休刊和无法正常出版报刊有关情况的通知》，统计全国长期休刊及不能正常出版报刊的具体情况。据不完全统计，2018 年上半年停刊的报刊有 20 家左右。2018 年下半年，不少报纸杂志相继休刊、停刊、调整出版周期或拓展新领域。6 月 22 日，《西部商报》出版最后一期报纸，宣布休刊转型，它向读者告白："白纸黑字，是恒久的记录。铅墨芳华，是最好的见证。"

一边是很多纸媒或休刊停刊，或步履维艰；另一边，在新媒体领域大放异彩的纸媒也不少见。在新媒体世界逆势上行的纸媒，在内容层面大都主打诸如网络快讯、微博、微信公众号、手机客户端、融媒体新媒体产品，由过去单一的报纸产品发展为集多种传播手段为一体的"立体式"多媒体、全媒体。以《河南商报》为例，2018 年《河南商报》实现经营逆势增长，前 8 个月收入同比增长 35%，利润同比翻了一番。经过优化重组后，《河南商报》的产业结构发生了根本性变化，报广收入只占总收入的 25% 左右。其以"影响力+"为核心，整合资源，输出智慧，探索出了一条"以企养媒、以媒壮企"的转型之路。然而，这样的纸媒集团并不多。还有很多纸媒并没有撑过这场严寒，在春天还遥遥无期的时候，它们已经永眠于公众的记忆。在详细分析了《重庆时报》的消亡史和广州日报报业集团的艰难发展道路后，我们找到了一些可以称为经验教训的内容。

（二）疯狂试错误入歧途，脱离本质触碰底线

《重庆时报》创刊于 2004 年 8 月，华商集团累计投资 1.8 亿元左右，在重庆惨烈的报业竞争环境里拼杀了 4 年多，到 2008 年才实现了扭亏，而此时媒体要向互联网转型的苗头已出现。

2008～2014 年，《重庆时报》的纸媒业务一路到达了巅峰——2014 年营收 3 亿多元，利润差不多六七千万元。利润增多后面是与日俱增的危机感，《重庆时报》决定要在纸媒走向衰落之前培育至少一个新的核心业务，牢牢攥在手里。

偏偏时报采用了一种疯狂的试错方式，来执行正确的战略方向。2008年以后的《重庆时报》，尝试了许多与转型有关的事：①做用户中心，比如针对中老年和少儿群体，策划组织各种兴趣主题活动，逐渐形成忠实用户群体；有了一老一小两大忠粉资源，就可以嫁接各种商业元素，从而打开两个几乎永不枯竭的市场。②做物流配送。利用发行队伍"黄马甲"的资源，开始进攻水果生鲜行业。③做外卖。④做装修建材。⑤做旅行社。⑥做社区便民超市。用版面去置换开发商的闲置小门面，卖报，卖日用品，收发快递，解决"最后一公里"。经历了疯狂的试错之后，没有一项新业务成功，在2014年，《重庆时报》终于找到了一条自认最好的转型之路——放网贷。

利用《重庆时报》十多年积累下来的最优质资产——品牌，媒体公信力，通过"爱达财富"这个互联网金融平台，承诺8%～10%的年化收益率，在它运营的3年多时间里，先后揽到了50余亿元的投资；其中绝大部分都来自民间不特定对象群体。最终，网贷带着《重庆时报》走向了死亡。

正是在互联网的巨大冲击下，《重庆时报》有如无头苍蝇般地寻找着下一个定居点，却没有想到在疯狂的试错中迷失了作为一个具有公信力的地方媒体的本质，从而走上了一条自取灭亡的道路。

四 融媒体视阈下主流媒体的建设路径

（一）向"万物皆媒"转思想，向"媒体+"行动要效果

媒体+金融、媒体+科技、媒体+文化——"媒体+"战略助力纸媒向纵深发展，"媒体+"的内容生产思路为发展赋能。根据上文分析的几个具有代表性的报刊集团，我们发现成功案例中基本有几种发展路径，各报业集团基于自身优势走出了带有自身特色的"媒体+"道路，从报业集团扩展到传媒集团，再扩展到文化集团。在"万物皆媒"的认识下，属于传媒集团融合发展的路径还有很多。

彭兰认为，新旧媒体融合过程中有着文化性障碍，内容是传统媒体的文

化根基，因此传统媒体有一定的封闭性。而新媒体的文化是以用户为根基，相比传统媒体而言更为开放，以评价、批判、互动为主，形成了以用户为主体的参与式文化及以用户参与为基础的盈利模式，表现为"用户文化"；而老年受众获取信息以"接受"为主，表现为"受众文化"。因此，传统媒体的转型先要在文化性上"转基因"，并减少老年受众和年轻用户之间的文化性"数字鸿沟"。

在这种背景下，传统主流媒体只有通过互联网化转型才能实现媒体深度融合，建成"生态化"的媒体——拥有强大的用户吸附能力和用户黏性，建立起与各行业、各产业乃至与一切的连接，实现夺回舆论话语权的使命；寻求内容上的差异化发展、传播上的多元化渠道搭建和管理上的网络化运营；传统媒体有着内容优势，但仅有内容是不够的，内容的流动还取决于它对社交关系发展所能起的作用。

（二）传媒资本寒冬来临，动力问题亟待解决

技术和资本是推进媒体融合发展最重要的驱动力。近年来，资本运作越发成为传统媒体转型升级的主要动力，各党报在转型实践中纷纷开始走"报业 + 资本"道路。

报业开展资本运作已经破除了政策障碍。"传媒控制资本、资本壮大传媒"，从 2012 年开始到 2016 年，由国务院、国家新闻出版广电总局、文化部、财政部出台的文化与金融相关的产业政策已达到了 15 部，这些密集出台的政策为资本进入文化传媒行业起到了保驾护航的作用。党的十八届三中全会的相关文件更明确指出，国有媒体所属的传媒公司可借助基金、股市、证券等金融工具的投融资功能，通过产权融合扩大传媒业规模，提升市场影响力、社会影响力。这些都为报业开展资本运作进一步扫除了政策障碍。

部分报业集团的实践已经取得成效。近几年，资本力量在一些主要的媒体融合项目中扮演了重要角色。例如，上海报业集团、浙江日报报业集团等一批新兴传媒集团的中流砥柱通过兼并、收购等方式完成业务重构和结构重组，初步实现"传媒控制资本、资本壮大传媒"的美好愿景，实现了传媒

和资本的双赢。

新技术的采用、新平台的打造、新业态的培育等，都离不开巨量资本的支持。在过去 10 年里中，"老"巨头 BAT（百度、阿里、腾讯）三足鼎立，"新"巨头 TMD（头条、美团、滴滴）等迅速崛起，这都是资本斡旋的产物。许多传统媒体创办的新媒体之所以在竞争中一直处于劣势，主要原因就是在资本运作方面存在短板。近年来，浙报集团、上海报业集团通过吸引风投、兼并收购、上市等方式打通资本通道，不断提高资本运作能力，实现了业务重构和成功转型，"澎湃""界面"等现象级产品就是"传媒＋资本"的嫁接成果。媒体融合发展的实践业已证明，强大的资本运作意识和资本对接能力是媒体实现成功转型升级的必备因素。

（三）扎根城市开拓"流量蓝海"，集团发展、城市建设相互构建

正如前文介绍的大型传媒集团依托城市发展的成功路径，因为杭州、上海、广州等城市具有的文化优势，传媒集团发展扎根城市、适应城市发展目标，最终实现了媒体集团战略与城市发展目标的相互塑造。

传统媒介的优势就是它的"在地性"优势；通过信息服务去匹配和连接各类"在地"资源，形成更多的价值链的对接。头部媒体集团依托城市文化和经济资源，打造的是一种媒体集团和城市的文化共同体，这也是为何党报集团总能走在创新发展的前沿的原因——因为它们拥有一流的行业资源和人才资源。

例如广东省的融媒体实践——广东媒体正在对"新型主流传播生态"进行初步探索，从话语、产业、舆论和融合思维四个生态维度全方位打造新型主流媒体。广东媒体矩阵——主要利用其在广东本土的影响力，即利用其"在地性"资源来为本地用户提供服务，试图建立起"新闻＋服务"的模式，以期更加契合地方用户的需求，也与数字社区化的发展方向相符。

（四）建设新型主流党媒，内容为王、用户驱动

媒介融合新思路和新成果是市场化媒体与党报党刊联合探索、政府行为

和市场力量共同作用的结果。党媒集团有最好的行业资源、技术手段，并且形成了较为完善的容错纠错机制，在创新的过程中有一定的容错空间。相比党报媒体，市场化媒体的体制机制更为灵活，二者无论是在内容营运还是在资本运作上都能形成合力，开创媒体融合的新局面。

以"互联网＋政务"的形式探索与政务新媒体合作的方式，通过立足本地用户的垂直服务、与政府合作建设政务平台来提高媒体影响力，这是传统媒体重新夺取话语权的一种新思路。在全媒体时代，党报集团的天然优势在发展新媒体过程中仍然重要，比如品牌、公信力、人才、内容生产优势；党报集团进行媒体融合的着力点、出发点应该是发挥其权威性、公信力、政治把关能力和舆论引导能力，使其在新媒体上得以延续放大。党媒内容生产，不能只是跟着自媒体走，要引领舆论，争夺主导权、话语权，也要借助新媒体，生产更多优质内容，并提升核心竞争力。要坚持"以人民为中心"和"以人为本做新闻"，牢牢树立"用户第一"意识，适应用户接受环境和心理的变化，提供最能满足他们个性化阅读需求的资讯和精神食粮，在最能打动受众思想感情方面着力。

参考资料

［1］徐杉：《"寒冬"困局　破局"重生"——国内都市报转型突围新战略》，《中国出版》2018 年第 17 期。

［2］王再承：《报业数字化转型中新媒体平台的建设路径分析》，《新闻知识》2018年第 9 期。

［3］吴雨伦：《从传统新闻业体系到新型主流传播生态》，暨南大学硕士学位论文，2018。

［4］搜狐网：《复盘浙报集团的转型之路》，http：//www. sohu. com/a/123214327_481352。

［5］南方网：《南方报业传媒集团党委书记、南方日报社社长刘红兵：深入实施智慧转型，打造新型主流媒体》，http：//news. southcn. com/nfplus/nfh/content/2018－11/06/content_ 183962700. htm。

［6］搜狐网：《上海报业集团关停并转91家企业，1/3报刊休刊，分流2404人》，https：//www. sohu. com/a/224684373_ 351788。

［7］新华网：《2016年新闻出版产业分析报告》，http：//www. xinhuanet. com/zgjx/2018–07/31/c_ 137358534. htm。

［8］新华网：《2017年新闻出版产业分析报告》，http：//www. xinhuanet. com/zgjx/2018–07/31/c_ 137358534. htm。

［9］人民网：《媒体融合背景下报业集团资本运作的路径》，http：//media. people. com. cn/n1/2017/0711/c413305–29397519–2. html。

［10］人民网：《关于南方报业传媒集团渠道融合战略的反思》，http：//media. people. com. cn/n/2015/0325/c395052–26748678. html。

［11］凤凰网：《〈新京报〉重新上路不同凡想，做现象级融媒体值得期待!》，http：//wemedia. ifeng. com/84888478/wemedia. shtml。

B.12
数据新闻和融媒体时代财经
媒体创新发展研究

张琳宜

摘　要： 当下舆论生态、媒体格局、传播方式正发生深刻变化，全程
媒体、全息媒体、全员媒体、全效媒体的出现推动了媒体融
合，但用户注意力碎片化、经济下行形势亦使巩固壮大舆论
阵地、引导稳定市场预期成为主流媒体的迫切任务。此外，
数据新闻的崛起颠覆了传统财经媒体，财经媒体的价值再造
成为关注点。本文以南方财经全媒体集团与财新传媒全媒体
集团为例，通过对二者业务架构、内容价值创新、用户价值
创新和服务价值创新的对比，分析这两个主流财经媒体实现
价值延续和再造的创新点，在异同中透视财经媒体创新趋势，
思考财经类党媒和市场化媒体在融媒环境下如何顺势而为，
利用内容、技术、平台、用户、服务实现自身价值和核心竞
争力的提升，提升传播力、影响力、公信力、引导力，为财
经媒体的实践提供参考。

关键词： 媒体融合　财经媒体　价值再造　数据新闻

一　研究背景与缘起

媒体融合是国家发展和治理体系现代化的一部分，是当下舆论生态、媒

236

体格局、传播方式所催生出的媒体探索与革新。中共中央总书记习近平在中央政治局第十二次集体学习中强调要通过流程优化、平台再造，实现各种媒介资源、生产要素的有效整合，实现信息内容、技术应用、平台终端、管理手段共融互通，催化融合质变，放大一体效能，打造一批具有强大影响力、竞争力的新型主流媒体。中宣部部长黄坤明也在媒体深度融合工作推进会上指出推进信息生产供给侧结构性改革，强化技术创新的引领驱动。此外，做好稳就业、稳金融、稳外贸、稳外资、稳投资、稳预期"六个稳"工作是应对目前经济下行压力的有效方针，在金融领域，稳定的大众情绪和和谐的舆论生态有利于金融市场平稳有序运行，而财经类主流媒体尤其肩负发挥引导舆论、稳定市场预期的重任。在需求端，中国用户对内容消费进一步"碎片化"，64%的中国用户使用手机看新闻，59%观看即时通信上的视频，这一数据高于世界平均水平。面对新传播格局，主流的财经媒体应着力推进媒体融合，促进与其他媒体协同发展，占领舆论阵地，创新内容价值、用户价值、服务价值，做党与群众的桥梁，自觉传播正能量，充分表达公众诉求，关注公共事件。

数据新闻的崛起也是传统财经媒体价值再造的催化剂，新的传播在技术带来便利的同时也带来新的挑战，不同于传统媒体，数据新闻可以通过大数据的挖掘快速高效获取有价值的信息，利用可视化表达更生动显著地将内容展现给读者，更注重前瞻性、趋势性、深度性和全面性。

在目前的融媒环境下，对于价值再造和延续，部分财经媒体已做出相应的尝试和突破，南方财经全媒体集团与财新传媒全媒体集团作为财经类党媒和市场化媒体中的优秀代表，不仅实现了报、网、端、微、屏的全媒体建设，同时也在价值的整合和放大、价值的延伸上做出了自己的特色。

二　样本选取与基本思路

2016年11月揭牌成立的南方财经全媒体集团整合南方报业传媒集团和广东广播电视台旗下优质财经媒体资源和经营性资产，实施跨介质、跨单位、跨业态战略重组，大力发展"媒体""数据""交易"三大核心业务，

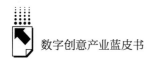

是经中央批准的国内首家全媒体集团，是广东贯彻落实中央深化文化体制改革、推动媒体融合发展战略部署的重大成果。

财新传媒创建于 2009 年，财新主要聚焦于中宏观的财经趋势洞察，持续输出优质、原创资讯内容，并依托网站、期刊、视频、图书、会议等多层次的产品和平台，服务于以政商学界的高影响力人群为核心的用户群体。除了媒体业务以外，财新为客户提供包含品牌营销、行业报告及分析咨询服务等在内的智库型营销服务，助力其品牌价值提升。

目前，国内媒体融合发展具有顶层设计却缺乏细节经验的支撑，本文选取南方财经全媒体集团和财新传媒全媒体集团因为它们都是全媒体，在许多方面获得业界的肯定，具有一定经验，而且党媒和市场化媒体在定位、功能上也各有差异，因而价值再造的路径有所不同，具有对比剖析的意义。

本文主要讨论在用户注意力碎片化和传统媒体被颠覆的形势下，主流的财经媒体在媒体融合过程中如何提高核心竞争力，实现价值再造？党媒和市场化媒体的举措又有何异同？未来的创新趋势是什么？

三　南方财经全媒体集团与财新传媒全媒体集团对比剖析

（一）业务架构创新方面

南方财经和财新传媒虽然都为全媒体集团，但其在业务架构、产品布局、内容后端服务延伸的创新点不同，南方财经着力衍生服务，财新传媒着力垂直细分领域。首先，这与二者性质有关——南方财经全媒体集团作为党媒，服务政府的意识更强，利用自身传播价值支持国家粤港澳大湾区等战略建设，牢牢占据舆论引导、思想引领、文化传承、服务人民的传播制高点，在政府的支持下建立政府智库，利用牌照资源建设交易平台（见图 1）；财新传媒全媒体集团建立恰逢新媒体兴起、传统媒体转型的新时期，在战略上注重国际化，紧密把握市场动向和需求，深耕垂直细分领域，整合不同渠道和平台。

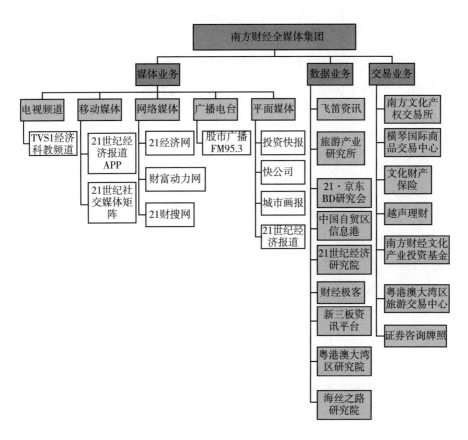

图1 南方财经全媒体集团的业务架构

资料来源：根据公开资料制作。

    其次，布局差异也与各自的理念有关，南方财经全媒体集团的三大目标定位是：打造全球商业报道的领跑者、国内综合金融信息服务商、现代文化产业新引擎；财新传媒则坚持"新闻专业主义"的理念。因此南方财经全媒体集团在业务架构的创新上，突出体现为"媒体＋技术""文化＋金融"的思路，一方面充分挖掘数据并利用大数据技术和人工智能技术延伸产业链；另一方面通过持有牌照、融资入股、与金融机构合作等方式实现跨界延伸，介入智能投顾领域，提高自身在金融交易方面的专业性和权威性，并打造文化交易所，加快推进文化产权交易、文化企业投融资、文化产品金融创新等业务。相比于南方财经全媒体集团，财新传媒全媒体集团集中发力媒体业务，深耕垂直领域，为用户提供专业性优质财经内容和丰富的选择，注重细分种类的多样化。第一，在移动互联网产品上，财新传媒的客户端种类比南方财经全媒体多，不仅有财新网 APP，还有财新《中国改革》、财新目击者、财新英文月刊等，划分中国改革进程主题、政经评论、新闻纪实摄影作品等不同内容，使之成为独立的客户端，满足用户差异化的需求，由于用户注意力碎片化以及关注点不同，单一"大杂烩"式的客户端呈现的纷繁复杂的信息易使用户在阅读时容易产生疲倦感和无措感，专一某类主题的客户端则方便用户高效获取信息，从而提高用户黏性，对某领域感兴趣的用户会更频繁点开浏览自己关注的内容，并向相关领域的共同爱好者推荐该客户端，使媒体提高月活量和新用户流量。第二，财新传媒注重开拓国际市场。提高自身竞争力，走出去占领海外市场，有利于扩大规模效益，为传媒集团提供广阔的发展空间。第三，虽然在融媒环境下传统媒介被颠覆，但并不代表其消失，相反对于图书和期刊价值的二次挖掘会扩大媒介整合的效果，财新传媒仍坚持图书和期刊的出版，具有关注中国改革与转型的人文精神。财新《中国改革》《比较》等期刊与学术界紧密结合，树立了公信力、权威性和影响力。第四，创新孵化器和会议培训为财经媒体的价值再造提供不一样的视角，财新传媒的Enjoy 雅趣、无所不能、健康点、财新运动家，传播新闻资讯、数据研究与消费等不同领域内容甚至与体育产业相结合，如正在开发的财新运动家，有产业动态、体育产品、线下服务三大模块，除为用户提供体育视频、体育报道、商业信息的媒体基础服务外，还可通过定制运动体验旅游、运动顾问咨询、票务售卖等实现商业变现；财新会提供高规格和前瞻性的论坛、活动、培训和商务考察，是专业服务的思想互动平台，财新传媒所积累的国内外政商学界精英资源是其价值挖掘的源泉，一方面财新媒体通过财新峰会等高端活动的举办促进品牌推广、加深公众印象；另一方面精英人士的互动参与，使知识与观点碰撞，产生更多有价值的前沿话题与内容。财新传媒全媒体集团的业务架构如图 2 所示。

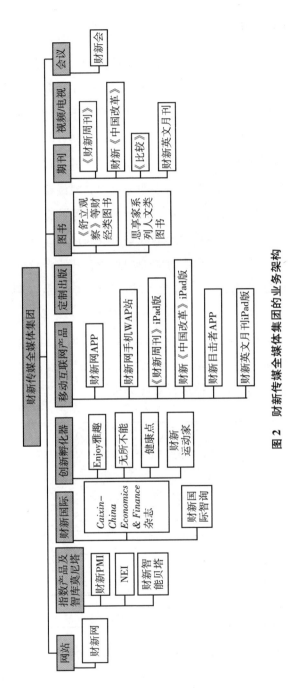

图 2 财新传媒全媒体集团的业务架构

资料来源：根据公开资料自行制作。

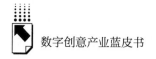

（二）内容价值创新

社会价值由内容价值、用户价值和服务价值体现。随着传播技术的发展和新兴媒介的普及，"内容为王"不断遭到质疑，但在注意力日益成为稀缺品的时代，传媒行业作为信息服务行业，在融媒环境下优质的内容仍构成媒体的核心竞争力，渠道和技术固然重要，但内容是内核，符合市场需求的高品质内容和良好的用户体验可以吸引用户长期关注，并获得广告商青睐。特别是在财经领域，数据的真实性和价值性尤为重要，财经媒体更需要依靠专业性、权威性、深度性的内容占领市场。由于多元舆论的交锋分散削弱了主流媒体的话语权，财经主流媒体在内容的规划上要通过媒介议题引导政府议题和公众议题，担当社会经济、民生等领域的瞭望者和监督者角色。

内容价值方面围绕"内容"分为四大基本活动，包括内容规划与目标定位、内容创意与生产制作、内容交付与运营维护、内容体验与反馈评价（见图3）。在这四个基本活动中，财经媒体可找到价值再造的不同落脚点。本部分主要选取内容规划与目标定位、内容创意与生产制作两个维度对南方财经全媒体和财新传媒的内容价值进行对比剖析。

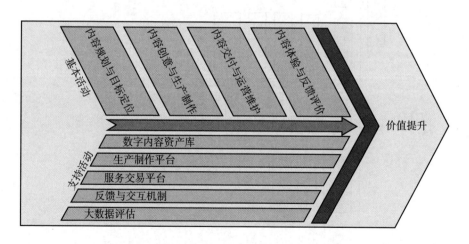

图3 基于大数据的网络新媒体内容价值链

资料来源：根据收集文献资料自行制作。

1. 内容规划与目标定位

内容规划与目标定位从选题、版面设计、数据来源三个方面进行分析。

选题上，南方财经与财新传媒的共性是引导社会舆论，但侧重点仍有不同。作为党媒，南方财经的内容多为宣传思想政治工作，跟随党的步伐。财新网也关注社会重要议题，比如特色专区——财新传媒举办"2019全国两会财新圆桌：民营经济新机遇"活动，讨论中国经济发展，尤其是稳就业、稳金融、稳投资、稳外资、稳外贸、稳预期工作，可见财经主流媒体发挥了稳定市场预期及推动议程设置的作用。但作为市场化的财经媒体，财新关注的内容重点与南方财经有别，内容较分散，少集中在政府战略政策方面。

版面设计上，两家媒体聚焦差异显著，南方财经重视国家战略，财新传媒关注国际动向。受媒体所处地域的影响，南方财经全媒体集团处在广东省，致力于"立足广东、聚焦全国"，"新时代""自贸信息""一带一路""大湾区"是亮点，关注国家战略建设，做政府的智库，充分体现了党媒的思想引领与服务国家建设的担当精神（见图4）。财新网的板块分类比南方财经细化，每个母板块下细分众多子板块，如"经济"板块下设"读懂央行""理解万税""政策信息"等八个子板块，清晰呈现经济领域不同方面有价值的内容，为用户搜索信息提供便利。除了金融等基础板块外，财新的板块内容与南方财经也有很大差异，南方财经集中报道经济相关领域，但财新拓展到环境科学、文化等领域，更具全球视野，专设"世界"板块提供国际经济动态和走势（见表1）。

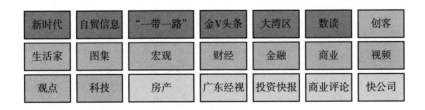

新时代	自贸信息	"一带一路"	金V头条	大湾区	数读	创客
生活家	图集	宏观	财经	金融	商业	视频
观点	科技	房产	广东经视	投资快报	商业评论	快公司

图4　南方财经网的内容板块

表1　财新网内容板块

首页	经济	金融	公司	政经	环科	世界	数字说
经济	读懂央行	监管	TMT	反腐纪事	环境	全球直播	
金融	理解万税	银行	大家谈	人事观察	新科技	旁观中国	
公司	政策信息	证券基金	能源资源	健康		世界说	
政经	贸易投资	信托保险	交通基建	有教无类		欧洲北美	
环科	宏观数据	投资	消费	新科技		亚太地区	
世界	地方经济	创新	房地产	法治		中东北非	
观点网	国际经济	市场	汽车	时政		新兴市场	—
文化	天天预测		无所不能	民生		中国外交	
博客			体育	社会			
周刊				三农			
图片				环境			
视频							
数字说	文化	博客	周刊	图片	视频	指数	—
精英访谈	资讯	经济	周一全媒体	滚动资讯	财新时间	财新 PMI	
纪念日	专栏	民生		图片故事	短视频	NEI	
财新周末	文学	人文		专题报道	微纪录	财新智能贝塔	
私房课	艺术	生活		一周天下	财新对话		
财新莫尼塔	阅读	科技			宏观经济谈		—
会议	评论				专题		
培训	逝者				音频		
财新移动	财新图书				VR 实验室		
行情中心							
Promotion							

　　此外，从分析版面设置可归纳二者共性，即内容形式多样化。与近年兴起的"耳朵经济"相关的新生意是有声阅读，CNNIC最新数据显示，截至2018年6月，国内有声阅读用户规模已达2.32亿，占网民总体的28.9%。2018年中国短视频用户规模已经达3.53亿，短视频拥有很强的商业变现能力，可最快速、直观呈现财经资讯并实现内容价值的变现。因此南方财经全媒体集团旗下的21世纪经济报道以及财新传媒的财新视听等栏目在喜马拉雅上开设，财新网短视频，这些都有利于获取更大的用户群。"博客""周刊""图片"也是财新网的一大特色，融媒环境下传统思

维认为新媒体流量变现的空间更大，因而多着力于财经新媒体的推广，许多传统媒体在媒体融合和转型过程中纷纷转向新媒体的战场，原先积累的优势却无法发挥。媒介整合的初衷是想实现"1 + 1 大于 2"的效果，并非媒介和渠道的代替，财新网的"博客"亦是扩大价值的途径之一，博客上集聚经济圈、文化圈、法律圈、时政圈、海外圈、传媒圈和科技圈各界人士，好的博主发表的文章阅读量时常上千次，博客上刊载的文章可能来源于各种平台和渠道。在细节上，财新网设置滚动条、点击排行榜、评论排行榜、纪念日板块，在信息碎片化的传播背景下以多种方式提高信息"曝光率"。

数据来源上，南方财经网的新闻以 21 世纪经济报道为主要来源渠道，将新华网、央视网、每日经济新闻等平台的部分资讯整合发布。财新网大部分信息由自己提供。构建以 OGC 为主导，PGC、UGC 为辅助的内容生产方式，有利于财经媒体提供高品质财经内容，并增强用户参与度。

2. 内容创意与生产制作

南方财经与财新传媒在内容创意与生产制作上的共性体现在大数据和人工智能的深度运用，具体产品形态有指数化产品、可视化数据新闻、人工智能虚拟主持人财经新闻播报等，工具上有写稿机器人。

在传统媒体与新兴媒体跨界合作的同时，大数据也改变了媒体融合的新闻生产模式，过去解释性、调查性报道简单依赖人力，需要记者和编辑投入大量的时间和精力，在重重阻力下最终产生的效益可能不达预期，但数据新闻则从事后跟进、同步报道，发展为事前预测，并且不同于传统报道以倒金字塔形式为主，强调故事性、冲突性的特点，保罗·布拉德肖（Paul Bradshshaw）提出"双金字塔"数据新闻模式，认为数据新闻由制作和传播两个过程组成（见图 5）。左侧的倒金字塔包括编辑、清理、情景和整合四个部分，然后再通过右侧的正金字塔完成整个传播过程，包括可视化、叙事，通过社交媒体发布，受众根据兴趣对新闻进行选择，然后新闻在受众那里就变成了个人定制的内容，至此信息就完成了传播。由两个金字塔的尖端可知选题的角度和可视化呈现形式十分重要。

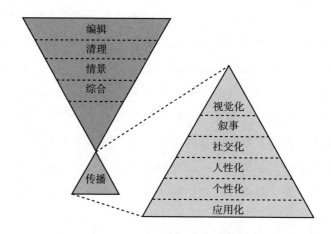

图5 "双金字塔"数据新闻模式

资料来源：肖小旗：《纸媒的一种新型报道方式：数据新闻》，安徽大学硕士学位论文，2016。

技术的革新正重塑着传媒生态、用户行为和商业模式。两家媒体均以技术重构实现内容价值再造。南方财经全媒体集团的优势体现在——"全媒体指挥中心"建设，即以人工智能为驱动，开发出人工智能语音主持人、全媒体舆情服务平台、全媒体平台机器人写稿系统、智能化视频制作合成系统、视音频传播监测分析系统等应用。财新传媒全媒体集团的优势体现在指数化产品的丰富性与权威性，财新网的"数据＋"和"智库指数""CEIC"经济数据库提供专业准确的指数报告和指数要闻以及宏观数据和行业情况，打造了财新中国 PMI 和新经济 NEI 系列指数等。指数化产品、权威的经济数据库蕴含着巨大的价值，财经媒体通过引入内容数据库、用户数据库、客户数据库，为政府和企业提供数据解析服务，实现强新闻导入、流量变现和逐步盈利，促进财经媒体的价值再造。

财经领域对数据有更高的需求，作为财经媒体内容价值创新的一环，财经类全媒体整合不同渠道的文字、图片、视频，将其进行可视化处理，可以提高产品质量，用户满意度较高又有阅读需求时，会转向付费的数据新闻产品，增加盈利空间。南方财经全媒体的 21 数据新闻实验室出品可视化作品近 500 个，有专门的"数读"栏目，采用长图、H5、视频、图文等不同的新媒体技术和呈现方式，在内容上整合、传播信息，形式上实现视觉审美，为用户提供良好的阅读体验。财新网"数字说"也是目前国内做得较好的数据新闻，部分报道突出了可视化应用的互动性、数据间的关联性、视觉语言表达的多样性。

（三）用户价值创新

用户价值创新主要体现在社群的构建上。用户与用户之间、用户与媒体之间的双向交流，不仅为媒体带来流量，增强公信力，维护良好舆论生态，而且增加企业用户利用全媒体平台的宣传需求，为财经媒体的价值再造提供机会。

财经新媒体的用户黏性具体可以体现在以下三个方面：用户使用率、网站可替代性以及网络外部经济性（见图 6）。当产品和服务具有一定程度的不可替代性并得到用户的满意和认可时，用户对该品牌的忠诚度才会持久，加上网络外部经济性的增强，用户访问量增加，长期形成用户黏性。在财经传播的领域，用户对财经新媒体的忠诚度十分重要，良好的品牌印象代表着权威、专业、准确、深度的金融信息服务。在用户体验方面，南方财经全媒体集团旗下的 21 财经 APP 坚持"用户体验检验一切"的理念，增加"金 V 头条""21 优品""21 数读"等特色频道；引入用户画像技术，开设个性化的"推荐"频道。截至 2017 年 3 月，21 世纪经济报道 APP 下载量突破 5000 万，月活跃用户在 8000 万，传播力指数在全国主流媒体 APP 排名第四，全国财经类媒体 APP 排名第一。2017年初南方财经全媒体集团在北京长话局建立全媒体演播室，总发稿件 2000 多篇，全网点击超 1.5 亿次，爆款产品有 15 个，在两会上的展现得到相关领导的高度评价，大会期间采访了二十多位财经业的专家，在全国具有较大影响力。

南方财经全媒体集团和财新网全媒体集团都重视构建用户生态新需求，

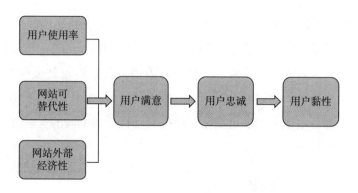

图6　财经新媒体网站用户黏性的影响因素

但具体方式有差别。首先，南方财经全媒体集团开展一系列品牌活动，利用全媒体整合传播价值，为活动中的企业谋求合作提供有力的品牌宣传，其参与或举办的高端品牌活动涉及各行业，有评选类活动、年会、论坛峰会、颁奖典礼、计划启动仪式、产业系列活动、学生金融建模比赛等，在各行业、各年龄层次人群中打造自己独特的品牌魅力。

其次，当前融媒环境下媒体呈现社交化的特点，并且公域流量的获取难度在增加，主流财经媒体应当把握社交这一情感的入口，更加重视私域流量的建设。值得研究的用户价值创新手段是财新营享家俱乐部，它是财新网专为营销人搭建的一个传递分享营销知识和思想的社区，每月营享家会制定一个主题，在北京和上海两地分别举行线下沙龙，并不定期开办线上课程，用理性思维探讨营销界热点话题。

（四）服务价值创新

服务价值的创新体现在内容后端的增值服务，是围绕广告、用户、产品三方面的价值的延伸，是财经媒体价值再造的关键。主流财经媒体通过提供公共平台价值、社交平台价值和新闻资讯价值维系与商业伙伴、政府伙伴的关系。从南方财经全媒体集团和财新传媒全媒体集团来看，变现方式的差异在于有无知识服务付费，增值服务共性为加强智库建设，创设孵化项目。

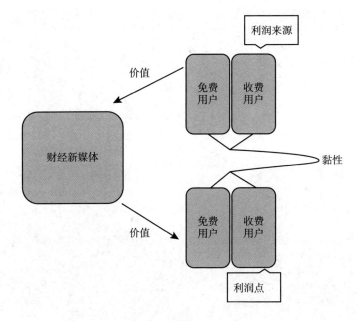

图 7　财经新媒体盈利模式与用户之间的关系

　　首先，融媒格局下知识服务付费成为主要变现趋势。由图 7 可见，当免费用户产生黏性后，就可能产生购买或付费行为，为财经媒体带来利润。而且阅读付费、转载付费利于财经媒体的版权保护。但媒体必须意识到，不能再充当过去的碎片化知识包装者，而要扮演专业知识服务商的角色，从针对成长型用户的知识付费模式逐渐转向知识服务付费模式，从碎片化知识到知识下沉垂直细分，提供行业咨询、职业教育、技术服务，打造个性化服务和社交升级的价值链。目前财新传媒全媒体的付费墙模式在国内较典型，包括周刊通、财新通、数据通、英文通的内容付费业务，内容涉及新闻资讯、数据库、研究报告等，而南方财经全媒体上免费产品居多。此外，财新传媒还有"私房课"板块，提供经济金融学习、投资理财、心理辅导、儿童教育、就业指导等付费课程（见图 8）。而南方财经作为主流媒体特别是党媒在考虑盈利模式时，要意识到核心任务仍然守土有责，传统媒体的红利期已一去不复返，作为党和政府的喉舌，主流媒体的舆论阵地必须巩固并壮大。

图8　财新"四通"内容付费业务

其次，"媒体＋智库"模式可放大服务价值，提升品牌影响力，将平台用户行为数据可视化形成用户数据库，以"原创＋聚合"的方式对内容数据化存储建立内容数据库，跨界合作构建产品数据库，研究推出系列指数且结合宏观经济数据打造经济数据库，有利于增强企业用户的黏性。主流媒体具有的公信力、专业度，长期积累的与政府部门良好关系，是其他媒体难以取代的，因此可以将数据转化为政府决策的基础，开拓体制内的市场，高效实现社会信息与用户的匹配，实现社会价值和商业价值。财新传媒的定制出版服务是为高端客户的品牌推广提供的，也是个性化服务的表现之一。

跨界融合轻电商化、创设孵化项目是财经媒体运营产业资本、逐利长尾市场的路径之一，从内容付费到内容后端的延伸增值服务，跨界融合创新了财经媒体的盈利模式。21财经优品作为南方财经全媒体集团的电商项目，与京东、天猫等电商平台不同的是，它采取内容导购的方式，推送产品的介绍，文末附上产品的购买链接，跳转到一条生活馆交易，商品包括家居、个护、鞋服、食品等。而 Enjoy 雅趣、无所不能、健康点、财新运动家是财新传媒跨界合作的产物，利用全媒体的传播价值和资源整合，结合生活、医疗、体育、商业等多领域，吸引周边生态，通过孵化服务让更多企业成为媒体深度合作伙伴。

五　从二者对比透视财经媒体创新趋势

实现全媒体的价值再造，需要从内容价值、用户价值、服务价值的创新上多维度全方位着力，南方财经全媒体集团和财新传媒全媒体集团的异同折射出财经媒体的创新趋势。南方财经全媒体集团和财新传媒全媒体集团受性质、目标定位、理念、所处地域不同的影响，在价值再造的方式上具有差异：业务布局呈现衍生服务或垂直细分领域的不同着力点；媒体聚焦于国家战略或国际动向；有无知识服务付费的变现方式。

在共性上，二者在内容价值创新方面注重引导社会舆论，内容形式多样，并探索人工智能，打造"媒体＋技术""媒体＋数据"，将其深度运用在新闻采集、生产、分发、接收、反馈中，全面提高舆论引导能力；在用户价值创新方面增加品牌活动，以高端论坛、社交活动等方式促进与用户的线上线下互动，加强私域流量建设；在服务价值创新方面构建"媒体＋智库"，促进跨界整合，同时注重创新孵化项目的落地，以媒体品牌背书，形成"媒体＋电商"，聚合媒体新动力，通过"内容＋品牌＋渠道"促进流量变现。

总而言之，融媒环境下财经媒体价值再造的趋势将始终围绕最终目标——通过技术、渠道整合等方式进行价值再造扩大用户市场、催生有持续影响力的产品和满足市场需求的专业性服务、推进新闻宣传、意识形态工作。

参考文献

［1］左潇：《今天，在习近平带领下，中央政治局同志来到人民日报社新媒体大

厦》，《人民日报》，https：//wap. peopleapp. com/article/3654860/3514410？ from =
timeline&isappinstalled =0，2019 – 01 – 25。

[2] 郭森、黄坤明：《积极适应全媒体时代发展大势　加快推进媒体深度融合》，
《中国纪检监察报》，http：//news. youth. cn/sz/201902/t20190226_ 11879727. htm，
2019 – 02 – 26。

[3] 周锦昌、钟昀泰、林国恩：《科技之巅——站在顶端的中国数字消费者 2018 中
国移动消费者调研》，德勤中国科技，2019。

[4] 宋昭勋：《新闻传播学中 Convergence 一词溯源及内涵》，《现代传播》（中国传
媒大学学报）2006 年第 1 期，第 51 ~ 53 页。

[5] 胡正荣：《传统媒体与新兴媒体融合的关键与路径》，《新闻与写作》2015 年第
5 期，第 22 ~ 26 页。

[6] 李良荣、周宽玮：《媒体融合：老套路和新探索》，《新闻记者》2014 年第 8
期，第 16 ~ 20 页。

[7] Lawson-Borders, Gracie L. , Media Organizations and Convergence：Case Studies of
Media Convergence Pioneers. Routledge, 2006.

[8] 彭兰：《媒介融合方向下的四个关键变革》，《青年记者》2009 年第 6 期，第
22 ~ 24 页。

[9] Alan Knight, Challenge and Change, Reassessing Journalism's Global Future,
UTSePRESS, 2013.

[10] Lehtonen, Pauliina, "Open Data in Finland-Public Sector Perspectives on Open
Data", Next Media, A Tivit Programme（2011）.

[11] 方洁、颜冬：《全球视野下的"数据新闻"：理念与实践》，《国际新闻界》
2013 年第 6 期，第 73 ~83 页。

[12] 张东新：《论数据新闻在财经报道中的运用》，《新闻传播》2018 年第 11 期，
第 114 ~ 115 页。

[13] 刘淑培：《财经领域的数据新闻实践——以财新网"数字说"为例》，《新闻
世界》2015 年第 7 期，第 107 ~ 108 页。

[14] 南方财经赵随意：《南方财经全媒体模式分享》，中广互联，http：//
book. chinaxwcb. com/media/news/2017/1122/63167. html，2017 – 11 –22。

[15] 《2018 年中国财经新媒体行业洞察报告》，艾瑞咨询研究院，2018 年 3 月。

[16] 南方财经赵随意：《南方财经全媒体模式分享》，中广互联，http：//
book. chinaxwcb. com/media/news/2017/1122/63167. html，2017 – 11 –22。

[17] 财新传媒：《关于财新传媒》，财新网，http：//corp. caixin. com/aboutus/，
2018 – 03 – 04。

[18] 王晓丽、张卓：《大数据视角下网络新媒体内容价值链构建策略研究》，《出
版参考》2017 年第 5 期，第 32 ~ 34 页。

［19］金苗、紫薇、姚响：《年度回顾｜2018年传媒十大关键词》，中传传媒经济研究所，https：//mp. weixin. qq. com/s/vbfg5z86NO58OlIGy – eUqw，2019 – 1 – 12。

［20］肖小旗：《纸媒的一种新型报道方式：数据新闻》，安徽大学硕士学位论文，2016。

［21］申韵清：《垂直类财经新媒体的运营管理研究》，华南理工大学硕士学位论文，2018。

［22］刘蕊：《中美财经媒体网站的数据新闻实践之现状与比较》，北京交通大学硕士学位论文，2015。

［23］赵随意、陈燕：《人工智能构建传媒新业态——以南方财经的实践为例》，《新闻战线》2019年第1期，第70～72页。

［24］李远远：《财新智库的特色与努力方向》，《中国记者》2016年第2期，第27～28页。

［25］于正凯：《价值与关系：网络媒体商业模式研究》，复旦大学博士学位论文，2013。

［26］秦朔：《财经媒体的产业价值链分析》，《中国报业》2007年第5期，第11～12＋19页。

［27］张谦：《数据驱动下财经传媒价值链优化》，《新闻前哨》2017年第10期，第7页。

［28］张俨：《媒体转型中的服务产品研究》，暨南大学硕士学位论文，2016。

［29］尹宏伟：《全媒体特征刍议》，《新闻传播》2015年第9期，第7～8页。

B.13
"数字技术＋创意"驱动下传统
文化资源的活化开发

孙雅然

摘　要： 近年来，国家高度重视优秀传统文化的创造性转化和创新性
发展，并推出一系列政策举措给予切实支持。本文首先盘点
梳理了当前"数字技术＋创意"驱动传统文化资源活化开发
的各种利好支撑，其次以故宫和西安两个典型案例作为代表
探讨了数字创意助力优秀传统文化资源开发的可能方法与途
径，最后从个案研究中总结出一些普适性的规律，供学界和
业界同人参考借鉴。

关键词： 数字技术＋创意　传统文化资源　活化开发　故宫　西安

一　背景与缘起

（一）政策暖风频吹，双轮驱动文产升级

中国的传统文化延续千年，无论是先秦诸子百家争鸣还是汉朝"独尊
儒术"、宋明理学兴盛，都反映出中国传统文化思想在治国齐家、文教育人
等方面千年不衰的影响力和生命力。但在物质资料极其丰富的现代社会人们
越发感受到传统文化的式微带来精神的匮乏，甚至面临着众多由此引发的社
会矛盾，传统文化的复兴和活化迫在眉睫。

在这种新形势下，习近平总书记提出了传统文化活化开发的"两创"基本方针，即对传统文化的创造性转化和创新性发展："要用科学的态度对待优秀传统文化，要善于把弘扬优秀传统文化和发展现实文化有机统一起来，紧密结合起来，努力实现传统文化的创造性转化、创新性发展，使之与现实文化相融相通，共同服务以文化人的时代任务。"尤其是弘扬传承传统文化的载体——博物馆和各类遗迹文物馆所要从"以物为本"走向"以人为本"，不断提高馆藏文物利用率，让沉睡在库房中的文物更快"苏醒"，让馆与馆之间的文物大大"流动"，让它们"活起来"，这样才能激活历史文化的生命力，帮助我们树立起高度的文化自信，将优秀传统文化继续传承下去。对此，国务院颁布《关于实施中华优秀传统文化传承发展工程的意见》，首次以中央文件形式表明了中华优秀传统文化传承的重要性，把延续中华文脉、活化传统文化放在国家战略的高度，让优秀传统文化始终贯穿国民生活的方方面面，与人民生产生活高度相融。

在"两创"基本方针的指导下，我国提出"大力发展数字创意产业"的要求。2016年的政府工作报告首次提出"数字创意产业"的概念，其后"十三五"规划把数字创意产业作为我国重点扶持的战略性新兴产业之一，先后出台了《"十三五"国家战略性新兴产业发展规划》和《关于推动数字文化产业创新发展的指导意见》，指出现代技术正在重塑文化产业形态，数字文化创意产业是活化开发传统文化的重要手段，要推动传统文化产业的数字化转型升级，以"文化＋科技"的手段盘活传统文化资源。

回望过去几年，政策利好把文化产业推向风口，加之"互联网＋"战略全面实施，科技创新为文创发展赋能，我国逐渐形成了"文化内核＋高新科技"的新型文产业态。

（二）文化消费迭代，传统文化需求猛增

从中国人民大学发布的2018文化消费指数来看，我国的文化消费综合指数不断提高，消费水平和消费满意度都有了明显的进步。这体现了国民消费升级，人们慢慢开始追求更高层次的精神享受，越来越追求高品质、多元

次的文化消费。传统单一的文化购物、观光已经不能满足人们对文化的多样化需求,根据2018文化消费数据,人们在电视广播、网络文化、电影、文旅、文娱活动等领域都呈现出较强的消费欲望。

在文化需求逐渐演变成"刚需"的过程中,人们对传统文化的消费意愿近年来尤为强烈。首先,在影视方面,《我在故宫修文物》《国家宝藏》等文博类节目一经播出便掀起"国风热",此后两年里传统文化类节目呈现井喷式发展,其中央视贡献了不少制作精良、口碑极佳的文化节目如《朗读者》《中国诗词大会》。这些节目通过现代影视技术对传统文化进行创新,使之既具备优秀传统文化蕴含的底蕴,又能够通过年轻化表达方式"使传统文化活起来"。

其次,在旅游上,"文化+旅游"的模式逐渐成为新型旅游业态,并受到游客的欢迎。一方面,现代综合交通运输体系的完善带来的便利使人们外出频次和出行意愿显著提升,文化景区需运用"智慧旅游"的新概念,联合旅游平台通过大数据、云计算等智能技术整合游客信息、旅游景区资源等信息,更好地为游客提供个性化、智能化的定制产品和贴心服务,从而吸引更多的客流量,带动景区及周边经济发展;另一方面景区还可以通过VR、AR、灯光秀等现代技术重新挖掘传统文化价值、再现传统文化魅力,最大限度地满足游客对传统文化的需求。

最后,在文创衍生品上,消费者也展现出了对传统文化的极大热情。传统博物馆售卖的文创衍生品一直以来都给人以价格高昂、质量低劣的印象。然而在国外博物馆成熟产业链中文创产品却是其营收的主要构成部分。在吸取借鉴了国外经验后,故宫首先踏出了文创衍生品改良的一步,借鉴互联网思维开启社交网络营销,使文创产品在既保持历史文化特色的同时又增强了实用性、趣味性,而故宫改良产品后一年卖出15亿元文创产品的业绩也证明了传统文化消费市场的无穷潜力。

(三)创新驱动发展,助力文化供给改革

第一,面对如此巨大的文化消费需求,国家提出"(文化产业)应当通

过创造新供给提高供给质量，促进文化供给从同质化到精品化的转变"。过去文化产品呈现出较为严重的重量不重质、同质化突出的问题，比如鉴宝寻宝曾经风靡一时，于是各大卫视都争相推出鉴宝类节目，包括《寻宝》《华豫之门》《华夏夺宝》等，这些节目不仅同质化现象严重，而且节目背后还存在大量造假现象欺骗观众。当下，在科学技术快速迭代和金融资本大力投入的背景下，我国建立起了包括游戏、动漫、网络视听、影视、网络文学等多领域、多层次的现代文化市场体系，并且在细分领域成功打造出了一批既与传统文化深度融合、又具有创新性现代感的高端文创产品，通过移动互联、HDR、增强现实等技术提高产品体验感受，用科技赋能内容，推动文化产品服务供给实现精品化、高品质。

第二，"文化＋"产业融合是文化产业发展的重要趋势，通过推进文化产业与其他产业融合，创新文化经济增长点。目前，我国已经形成了"文化＋科技""文化＋金融""文化＋旅游"等多样化新兴文化产业业态，不仅有助于为传统资源活化开发提供更多可能路径，而且对重构文化产业生态、深度挖掘传统文化价值起到了重要作用。比如腾讯作为互联网巨头，同时在积极布局新文创产业，与敦煌研究院、故宫等传统文化载体展开深度合作，推动传统文化活化开发。政府可以通过结构性减税、降低成本以及放宽企业准入等政策优惠，创新文化经济增长点。

为了详细梳理在当下政策环境、需求与供给等背景下传统文化开发活化模式，本文以故宫博物院和西安市为例探究我国传统文化的活化开发模式，运用案例研究的方法观察传统文化在"科技＋创意"双轮驱动下活化开发的特点。

二 "数字技术＋创意"双轮驱动下 传统文化活化开发模式

（一）故宫：老品牌年轻化，深耕传统文化构建多元生态

对于拥有深厚文化底蕴的故宫而言，互联网思维下的 IP 产业化运作

是实现其经济效益和社会效益的必由之路。但是网红 IP 的打造不是一蹴而就的，如何挖掘故宫蕴藏着的巨大文化价值成为故宫传统文化活化开发的关键。对此，故宫运用技术手段深耕自身传统文化，构建多元文化生态。

第一，科技手段和互联网产品思维帮助故宫围绕自身文化内核进行价值深挖，以"年轻化"为思路提炼创意，开启了网红 IP 的打造之路。2014 年8 月 1 日，"故宫淘宝"在微信公众平台一反常态，用活泼俏皮的语言发布了一篇文章，叫作《雍正：感觉自己萌萌哒》，文章里的雍正不再正襟危坐于朝堂之上，而是通过现代数字技术"动"了起来。图片里俏皮可爱的雍正与传统印象里威严的皇帝形成了鲜明的对比，网友们纷纷表示被这种"反差"萌到了，而这篇文章也因此成为早期互联网时代难得一见的阅读量超 10 万次的爆款。借助这一波热点，故宫接连推出了具有独特风格的文创衍生产品和 APP 矩阵（见表 1）。

表 1　故宫 APP 矩阵

APP	推出时间	功能
《胤禛美人图》	2013 年 5 月	介绍《雍正妃行乐图》绘画藏品，360 度互动观赏宫廷文物藏品，展示文物、宫廷生活等方面研究成果
《紫禁城祥瑞》	2014 年 4 月	展示中国传统文化的祥瑞鸟兽意象，具备教育性和欣赏价值，展示文物在故宫的方位
《皇帝的一天》	2014 年底	扮演类游戏，通过拼图、解密等游戏人物了解皇帝的一天，寓教于乐
《韩熙载夜宴图》	2015 年 1 月	以独特设计再现千年乐舞，创新对古画的鉴赏方式
《每日故宫》	2015 年 2 月	以日历形式每日甄选一款藏品，并解读其工艺技术和背景故事
《故宫陶瓷馆》	2015 年 4 月	介绍故宫文华殿陶瓷馆内全部藏品
《清代皇帝服饰》	2015 年 9 月	介绍清代皇帝服饰文化，可学习传统服饰绘图、工艺流程等
《故宫展览》	2015 年 12 月	用户可全天候访问线上展厅，浏览展品信息，也可线下作为导览地图使用
《故宫社区》	2017 年 5 月	基于传统建筑的体验式社区，可随时获取官方信息服务，打造私属文化空间

资料来源：根据公开资料自制。

第二，对故宫这样一个自带流量、自带话题热度的原生大 IP 而言，运用现代科技的力量保证 IP 的可迭代、可衍生、可持续运营，才能够保持高质量的流量，延长 IP 生命线。一方面，现代科技能够增强线下博物馆体验感受，比如故宫端门数字馆用高清 LED 大屏对故宫进行高精度全景展现，高科技互动展出《清明上河图 3.0》，以 8K 超高清数字互动技术、360 度全息沉浸式交互和 4D 动感球幕影像让游客"梦回大宋"，使游客在极致逼真的体验下与传统文化形成情感共鸣。另一方面，现代技术还将开创新型文化创意业态，比如 2019 年元宵节故宫举办的"紫禁城上元之夜"直播开创了我国夜景文创 2.0 时代。一旦夜间开放成为常态化选择，一方面将有助于纾解白天故宫客流量承载压力；另一方面则会带动我国夜景文创经济的发展，与美食、电影、购物等传统夜间产业融合实现跨界资源整合，开发多元可持续发展的新文旅产业生态。

第三，为了推动传统文化与现代技术的深度结合，故宫也在谋求与新兴互联网公司达成文化活化方面的合作。携手阿里开启"文创＋电商"之路；与腾讯达成人工智能、云计算、LBS 等前沿技术合作；在与今日头条的"联姻"中，故宫文化又化身"创·新国风"长卷现身北京国贸地铁站，"雪景长卷图"设十米互动区，通过触屏互动、VR 技术等现代科技加码传统文化独特魅力。

无论用现代科技为线下展览赋能，还是与发达互联网公司缔结深层合作关系，都证明了在科技与文化紧密融合的当下，传统文化 IP 的运营离不开现代技术和互联网思维，在充分挖掘 IP 背后的文化价值后，故宫探索了所有赋予传统文化新的时代内涵和表达的可能途径，线上线下共同发力，构建多元文化产业生态。

（二）西安："西安年·最中国"，复兴传统文化打造国际都市

十三朝古都西安一直以来以丰富历史文物和千年文化底蕴而闻名。随着抖音、快手等传播力极强的短视频社交软件的崛起，西安当地特色的历史文化景区和文化体验更是在社交媒体上被疯狂推广，让沉寂多年的西安一跃成

为全国数一数二的"网红城市",更是喊出了打造"西安年·最中国"城市IP的口号。观察西安的崛起模式,不难发现西安在对传统文化资源进行深度整合、重新激活上的"科技+创意"思维模式。

首先,政府支持科技与文化融合,确定高新区文化产业发展方向。西安的高新技术产业开发区于1991年设立,在推动西安技术创新、发展高新技术产业等方面做出了卓越的贡献。基于当地得天独厚的历史文化资源,西安高新区将发展文化产业作为推动经济发展的重要任务,一方面不断优化产业结构、改善营商环境,形成了初具规模的文化创意产业,譬如动漫产业中经典动漫作品《漫赏秦腔》就是通过动漫制作手段弘扬秦腔艺术,传播秦文化;另一方面不断加大政策支持力度,发布《关于促进文化产业发展的专项政策(试行)》以加大对文化创意产业的扶持力度,通过鼓励文创企业上市、吸纳文创人才等推动高新文化产业发展。

其次,建设国家级文化产业示范区,形成以曲江新区为核心包括六大辐射区在内的文化产业聚集区。在最近启动的文化和科技融合示范基地认定工作中,西安文化科技创业城产业园成为西部地区首个国家级文化和科技融合示范基地。该示范基地以西安曲江新区为核心,通过政策优惠的天然优势和内部创意创新发展的良好氛围吸引文化创意龙头企业入驻,聚焦西安传统文化内核,实现产业园区内"文化+科技"战略发展的无限可能。

最后,运用各种现代技术手段还原皇城风采,重现古都魅力。2018年是西安大举进行城市品牌推广的一年,不仅在短视频社交平台上以古都独有的文化体验如永兴坊摔碗酒为卖点制造传播热点、吸引巨大流量,还在线下全面布局西安文旅产业,通过技术手段还原十三朝古都风采,开展各种大型活动进行城市文化营销。连办两年的"西安年·最中国"成为西安传统文化复兴的口号。在为期66天的"西安年·最中国"盛宴里,传统文化是一切活动的根本出发点与核心,常态活动有唐文化体验活动、非遗民俗小学堂、祈福灯墙寄福语等,通过光影变化展现西安元素的无人机光影秀备受瞩目。此外,游客还可以通过体感互动、动作捕捉和图像识别等技术体验科技与文化结合的魅力。

现代科技已经发展到了前所未有的高度，未来科技发展趋势将不再局限于基础技术创新再造，而是更加个性化和智能化，深入场景改变人类生活方式、加深文化需求。对于拥有丰富多元文化内涵和历史气息的西安而言，只有将"硬科技"与"文化软实力"结合，才能充分挖掘传统文化场景潜在价值，重新激活城市历史生命力，开创一个集本土 IP、文化创新、技术驱动、面向国际多元一体的新文旅生态。

三　结语

综合上述分析，本文总结出了"科技＋创意"双轮驱动下传统文化活化开发的以下几条主要特点。

第一，"数字技术＋创意"对传统文化进行开发将为包括从创意提炼、IP 孵化、长线运营到商业变现在内的全产业链赋能，拓展延伸传统文化价值和生命线。无论是故宫还是西安，在"科技＋创意"双轮驱动下打造属于自己的原生 IP 都首先从找准市场定位开始，故宫以老品牌年轻化表达为外化形象，而西安则希望通过"西安年·最中国"的标签代表中国走向世界，随后对 IP 的孵化和运营中两者都对自己特有的传统文化资源进行整合，挖掘传统文化背后价值，实现传统文化的现代表达，这一点故宫表现得尤为明显。

第二，大数据、云计算、AR、VR 等现代技术可提供更精准更个性化的服务，赋予传统文化新的生命力，纾解流失游客、文化场馆刻板陈旧的困境。对故宫而言，科技赋予了博物馆新的生命力，在线下体验和线上服务方面都增强了游客体验，而西安则是通过现代"硬技术"与"文化软实力"的结合，把新文旅大产业作为未来支柱产业，推动万亿级文化大产业的发展。

第三，由线下单一流程转变为线上线下共建多元文化产业生态，通过多媒介、跨平台整合营销搭建传统文化传播矩阵。故宫通过技术将传统文化价值贯穿于文创产品、线上营销、线下展览等全产业链中，西安将"硬科技"与"文化软实力"结合，在政府引导下推动文化创意产业链完善升级，都

显示出了技术和创意推动文化创新表现形式的嬗变，传统文化的魅力不再只通过单一渠道展现出来，而是借助技术的力量打通渠道、全面融合，打造多元文化产业生态。

无论是故宫IP的成功运营，还是西安市对传统文化资源的整合利用，二者都是我国进行传统文化活化开发迈出的重要一步。也正是在"科技+创意"双轮驱动下，我们才能够更好地传承和弘扬传统文化，让传统文化融入现代社会，充分表达其现实内涵和意义，推动传统文化的创造性转化和创新性发展。

参考文献

[1]《习近平在纪念孔子诞辰 2565 周年国际学术研讨会暨国际儒学联合会第五届会员大会开幕会上的讲话》，人民网，http：//cpc. people. com. cn/n/2014/0925/c64094 - 25729647 - 2. html，2014 - 09 - 24。

[2]《南方日报：让博物馆的丰富馆藏活起来》，《南方日报》2016 年 11 月 11 日，http：//opinion. people. com. cn/n1/2016/1111/c1003 - 28852999. html，2016 - 11 - 11。

[3] 文化产业评论：《故宫上元之夜爆红，夜景文创 2. 0 时代已开启?》，https：//www. jiemian. com/article/2882391. html，2019 - 02 - 21。

[4] 界面新闻：《上元夜进宫了①|故宫这个大"IP"是如何炼成的?》，https：//www. jiemian. com/article/2876221. html，2019 - 02 - 19。

[5] 开发区报道：《高新区全力打造"文化高新"新形象》，http：//www. xdz. gov. cn/info/20499/187106. htm，2018 - 05 - 11。

Abstract

Since the Third Industrial Revolution, the interactive integration of technology and culture has reached an unprecedented height, and the digital creative industry is the most concentrated embodiment. The history of the development of the digital creative industry is a history of the evolution of the coordinated development of science, technology and culture. Since the 21st century, the rapid development of mobile Internet and digital technology has driven the explosive growth of the digital creative industry. The new generation of technological revolutions such as big data, cloud computing, virtual reality, IOT, and blockchain continue to push the digital creative industry to a new level. On the one hand, a large number of digital culture industries have emerged rapidly, and a number of explosive development hotspots have emerged. From 2012 to 2017, the average annual growth rate of digital music, online literature, animation, games and live broadcasting industries exceeds 20% . On the other hand, consumer demand upgrades and innovative developments drive digital creative equipment and creative design industries to achieve rapid growth, and smart wearable devices, smart home products, virtual reality and other products are constantly enriched. At the same time, the digital creative industry is gradually infiltrating and deeply integrated with related industries. When digital technology and cultural creativity are injected into traditional productivity and production relations, new products and new formats are constantly being created.

In terms of technologies, the innovation and development of core technologies such as virtual reality, augmented reality, holographic imaging, naked-eye 3D, and digital processing of cultural resources will increase. Besides, big data, IOT, AI, blockchain and other technologies in digital culture will be increasingly applied to the field of digital creativity. A basic business model of "platform/scenario + content" and "IP + technology" will be formed. With the development of the innovation chain and the industrial chain, it is expected that a number of high-

quality digital creative enterprises will be born to form a new industrial structure and ecology. More and more capital will flow into the content creation field.

In terms of copyright, the international community has realized the importance of copyright protection in the distribution of interest in the value chain of digital content industry, and many countries are continuously strengthening the protection of digital content copyright. Building a scientific and systematic copyright protection system has become a long-term agenda. In China, blockchain has begun to show its talents in the field of online copyright protection. It can be imagined that under the blockchain empowerment, the goal of copyright protection will be well reached.

In terms of talents, major cities continue to promote talent introduction programs and bulid digital creative industry parks. On the one hand, complex digital creative talent will be in large demand and will be an important training direction for colleges and universities. On the other hand, once the advantages of the digital creative industry parks cluster are formed, they will attract more capital, technology, talents and other resources.

In terms of policy, the "13th Five-Year Plan for the Development of Strategic Emerging Industries" proposes that in 2020 the output value of China's digital creative industry-related industries will reach 8 trillion yuan. Since then, a series of policies to promote the digital creative industry have been introduced frequently. Undoubtedly, China's digital creative industry is in the golden stage of development of both policy and market.

Under this background, the *Annual Report on Digital Creative Industry Development in China (2019)* is released. This report is divided into four parts: comprehensive articles, technical articles, industrial articles and feature articles. Based on the analysis of the development of digital creative industries, policy environment, investment and financing status and existing problems, this report focuses on imagination and great changes induced by digital technologies. Furthermore, from some specific cases, this report is trying to find the innovation strategy and development path of China's digital creative industry.

Keywords: Digital Creative Industry; Digital Technology; Cultural Creativity

Contents

Part I   General Report

Abstract: Based on a systematic introduction of the concept, classification
and development of digital creative industry, the general report focuses on the
policy orientation and development achievements of developed countries such as
the United Kingdom, the United States and Japan in the field of digital creative
industry. With a comparative study at home and abroad, the paper also explores
the industrial environment, policy system, investment and financing situation and
existing problems of the development of digital creative industry in China. Finally,
the future development trend of digital creative industry in China is predicted and
judged.

Keywords: Digital Creative Industry; Digital Technology; Cultural Creativity

Part II   Technology Reports

Abstract: The commercialization of 5G will enable various specific application

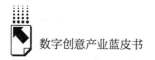

scenarios. The Internet of vehicles, Internet of things, smart home, smart city, VR/AR, entertainment and other fields will inevitably face the adjustment and reshuffle of the industry with 5G. Under the background of 5G, virtual reality has become one of the most promising fields with strong sense of immersion and interaction. The network throughput in the 4G era limits the improvement of the quality and mobility of virtual reality, while the high speed and low delay of 5G will undoubtedly be a powerful tool for the development and promotion of virtual reality. At the same time, the arrival of the 5G to rekindle the vitality for the entertainment industry, high clarity, strong immersive and interactivity in the age of 5G of ascension and power effectively, the traditional media " wisdom " development, new media rely on the content of precision positioning and large data segmentation, games, video and VR/AR, media fully release the potential, reflects everything connected age sense of science and technology and intelligent. In the future, 5G is bound to become a new path to accelerate economic development.

Keywords: 5G; VR/AR; Entertainment

B. 3   Cloud Computing—The Underlying Technical Support of the Digital Creative Industry   *Nie Yueyu , Zhang Han* / 061

Abstract: Technological equipment in digital creative industry can be divided into content-based production equipment and digital consumption equipment. The cloud computing technology and technology triggered the pan-cloud of enterprise services, superimposed large data generated by user cultural consumption behavior, make cloud computing super-strong storage and intelligent processing technology to improve the overall operation efficiency of the industry and promote product service innovation provide great possibilities. Cloud computing has brought digital creative industries into the cloud era. Content production processes are cloud-based. Building multi-format content cloud storage centers based on cloud computing and cloud storage technology to achieve content integration and sharing applications of professional digital resources has become an industry innovation trend. Sharing resources in the cloud greatly promotes collaborative production of content, reduces production costs and improves output efficiency. It has become an important fulcrum to promote the rapid development of industry. This chapter systematically combs the development context and current situation of cloud computing industry, and introduces the space of cloud computing to improve the operation efficiency of digital creative industry combined with specific cases.

Keywords: Digital Economy; Cloud Computing; Public Cloud and Private Cloud; Muti-Clouds Management

B. 4   Artificial Intelligence Empowers the Digital Creative Industry

Liu Shuang, Wu Siyi / 094

Abstract: With the continuous progress of technology, artificial intelligence has gradually penetrated into various industries, and become the effective carrier of the integration and innovation of real economy and digital economy. This chapter systematically introduces the general situation of the development of AI industry, the development of AI in China and related policy support, bottlenecks and future development trend. On this basis, it focuses on combing the fields and characteristics of the combination of AI and digital creative industries. This chapter takes IFLYTEK as a case to see the application of artificial intelligence technology in China.

Keywords: Artificial Intelligence; Digital Economy; IFLYTEK

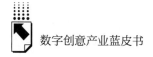

B. 5   Blockchain Technology Development and Its Application in the Field of Digital Creative Industry

Yu Jiaqi, Ma Zihan, Lei Yunchao et. al / 111

Abstract: This paper mainly discusses the application of block chain technology in the field of digital creative industry based on subdivision scene. Firstly, this paper analyzes and summarizes the macro environment and characteristics of the development of block chain industry, and discusses the macro background of the development of digital creative industry in block chain industry. In the micro-segmented scene, through the analysis of a large number of block chain industry cases, this paper summarizes the block chain technology combined with digital copyright, self-media, games, advertising and other different digital creative areas of the development of the general situation and development laws. The application of block chain technology and digital creative industry is studied and analyzed, from which the subdivision of digital creative industry is obtained. The application of block chain technology in scene has a broad development prospect, and it is full of challenges in the application of landing. Finally, the paper predicts the future development trend of digital entrepreneurial industry, and draws a conclusion that the block chain technology combined with 5G technology and artificial intelligence technology will bring about new changes in the application of block chain technology in digital creative industry under the scenario of combining block chain technology with 5G technology and artificial intelligence technology. The application boundary of artificial intelligence in the field of digital creativity will be opened up, and 5G technology and digital content creation will produce a link effect.

Keywords: Block Chain Application; Digital Creative Industry Transformation Upgrade; Copyright Protection; 5G Technology

Part Ⅲ   Industry Reports

B. 6   Chinese Film and Television Industry Development in
Transformation and Reconstruction

Jin Yu, Wei Mingyu, Ma Zihan et. al / 145

Abstract: In 2018, the film and television industry fell into the cold winter. The butterfly effect brought by the "Yin-Yang Contract" made everyone self-endangered. The hot money of the film and television industry was withdrawn in large quantities. The field of investment and financing of the film and television industry became cold and cool. The logic of operation and overall pattern of the industry were undergoing profound changes. On the basis of scanning the overall development of the industry, this paper focuses on the comparative analysis of the development strategy and financial situation of three benchmarking companies, Huayi, Huace and Guangming, to provide ideas for China's film and television industry to break through the encirclement.

Keywords: China's Film and Television Industry; Huayi Film and Television Limited Company; Huace Film and Television Enterprise; Light Film Enterprise

B. 7   Chinese Digital Reading Industry Analysis

Liu Tong, Xu Hong and Lin Shuyi / 158

Abstract: In 2011 −2018, China's digital reading industry is in the stage of rapid development. From the past personal sites to text content, digital reading has flourished under the help of the Internet and so on, constantly exploring a business model with unique industry characteristics. In 2017, China digital reading market reached 15. 318 billion yuan, up 29. 61% year-on-year. With the continuous

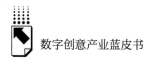
数字创意产业蓝皮书

reading of users' reading habits, the concept of digital reading has gradually deepened. We believe that digital reading will enter the mature stage of application, and the IP development industry chain tends to Mature, industry profits are gradually stable. In this context, how can industry leaders stabilize their position, and whether new recruits can share a piece of the book, this questions will be focus in very long time. This article selects the three digital reading groups to represent the digital reading industry situation, and predict the future development of the industry and promote overall sustainable development.

Keywords: Digital Reading Industry; Chineseal; Ireader; China Literature

B. 8 Domestic Online Audio Market Analysis

— *"Ear Economy" Leads New Trends*

Lan Weiliang, Yang Yulei and Lei Yunchao / 175

Abstract: This chapter systematically combs the process from the rise of domestic audio platforms to the gradual formation of industry scale, and expounds the development background of the audio market and the development context of the audio industry. Taking Himalayan FM, dragonfly FM, litchi and other audio platforms as examples, this paper makes a horizontal analysis of the enterprise positioning, development strategy, profit model and other factors of the head enterprises in the industry. Vertical comparison. Summary conclusions are drawn from the analysis: on the scale of enterprises, Himalayan FM platform dominates the lead, and the head effect is obvious; on the development model, dragonfly FM is the original platform of PGC content, litchi pays more attention to user UGC content creation, while Himalayan FM is a combination of two development modes, and independently creates PUGC development mode; on the development strategy, Himalayan FM strengthens pan audio scene and action. At the edge of the industry, we actively cooperate with other Internet companies to create cross-border IP; dragonfly FM deep plough the bedtime scene, leading the Star Cafe brand; litchi focuses on creating a younger social audio platform. Finally, on the basis of comparative analysis of data, the future development trend of audio market is predicted. industry is different. Obviously, content payment has become the mainstream trend.

Keywords: Audio Platform; Himalayan FM; Dragonfly FM; Litchi

Abstract: This chapter systematically combs the process from the rise of domestic audio platforms to the gradual formation of industry scale, and expounds the development background of the audio market and the development context of the audio industry. Taking Himalayan FM, dragonfly FM, litchi and other audio platforms as examples, this paper makes a horizontal analysis of the enterprise positioning, development strategy, profit model and other factors of the head enterprises in the industry. Vertical comparison. Summary conclusions are drawn from the analysis: on the scale of enterprises, Himalayan FM platform dominates the lead, and the head effect is obvious; on the development model, dragonfly FM is the original platform of PGC content, litchi pays more attention to user UGC content creation, while Himalayan FM is a combination of two development modes, and independently creates PUGC development mode; on the development strategy, Himalayan FM strengthens pan audio scene and action. At the edge of the industry, we actively cooperate with other Internet companies to create cross-border IP; dragonfly FM deep plough the bedtime scene, leading the Star Cafe brand; litchi focuses on creating a younger social audio platform. Finally, on the basis of comparative analysis of data, the future development trend of audio market is predicted.

Keywords: Industry Chain; Game Industry; Block Chain; Development Strategy

Abstract: 2010 − 2018, is the most prominent period of domestic online music platform, with the continuous development of Internet technology, communication technology and wireless network technology, the change of technology for the digital music market has opened the basic door. In recent years, the development of cloud music technology, VR, AR Technology continues to introduce for users to create unlimited virtual music space, to provide immersive services, users and music stickiness continues to improve, high-tech intelligent experience to promote the music industry to continue to high-end technology. This paper selects the three giants of the online music industry—QQ music, Ali Music and Netease cloud music as analysis samples, combs the development strategy, Realization mode and development dilemma of the online music industry, and predicts and guides the future of the online music industry, in order to promote the benign development of the industry.

Keywords: Online Music Platform; Tencent Music; Ali Music; Netease Cloud Music; Copyright

Part IV   Special Topics

Abstract: In the rapidly changing Internet era, the road to newspaper transformation has become more difficult. In the past few years, some newspaper groups have hoped that the newspaper industry will rush to the recovery of the newspaper industry, but in the end it will be difficult in the cold winter, and the sadness will leave. Some newspaper groups actively embrace the heart and ecology, and develop their own independence based on their own advantages. The distinctive development path has gradually moved towards a warm spring. More newspaper groups have taken the slant of the sword and touched the "high-voltage line" after countless attempts. The only thing left is a long sigh. The capital winter is superimposed on the paper medium cold winter. Where is the road to transformation in the newspaper industry? This paper intends to analyze the following development path, characteristics and direction of the newspaper group, hoping to provide some of the proper meaning of newspaper transformation.

Keywords: Newspaper Group; Media Transformation; Capital Operation; Media Technology

B. 12　Data News and Media Age Financial Media Innovation Development　　　　　　　　　　　*Zhang Linyi / 236*

Abstract: The public opinion ecology, media landscape and communication ways are profoundly changing. The emergence of whole media, holographic media, all-staff media and full-effect media has promoted media convergence, but the fragmentation of users' attention and the economic downturn have also made it an urgent task for mainstream media to consolidate and strengthen the public opinion position and stabilize market expectations. In addition, the rise of data journalism has subverted the traditional financial media, making the value reconstruction of financial media become a new concern. Taking Nanfang finance omnimedia and Caixin media as examples, this paper analyzes the innovative ways of the two mainstream financial media to realize the recreation of value, with the comparison of their business structure, content value innovation, user value innovation and service value innovation. The similarities and differences between the two media reflect that the trend of innovation, making us to think how official media and commercial media take advantage of an opportunity and strengthen communication capacity and public confidence, with the content, technology,

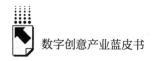

platform. By analyzing this, I hope to provide reference for the practice of financial media.

Keywords: Media Convergence; Financial and Economic Media; Value Recreation; Data Journalism

B. 13 Revitalization of Traditional Cultural Resources Driven by "Digital Technology + Creativity" *Sun Yaran* / 254

Abstract: Recent years, the state attaches great importance to the creative transformation and innovative development of excellent traditional culture and has launched a series of policy initiatives to give practical support. This paper first reviews the current "digital technology + creativity" driving the activation and development of traditional cultural resources, then discusses the possible means and ways of digital creative means to promote the development of excellent traditional cultural resources with two typical cases of the Palace Museum and Xi'an as representatives. Finally, it summarizes some universal laws from the case study, for the participation of academics and industry colleagues. Use for reference.

Keywords: Digital Technology + Creativity; Traditional Cultural Resources; Activated Development ; The Imperial Palace ; Xi'an City

中国皮书网

（网址：www.pishu.cn）

发布皮书研创资讯，传播皮书精彩内容
引领皮书出版潮流，打造皮书服务平台

栏目设置

关于皮书：何谓皮书、皮书分类、皮书大事记、皮书荣誉、

皮书出版第一人、皮书编辑部

最新资讯：通知公告、新闻动态、媒体聚焦、网站专题、视频直播、下载专区

皮书研创：皮书规范、皮书选题、皮书出版、皮书研究、研创团队

皮书评奖评价：指标体系、皮书评价、皮书评奖

互动专区：皮书说、社科数托邦、皮书微博、留言板

所获荣誉

2008年、2011年，中国皮书网均在全
国新闻出版业网站荣誉评选中获得"最具
商业价值网站"称号；

2012年，获得"出版业网站百强"称号。

网库合一

2014年，中国皮书网与皮书数据库端
口合一，实现资源共享。

权威报告·一手数据·特色资源

皮书数据库
ANNUAL REPORT(YEARBOOK)
DATABASE

当代中国经济与社会发展高端智库平台

所获荣誉

- 2016年，入选"'十三五'国家重点电子出版物出版规划骨干工程"
- 2015年，荣获"搜索中国正能量 点赞2015""创新中国科技创新奖"
- 2013年，荣获"中国出版政府奖·网络出版物奖"提名奖
- 连续多年荣获中国数字出版博览会"数字出版·优秀品牌"奖

成为会员

　　通过网址www.pishu.com.cn访问皮书数据库网站或下载皮书数据库APP，进行手机号码验证或邮箱验证即可成为皮书数据库会员。

会员福利

- 已注册用户购书后可免费获赠100元皮书数据库充值卡。刮开充值卡涂层获取充值密码，登录并进入"会员中心"—"在线充值"—"充值卡充值"，充值成功即可购买和查看数据库内容。
- 会员福利最终解释权归社会科学文献出版社所有。

社会科学文献出版社 皮书系列
SOCIAL SCIENCES ACADEMIC PRESS (CHINA)

卡号：143357159687
密码：

数据库服务热线：400-008-6695
数据库服务QQ：2475522410
数据库服务邮箱：database@ssap.cn
图书销售热线：010-59367070/7028
图书服务QQ：1265056568
图书服务邮箱：duzhe@ssap.cn

S 基本子库
UB DATABASE

中国社会发展数据库（下设 12 个子库）

　　全面整合国内外中国社会发展研究成果，汇聚独家统计数据、深度分析报告，涉及社会、人口、政治、教育、法律等 12 个领域，为了解中国社会发展动态、跟踪社会核心热点、分析社会发展趋势提供一站式资源搜索和数据分析与挖掘服务。

中国经济发展数据库（下设 12 个子库）

　　基于"皮书系列"中涉及中国经济发展的研究资料构建，内容涵盖宏观经济、农业经济、工业经济、产业经济等 12 个重点经济领域，为实时掌控经济运行态势、把握经济发展规律、洞察经济形势、进行经济决策提供参考和依据。

中国行业发展数据库（下设 17 个子库）

　　以中国国民经济行业分类为依据，覆盖金融业、旅游、医疗卫生、交通运输、能源矿产等 100 多个行业，跟踪分析国民经济相关行业市场运行状况和政策导向，汇集行业发展前沿资讯，为投资、从业及各种经济决策提供理论基础和实践指导。

中国区域发展数据库（下设 6 个子库）

　　对中国特定区域内的经济、社会、文化等领域现状与发展情况进行深度分析和预测，研究层级至县及县以下行政区，涉及地区、区域经济体、城市、农村等不同维度。为地方经济社会宏观态势研究、发展经验研究、案例分析提供数据服务。

中国文化传媒数据库（下设 18 个子库）

　　汇聚文化传媒领域专家观点、热点资讯，梳理国内外中国文化发展相关学术研究成果、一手统计数据，涵盖文化产业、新闻传播、电影娱乐、文学艺术、群众文化等 18 个重点研究领域。为文化传媒研究提供相关数据、研究报告和综合分析服务。

世界经济与国际关系数据库（下设 6 个子库）

　　立足"皮书系列"世界经济、国际关系相关学术资源，整合世界经济、国际政治、世界文化与科技、全球性问题、国际组织与国际法、区域研究 6 大领域研究成果，为世界经济与国际关系研究提供全方位数据分析，为决策和形势研判提供参考。

法律声明